终南书香

——西安翻译学院图书馆馆史

（1987—2018）

文　炜　编著

裴世荷　审校

西南财经大学出版社
Southwestern University of Finance & Economics Press

中国·成都

图书在版编目（CIP）数据

终南书香:西安翻译学院图书馆馆史:1987—2018/文炜编著.—成都:
西南财经大学出版社,2021.6
ISBN 978-7-5504-4690-8

Ⅰ.①终…　Ⅱ.①文…　Ⅲ.①院校图书馆—图书馆史—西安—1987-
2018　Ⅳ.①G259.256

中国版本图书馆CIP数据核字(2020)第244757号

终南书香——西安翻译学院图书馆馆史(1987—2018)

文炜　编著

策划编辑:张博
责任编辑:李思嘉
封面设计:张姗姗
责任印制:朱曼丽

出版发行	西南财经大学出版社(四川省成都市光华村街55号)
网　址	http://cbs.swufe.edu.cn
电子邮件	bookcj@swufe.edu.cn
邮政编码	610074
电　话	028-87353785
照　排	四川胜翔数码印务设计有限公司
印　刷	四川五洲彩印有限责任公司
成品尺寸	185mm×260mm
印　张	18
字　数	383千字
版　次	2021年6月第1版
印　次	2021年6月第1次印刷
书　号	ISBN 978-7-5504-4690-8
定　价	98.00元

书籍是人类进步的阶梯。

——高尔基

图书馆就如同人的大脑，其功用就是社会上一切人的记忆，实际上就是社会上一切人的公共脑子。

——杜定友

让无助者有助，让有志者成才，让奋进者辉煌。

——丁祖诒

此刻打盹，你将做梦；此刻学习，你将圆梦。
(This moment will nap, you will have a dream; But this moment study, you will interpret a dream.)

——哈佛大学图书馆训言

图书馆是收集、整理和保存文献信息，并向读者提供利用的科学、文化、教育机构。

——《图书馆百科全书》

高等学校图书馆是学校的文献信息资源中心，是为人才培养和科学研究服务的学术性机构，是学校信息化建设的重要组成部分，是校园文化和社会文化建设的重要基地。图书馆的建设和发展应与学校的建设和发展相适应，其水平是学校总体水平的重要标志。

——《普通高等学校图书馆规程》

图书馆事业的发展总离不开人，历史上的任何图书馆活动和图书馆学术思想总是与人紧密相连的，因此对于图书馆历史经验的总结，也就必然要牵涉到中国图书馆历史上的人物，但对图书馆历史人物的纪念、缅怀与总结并不是目的，而是要通过这些活动来客观地评价图书馆历史人物，继承和发扬他们所造就的图书馆事业和图书学术。

——程焕文

1995 年的图书馆（右图中左侧有人走出的平房，现科技楼北侧位置）

1998 年 3 月—2004 年 2 月的图书馆　　　　2004 年的图书馆

2007 年的图书馆　　　　　　2009 年的图书馆

2016 年的图书馆　　　　　　2018 年的图书馆

图书馆大门两侧浮雕（东方的孔子和西方的爱因斯坦）

图书馆文化书（图书馆二楼南）

图书馆借阅规则墙（二楼大厅西北总还书台处）

图书馆篆字文化墙（图书馆二楼参考咨询台内）

图书馆论语文化墙（图书馆二楼西）

西安翻译学院图书馆智慧学习空间

序言

　　昔，翠华山麓，太乙河畔，文明盛脉，千载相系，古镇风韵，世代袭焉。时光流转，1993年关，有"东方哈佛"之称的高等学府——西安翻译学院，衔古都之葳蕤，镶翠华之壮锦，开民学之先河，迁建于此，发展于此，奋战于此。筚路蓝缕，不畏艰辛兴大业；披荆斩棘，不惧万难建奇功，蓦然回首，学校已历三十余春秋。与学校同步始建于1987年的图书室，1995年秋更名为图书馆，亦有30多年矣。

　　斗转星移，春华秋实，自建馆之初至2001年，图书馆仅有藏书9万余册，馆舍2 000余平方米，员工10余人。2002年，西安翻译学院图书馆（以下简称"西译图书馆"）在民办高校图书馆中最早采用计算机管理，实行顺应时代潮流的"开架借阅"服务模式，一举成为民办高校图书馆的领头羊。2004年，新馆建成开放，由是，书山有路，学海得舟，西译图书馆建设再创新章，特色初成，管理创新，读者云集。2009年，几番投入，鼎力革新，藏用并重，服务教学，助推科研，白丁鸿儒，琼林鹰扬，诸多荣誉奖励，纷至沓来。

　　时至今日，西译图书馆藏书已达400余万册，馆舍近3万平方米，管理人员60有余，设施齐备，人才济济。一座雄踞民学之列、颇具现代化多功能的大型高水准图书馆悄然崛起。

　　抚今追昔，感慨万端。视煌煌之大观，主馆巍巍，内涵硕硕，伟乎壮哉。绘数字之蓝图，业务腾飞方兴，科技创新正盛，壮哉美哉。且喜长者尤健，又见新人辈出，国内一流之宏图指日可期也。

　　赞曰：高而可攀，雄而可亲。根植热土，泽被士林。现代科技，人文精神。广厦之基，生民之魂。

裴世荷

辛丑年孟夏

前言

书香润泽学子，阅读丰富人生。伴随着西安翻译学院发展至而立之年的脚步，西译图书馆也走过了它而立之后的成长历程。30多年来，西译图书馆自创办起不断地发展，期间经历了时代的变迁和发展的辉煌。西译图书馆经历从"图书室"到"图书馆"的历史发展过程，发展到今天已拥有馆舍近3万平方米，馆藏文献总量400余万册（其中馆藏纸质文献从几千册发展到今天的纸质文献240余万册、电子文献180余万册），还有60余名管理人员。在管理方式上，从手工操作发展到当前的网络化管理，西译图书馆实现了科学管理、现代化管理的目标。在馆藏建设上，馆藏文献从单纯的纸质文献发展到今天的不仅有纸质文献，还有光盘、数据库等多载体的文献，极大地满足了广大读者的需求。前进中的西译图书馆正朝着一流的现代化图书馆迈进。

我们不会忘记，西译图书馆今日的辉煌，离不开前辈们的艰苦创业和不懈奋斗，也离不开不同发展时期的社会贤达对图书馆的热心赞助与支持。

在西安翻译学院三十华诞之际，编辑出版此书的目的就是希望以此敬献给默默奉献于图书馆事业的全体馆员。他们勤恳、务实、敬业、奉献的精神将激励我们不断开拓创新、团结奋进，为建设新型的现代化图书馆而努力奋斗。

我们也深知，西译图书馆与全国的许多高校图书馆相比，无论在馆藏资源、队伍建设，还是在管理服务等各方面都存在着较大的差距，我们把自己的努力与不足都展现出来，一方面求教于各位同仁，另一方面提供一些可资借鉴的经验或教训。在此恭请广大读者不吝赐教。

本书的编写得到了西译图书馆馆长裴世荷（西安建筑科技大学图书馆原馆长）、副馆长侯永兴、图书馆原馆长康万武（陕西师范大学图书馆原副馆长）、图书馆原馆长高启秦女士等校内外许多领导和同志们的热情支持、精心指导、亲切勉励与鼎力帮助。同时，在编辑整理有关资料的过程中，我们还得到了曾经亲历图书馆创建和发展的邓伟、曹孝霞、任涛等一些老同志的无私相助，他们以书面记述或口头讲述的方式，为本书史料的充实提供了某些环节的佐证和支撑。在此，对他们一并表示诚挚的感谢和敬意。

由于编辑时间仓促，可资直接借鉴的史料有限，且笔者才疏学浅，书中疏漏之处在所难免，不妥之处，恳请各位同仁及读者朋友指正。

文炜

2021 年 6 月于西安翻译学院

西安翻译学院图书馆简介

　　西安翻译学院图书馆始建于 1987 年，其前身为使用面积仅有 238 平方米、以社会各界捐赠图书为馆藏基础、馆藏文献仅 2 万余册的图书室。1995 年，其更名为图书馆。经过 30 多年的建设和发展，西译图书馆现已形成由东区主馆、西区分馆和相关分院资料室组成的具有较大规模、业务全面规范、自动化和网络化程度较高的高校图书馆。馆舍总面积近 3 万平方米，阅览座位有6 029个。

　　图书馆采用《中国图书馆分类法》文献分类和机读目录编目，使用北京邮电大学开发的 MELINETS 图书馆集成管理系统，建立了图书馆网站，实现全馆范围内计算机网络化管理。

　　图书馆坚持遵循"读者第一，服务至上"的办馆理念，以"求实创新、文明兴馆"为馆训，以人为本，开展了丰富多彩的读者服务工作，实行"藏、借、阅、咨、管"一体化的服务模式，全面实现开架借阅服务。图书馆每周开放时数达 98 小时，网络服务实行每天 24 小时开放，为广大读者提供方便、快捷的文献信息服务。

　　图书馆坚持多学科、多文种、多载体、多途径与高质量的"四多一高"的文献建设原则。对外语类文献、重点学科、新建专业等实行重点倾斜政策，并且注重引进电子资源数据库，链接和整合网上资源。馆藏文献总量 400 余万册。其中馆藏纸质文献总量为 240 余万册，涉及英语、法语、德语、西语、俄语、日语、阿拉伯语、朝鲜语和世界语等诸多语种。电子文献有 180 余万册，包括：各种音像资料 10 余万件，电子期刊 5 000 多种，购买、试用和免费链接的中外文数据库 100 多个，形成了以外语类文献为特色，其他学科文献协调发展的多学科、多语种、多载体的馆藏文献体系。

　　图书馆注重开展读者信息素质教育和参考咨询服务工作。在做好馆员培训和一年一度的新生入馆教育的同时，定期举办"文献检索与利用"讲座，对读者进行经常的、较为系统的信息素质教育，开展参考咨询和文献检索与利用指导。把日常的读者信息素质教育和扎实细致的参考咨询紧密结合起来，起到显著效果。

　　图书馆积极开展馆际互借与文献传递服务，包括：与中国国家图书馆和中国高校人文社会科学文献中心建立了馆际互借关系；参加了陕西省高校图工委组织的馆际互借、"e读"等资源共享活动。此外，图书馆为全校师生提供较高质量的信息服务和文献传递服务业务，还开展了科研课题的定题服务。

图书馆积极开展文献资源的宣传工作，编印《文献检索使用手册》《读者手册》《电子文献资源简介》《图书馆自助服务简介》等宣传资料，指导读者有效利用图书馆；编辑《图书馆与读者》（馆报），成为沟通图书馆与读者之间信息交流的桥梁；编辑《教育信息参考》（馆刊），为教育教学提供参考。

图书馆重视网站建设，坚持"资源丰富、页面新颖、使用便捷"的指导思想，及时更新和完善图书馆主页，并建成移动图书馆和微信服务平台，为读者提供方便、快捷的信息服务。

在校领导的殷切关怀和领导下，在全校师生员工的支持和帮助下，图书馆将进一步加强文献信息资源自动化和网络化建设，加强图书馆专业队伍建设，积极工作，锐意创新，努力将西安翻译学院图书馆建设成为馆藏丰富、特色鲜明、自动化和网络化程度较高的现代化文献信息中心，争创一流高校图书馆。

目录

第一章　历史沿革

西安翻译学院图书馆，从 1987 年至 2018 年，走过了 32 年的风雨历程，各项建设也取得了长足的发展。其前身为西安翻译培训学院图书室，学校纳入统招高职及随后升格为本科院校之后，伴随学校名称的变化及办学层次的提升，图书馆正式成为现在的"西安翻译学院图书馆"。图书馆现由东区主馆、西区分馆和院系资料室组成，拥有总面积近 3 万平方米的馆舍、6 000 多个阅览座位和 400 余万册的馆藏文献，已初步形成了以语言类外语文献为主体的馆藏特色。

归纳起来，图书馆的发展历程大致可分为六个时期。

一、初建时期（1987 年 8 月至 1998 年 3 月）

1987 年 8 月设立图书室，1995 年 8 月更名为图书馆，隶属学校基础部领导。建馆初期，图书馆使用面积 238 平方米，仅有一个书库、一个期刊阅览室、一个自习室，拥有 2 000 多种（不足 5 000 册）图书。文献的加工流程全部为手工操作，采用书本式目录，以期刊、报纸阅览为主。书刊借阅服务方式是传统的闭架借阅。这里最初有 5 位工作人员，他们是贾西山、邓伟、曹孝霞、苏烨华、任涛。

二、平稳过渡时期（1998 年 4 月至 2002 年 5 月）

1998 年 5 月图书馆从原有的平房区迁入一个面积 2 872 平方米的两层楼房（现在的文渊楼），从此时起，图书馆初步设置为科级建制，由此开始进入了图书馆过渡及逐步规范化建设时期。在具体行政事务和管理机制上，由学院一名副院长分管并直接领导，负责图书馆工作的组织、规划、管理、检查、落实和考核；常规性的业务工作，则由学院选定的一位同志协助分管院长具体落实。

过渡时期的图书馆，主要包含一个闭架借阅书库，一个期刊阅览厅，两个自习厅；馆藏文献也仅为图书、期刊类纸质文献，馆藏文献总量不超过 10 万册，由于经费有限，图书进购缓慢，几乎没有充裕的市场新书如期更新。

在主体业务范围上，依据当时的馆藏储量、学生人数、借阅人次、工作强度，初步设有办公室、采编部、流通部三个编制极简的部门，各部门内设工作人员也极其有限，相互间既有分工，又有协作，借阅或分类编目、装订等项工作量大，紧张繁忙之际，基本上是一人身兼数职，常规性工作与突击性任务兼顾，行政性事务与业务性工作并行。

在日常业务工作的具体环节操作及其管理、服务方式上，图书馆的图书、期刊加工流程，可以说大部分还是处于手工操作阶段，仅在图书书名目录、著者目录和分类目录三种目录的编目中，已经开始采用了时新的卡片式目录编订样式，这在当时的民办高校图书馆图书编目中是领先的。为了与此相适应，图书借阅方式也做了较大改进，开始形成了较为规范的闭架借阅模式，整个业务流程及管理、服务方式向着科学化、制度化、规范化、专业化方向发展的步伐大大加快，为图书馆适应新要求、促进新发展积累了一定的实践经验，奠定了良性发展的基础。

三、转型发展时期（2002年6月至2004年3月）

2002年图书馆进行了大量的图书采购和计算机网络化建设。5月图书馆在原有9万多册馆藏的基础上，采购了40多万册纸质图书，6月建成并开通了由北京邮电大学开发的MELINETS图书馆管理系统，开始采用计算机进行编目，实现了采购、编目、典藏、流通、检索等系统的计算机管理，开启了民办高校图书馆采用计算机编目等管理的先河。

2002年7月图书馆开始购置电子文献即数据库，第一个数据库是"中国数字图书馆"，9月建成了第一个开架借阅书库和第一个电子文献阅览区。图书借阅方式由闭架借阅发展为一个比较直观方便的开架借阅的新书库和一个闭架节约的旧书库，图书馆整体服务工作效率得到了提高。2003年10月，图书馆通过了陕西省高等学校图书情报工作委员会（以下简称"高校图工委"）新一轮的评估并得到了高度的赞扬。

2003年借着陕西省高校图工委发出对民办高校图书馆"以评促建，评建结合"进行新一轮评估的"东风"，学校领导加大对图书馆的投资，加强和完善了对图书馆的建设。8—10月对原有的馆藏进行了回溯建库（用计算机重新编目），实现了全部馆藏使用机读目录运用计算机管理。2003年11月起草了编目的各种业务细则及规定。

四、健全发展时期（2004年4月至2006年2月）

2004年3月图书馆搬入使用面积2.39万平方米的七层楼房的新馆。更新了计算机自动化集成管理系统，设立了电子阅览厅、网络资源厅、视听室等，全馆拥有计算机800多台，馆内全部实现了计算机管理，开通了网上预约、续借图书等多种服务功能。在图书馆二楼大厅设有计算机检索区，各阅览厅内均设有检索机，供读者查询馆内资源，并于3月修订编印了《图书馆规章汇编》。

馆内实行"藏、借、阅、咨、管"一体化的开架借阅的管理模式；完善、健全了馆内的组织机构和各种规章制度；不断拓宽了服务范围、提高了服务水平、加强了职工队伍的建设；改善和加大了馆内各种硬件设施和软件建设的投资力度。完善和制定了各种规章制度和业务细则，规范了管理规程。

组建成立了文献建设部、参考咨询部、借阅部、信息技术部、综合服务部和办公室等，首次实行聘任制，健全了组织机构。规范了图书馆的各项日常工作。

2005年6月组建了信息情报研究室，主管文献信息的开发、馆员培训、用户教育、论文辅导与文献推荐等工作。11月开通了文献传递服务；与中国高校人文社会科学文献中心建立了馆际互借关系；12月与中国国家图书馆建立了馆际互借关系。

五、完善发展时期（2006年3月至2010年3月）

2006年按照学院的发展要求，图书馆实行竞聘上岗机制。按照双向选择、优化组合的原则，进行了岗位调整。设有办公室、文献建设部（采编部）、参考咨询部、借阅部和信息技术部四部一室。信息情报研究室划归参考咨询部。2月再次修订了西安翻译学院《图书馆规章制度汇编》；3月制订了报纸目录，规范了报纸架标；6月编辑西安翻译学院图书馆《文献检索使用手册》；为参考咨询台增加了电子大屏幕，以方便宣传；8月对还书台、咨询台、外语沙龙及消防栓等部分内部设施的改造；并在二楼大厅和七楼自习厅增设了126个网端的文献自由视听区。9月主持召开了图书馆第一届学术讨论会。

2007年订阅报刊达1 641种（期刊1 448种，报纸193种）；2月组建了过刊过报阅览区；8月图书馆实行借阅、计费改革，运用校园一卡通借阅、收费。

2008年3月图书馆对各部门进行了重新优化整合，把原阅览部和流通部等合并成立了读者服务部。图书馆设参考咨询部、文献建设部、信息技术部、读者服务部和办公室5个业务和服务部门；另外设立了外国语学院、经济管理学院和翻译研修学院3个院系资料室等。完善了组织机构和规章制度。西安翻译学院图书馆读者管理系统升级，采用校园一卡通作为读者借阅证；12月图书馆组建信息素质教育室（电子阅览厅）并免费对读者开放。

2009年3月陕西省高校图工委在我馆举行图书情报学专题培训报告会；4月西安翻译学院经济管理分院资料室成立；6月康万武研究馆员任西安翻译学院图书馆馆长，高启秦任西安翻译学院图书馆副馆长；12月全面修订《西安翻译学院图书馆问责制实施细则》。

六、稳步发展时期（2010年4月至2018年12月）

2010年3月西安翻译学院外国语学院、人文学院资料室建成投入使用；4月西译图书馆与图书馆学生管理委员会联合举办以"我与图书馆"为主题的世界读书日宣传周活动；9月陕西省社会科学信息学会第十次学术讨论会优秀论文评选中，西安翻译学院有六位同志的论文获奖；10月图书馆新主页上线投入使用；12月图书馆与保卫处消防科在图书馆一楼消防办公室举办消防安全设施培训。

2011年3月康万武馆长在图书馆为全体馆员做《中文工具书》专题培训讲座；5月图书馆温敏乐等4人，参加了陕西省高校图工委在西安电子科技大学举办的《中图图书馆分类法》（以下简称《中图法》）（第五版）培训班学习；5月文炜同志撰写的《民办高校图书馆专题服务工作的实践》的论文，获陕西省图书馆学会第八次学术成果三等奖；6月图书馆新组建的法语德语阅览厅向读者开放，图书馆"双百"人物专题文献数据库建成与读者见面；10月日本文化语学院彼杆校长向图书馆赠书50册。

5月"e"读文献传递服务系统在图书馆开通；8月裴世荷研究馆员任图书馆副馆长；9月图书馆召开本科教学合格评估迎评促建动员会；11月图书馆调整馆舍布局，新增馆舍面积2 000平方米，购置图书架570个，增设文学书库，扩大样本书库库区面积；12月图书馆完成提存书库的搬迁整理工作。

2013年3月图书馆文学书库整理就绪，对读者开放；3月图书馆随书光盘管理平台（博云非书资料管理系统）开通使用；4月23日图书馆启动电子资源宣传周仪式，开展形式多样的电子资源宣传活动，同时举办"世界读书日知识竞赛"；5月图书馆"2013年图书采购招标会"在图书馆会议室举行；5月再次修订了西安翻译学院《图书馆规章制度汇编》；8月图书馆对全体馆员进行"图书馆评建知识和应注意的问题"的评估前培训；9月图书馆新版主页开通，新增"超星发现"检索功能；9月西安翻译学院图书馆学生管理委员会换届暨"我与图书馆征文活动"颁奖仪式在图书馆学术报告厅举行。11月陕西省图书馆学会在图书馆举办首届会员日活动，70多位图书馆界同行参观考察图书馆；11月图书馆组织学院学生参加第二届"陕图杯MyET英语口语比赛"，取得优异成绩，14人获得个人奖励，图书馆获优秀组织奖；12月图书馆党支部被评为学校先进党支部。

2014年4月图书馆更换东西区双通道图书监测仪6台；4月图书馆新版主页正式开通使用，主页新增"超星发现"资源检索平台；5月图书馆获准省政府2012年"数字图书馆建设"专项资金共计393.3万元，利用专项资金改善了图书馆的硬件设施和网络环境，购置新增数字化资源，为进一步优化信息环境奠定了基础，为读者提供了良好的网络环境和优质的信息服务；6月裴世荷研究馆员任图书馆馆长；10月图书馆2014年职称评审初审工作结束并上报省文化厅，12人申报省中级职称，2人申报省初级职称；10月图书馆开始机构和人员竞聘工作，二级管理部门由原来6个调整为5个，人员由原来的63人，减少为56人，学院教材管理岗位并入图书馆。

2015年1月全馆50余人到西北工业大学南校区图书馆、西安电子科技大学南校区图书馆参观学习；4月图书馆举办首届"西译图书馆杯MyET英语口语大赛"；5月图书馆邀请超星发现系统及万方数据库专家前来做"指尖上的检索"——万方数据知识服务平台使用指南讲座；5月学校"96级"预科校友贾尤佳向图书馆捐赠图书800余本；文炜同志撰写论文《新常态下三位一体的参考咨询服务模式探析》，获"2015年6月全国高校信息素养教育研讨会征文"优秀论文奖；11月，图书馆2015年下半年移动图书馆项目招标会顺利完成。

2016年3月图书馆与人事处在科技楼教师发展中心，联合举办了"专题数据库培训讲座"活动；4—5月图书馆与学院学生图书馆管理委员会共同举办了"终南书香，相约西译"读书月及"4·23世界读书日"系列活动；5月图书馆完成2016年中文图书采购项目招标；6月图书馆维修项目施工招标顺利完成；图书馆自助借还机投入使用；引入图书馆微信服务和移动图书馆服务；9月图书馆西区综合书库改扩建工程顺利完工并正式开放；10月考研自修区在图书馆六层北厅组建完成。

2017年4月图书馆不同读者类型读者借阅图书册数，均调整增加为20册；6月图书馆新增电子报刊借阅机和电子朗读亭。

2018年3月与西安交通大学图书馆（教育部科技查新站）建立论文查收、查引和科技查新委托代办协议；4月图书馆二楼"学术报告厅"归入图书馆管理；5月图书馆荣获"陕西省图书馆学会2012—2017年度先进集体"称号，图书馆当选为陕西省图书馆学会第八届理事会理事单位，裴世荷馆长当选为学会理事；6月图书馆荣获"陕西省社会科学信息学会先进会员单位"称号。西译图书馆当选为陕西省社会科学信息学会第七届理事会常务理事单位，裴世荷馆长当选为学会常务理事；6月何立军同志荣获优秀会员称号。6月文炜撰写的论文《陕西"985"工程高校与民办本科高校图书馆论文写作辅导培训比较研究》获"2018中国高校图书馆发展论坛"学术论文三等奖；图书馆顺利完成图书馆西区综合书库搬迁工作，9月搬迁后正式开放；图书馆《管理制度与业务工作规范汇编》第四次修订完成；11月图书馆成功举办2018年陕西高校图书馆读者服务典型案例展示交流会。图书馆坚持积极开展多种形式的

图1-1　在2018年"4·23世界读书日"举办的"名人利用图书馆资料展"

文献宣传和利用活动，例如在2018年"4·23世界读书日"举办的"名人利用图书馆资料展"，如图1-1所示。

第二章　馆藏建设

馆藏建设是图书馆根据本馆的任务和读者需求，系统地规划、建立和发展馆藏体系的全过程。它的目标是经过精心选择与组织而形成具有特定功能的知识体系，便于利用文献记录中的知识与情报。

西译图书馆自 1987 年创立之后，就踏上了"其修远兮"的漫漫长路，至今已经历了 30 余年。事实上，被当时称之为"大学的心脏"的图书馆，其藏书工作在初期就开始了其"天路历程"。

如果说图书馆数量、质量、服务方式和技术是衡量一个高校图书事业发展状况的主要标准，那么馆藏文献数量、质量、馆藏特色以及藏书建设中信息率比例、有序化程度、时效性响应和藏书组织、藏书布局的合理性等指数就是衡量一个图书馆发展程度的重要标志。

30 余年来，西译图书馆的藏书从最初创办时的 1 000 多种发展到现在的 400 余万册。其中，纸质图书 240 余万册、合订期刊与报纸 3 万余册、电子图书 180 万余册、可使用的数据库 100 余个、报刊 1 800 多种、光盘磁带 2 万多张（盒）。

本章将对西译图书馆 30 余年来的藏书工作做综合性的回顾。本书所叙述的西译图书馆藏书和馆藏建设内容，既包括西译图书馆历史和现今收藏的、经过选择、加工、组织并曾经或正在投入流通的各种文献，又包括西译图书馆及其前身根据其不同时期、不同阶段的方针任务和读者对象而制定的图书文献采访方针、收集办法、选择和组织原则等，以及据此而建立起来的图书馆藏书的知识体系。

第一节　溯源与回顾

翻开西译图书馆的历史，许多神秘的早期事件和情况自然会引起我们极大的兴趣，其中关于藏书方面的就有不少：如西译图书馆最早的藏书来源有几个？入藏图书馆的第一批图书情况如何？最早收藏的报纸是什么？最早的外文图书是何种文字？最初使用的图书分类是何种结构？最早收集和使用的图书目录是什么形式的？最早的藏书体系是如何配置的……关于西译图书馆藏书方面的若干疑问，下面将做一个尽可能准确、详尽的整体考察。

一、藏书工作之初

西译图书馆最早的藏书是西安翻译培训学院图书室于 1987 年 9 月 16 日接受的第一批图书，共约 2 000 种。最早收藏了院刊《译苑风采》和院报《西译报》；最早收藏的外文图书为英语图书，其中包括丁祖诒院长编著的《英语常用词用法手册》（1980 年）一书和他本人所捐赠的英语图书；最早使用的电子文献是"中国数字图书馆"数据库；最早使用的图书目录是书本式目录，最早使用的图书分类法是《中图法》（第三版）；最早的藏书体系是综合性的馆藏体系。

二、早期藏书的基本情况

西译图书馆早期的藏书统计数据散见于各处，出入较大又残缺不全。采用的数据均经过详细考证，认为是较合理的一种。早期的文献收藏还是以报刊为主，服务以阅览为主。

三、缓慢的发展与各界赠书

西译图书馆的藏书发展和图书馆自身发展一样，从创办到 2002 年，一直是较为缓慢的。但在此期间，亦有几次发展小高潮，就是全院师生的图书征集和书刊的捐赠活动。2002 年之后，特别是 2004 年 3 月搬入新馆之后，图书馆的各项工作逐步规范化，馆藏发展和图书捐赠步入正轨。

现就西译图书馆早期的馆藏等情况以图片的形式展示：图 2-1 是最早收藏的期刊、图 2-2 是最早收藏的图书之一、图 2-3 是图书馆最早的小报——《书海导航》（20 年校庆专刊）、图 2-4 是最早编目时图书后面用来装图书卡片的书袋和卡片、图 2-5 是早期检索图书存放图书卡片的目录柜、图 2-6 是图书馆最早使用的借书证、图 2-7 是图书馆最早使用的电子阅览厅（2002 年 9 月，含工具书阅览区）、图 2-8 是第一个开架借阅书库（2002 年 9 月）。

图 2-1 最早收藏的期刊

图 2-2 最早收藏的图书之一

图 2-3 图书馆最早的小报——《书海导航》（20 年校庆专刊）

图2-4　最早编目时图书后面用来装图书卡片的书袋和卡片

图2-5　图书馆早期检索图书
存放图书卡片的目录柜

图2-6　图书馆最早使用的借书证

图2-7　图书馆最早使用的电子阅览厅（2002年9月，含工具书阅览区）

图 2-8　第一个开架借阅书库（2002 年 9 月）

第二节　发展与现状

随着信息技术的发展和广泛应用，大量的文化典籍因时代的发展而与时俱进，充满生机。

一、从长期徘徊到飞速发展

从 1997 年到 2001 年，西译图书馆的馆藏工作长期徘徊不前。1997 年藏书数量达到 9.12 万册后，在其后的近 5 年中，实有图书数量一直在 10 万册左右。这对一个面向 2 万余学生服务的高校图书馆来说，实在是少得可怜。从 2002 年开始，图书馆的馆藏工作有了飞速发展，如表 2-1 至表 2-3 所示。

表 2-1　2002—2006 年图书采购数量情况　　　　　　单位：万册

年份	图书数量	备注
2002	41.3	
2003	1.1	
2004	2.4	
2005	3.6	
2006	3.8	

表 2-2　2004—2006 年图书馆订购期刊统计　　　　　　　　　　　单位：种

语种	时间		
	2004 年	2005 年	2006 年
中文	836	838	1096
外文	18	20	25
总计	854	858	1121

表 2-3　2004—2006 年图书馆订购报纸统计　　　　　　　　　　　单位：种

语种	时间		
	2004 年	2005 年	2006 年
中文	151	152	163
外文	6	8	12
合计	157	160	175

二、藏书日丰、书源颇多

西译图书馆的馆藏图书自 2002 年开始，无论是从图书数量上讲，还是从图书品种上讲，都可以说是进入快速增长期。一方面是由于每年的购进图书数量比较大，另一方面，更重要的原因是广开书源，大量接受各处移交的图书，总的数量十分可观。2002 年西译图书馆全年购进图书 412 866 册，超过以往任何一年，当年藏书达 50 余万册。从 2009 年起，每年购入文献平均以 8 万或 9 万册图书为基数，并积极购买电子文献，也重视社会各界的捐赠文献，实现稳步发展。2009—2018 年图书馆图书订购情况如表 2-4 所示。

表 2-4　图书馆图书订购情况一览（2009—2018 年）　　　　　　　单位：册

年份	当年新增	累计总量
2009	90 168	1 601 031
2010	72 560	1 727 340
2011	66 604	1 799 900
2012	90 105	1 890 005
2013	86 022	1 976 027
2014	90 229	2 066 256
2015	90 107	2 156 363
2016	83 015	2 239 378
2017	81 087	2 320 465
2018	80 105	2 400 767

图书馆捐赠文献管理办法
(2010 年 9 月 15 日)

图书馆热情欢迎并诚恳征求本校师生、海内外校友及社会各界团体和个人向本馆捐赠图书、手稿及其他类型的文献。为了进一步做好接受捐赠文献的工作，特制订本馆捐赠文献管理办法。

第一条　捐赠文献入藏原则

（一）凡符合以下条件的文献将被纳入馆藏

1. 符合著作权法和版权法的图书（非盗版图书）。

2. 国内外正式出版物，根据情况酌情接受一些具有较高学术及收藏价值的非正式出版物，如一些地方文献、地方志、族谱等。

3. 国际性或全国性的会议论文集和成套期刊。

4. 适合大学本科及以上程度，内容符合本校教学科研范围及本馆馆藏发展政策。

5. 本馆缺藏或本馆需增加复本的图书，以 3~5 册为宜。

6. 赠书的物理状况良好，没有严重残破污损，装帧不缺页。

（二）下列文献不予入藏

1. 违反中华人民共和国相关法律法规的出版物。

2. 内容质量低下、陈旧、基本上不具有学术参考价值的文献。

3. 多卷本中不成套的书刊。

4. 其他不符合本馆馆藏发展政策的文献。

第二条　捐赠文献管理办法

1. 所有捐赠文献，本馆一经接受，即拥有对该文献的所有权和处理权。

2. 对于捐赠文献，本馆将秉承"物尽其用"的原则，依据入藏原则决定是否收藏，以及保管和技术加工的方式。

3. 所捐赠文献一经接收，本馆将以当面、电话、信件或者电子邮件形式及时向捐赠者出具致谢函或捐赠证书以示鼓励和感谢。捐赠者请留下姓名、地址、邮编、电子邮件、电话等联系方式，方便本馆联系、寄发感谢信或捐赠证书。

4. 本馆对于征集到的西安翻译学院教职员工（含离退休）以及海内外校友所著文献，专设"西译人文库"阅览室，予以陈列展示。其他文献将根据内容入藏相关藏书区，供读者使用。

第三条　捐赠文献联系方式

1. 到馆或邮寄捐赠

地址：陕西省西安市长安区太乙宫街道办西安翻译学院图书馆

邮编：710105

2. 大批捐赠

可与图书馆预约，确定捐赠方式。

联系电话：029-85892560

受赠文献管理办法
（2013 年）

（一）接收捐赠的原则

1. 凡符合西译图书馆《文献采购原则》规定的各文种、那个不同载体形态的文献（中外文图书、期刊、报纸、音像资料、电子出版物等），无污损，原则上均在本馆接受捐赠之列。

2. 文献内容陈旧，与西安翻译学院教学、科研无关，读者对象低于本院教育层次的读物；内容反动、涉嫌违法及被政府查禁的书刊；零散杂志、报纸及小册子；破损不堪无法利用的书刊；不适合读者阅读的文献均不予收藏。

（二）接受捐赠工作程序

1. 少量和零散捐赠的团体或个人，可将所赠文献邮寄或直接送到图书馆文献建设部。

2. 较大批量捐赠，捐赠者可将捐赠信息通知图书馆办公室（或文献建设部），由文献建设部进一步联系接收事宜。

3. 境外捐赠：

（1）文献采访人员与设在国内的境外赠书转增机构联系，通过书目选订或赴转赠机构现场选书，按规定付清转运费后，接受赠书到馆

（2）文献采访人员直接与国外教育、科研机构或其他友好团体、友好个人联系赠书。

4. 图书馆接到捐赠后，按照下列程序操作：

（1）要详细登记捐赠人的姓名、单位或团体名称；同时详细登记赠书、刊或其他文献的名称、册数、价钱及受赠日期。

（2）加盖赠书章。

（3）赠送珍贵文献或赠书册数较多的，由本馆颁发证书，以致谢忱。

（4）及时送编目部门分编。

（三）接受捐赠书刊的估价

1. 书后有定价的，按书后定价计价（人民币直接计入；其他币种按当日外汇牌价汇率折算为人民币后计入）。

2. 书后未标明定价者，分别按以下办法估价：

（1）中文书刊：大陆版图书按每页 0.10 元估价；港、台版图书按每页 0.50 元估价；光盘按每张 150 元估价；录像带按每盒 50 元估价。古籍线装图书，按市场价估价。

（2）外文书刊：外文原版图书按每页 0.80 元估价；外文光盘按每张 150 元估价；外文影印图书按每页 0.15 元估价。

3. 以上估价标准均指 32 开平装书而言，精装加价 20%，16 开本加价 30%。

4. 外文期刊如需估价，参照同类型期刊的价格而定。捐赠书、刊的加工办法与订购期刊相同。

社会各界捐赠图书（部分）

1999 年 9 月 15 日，学院魏凤男教授捐赠一批文学及文学理论方面的图书。

2004 年 6 月 30 日，外籍教师日本人岛津训一捐赠一批日文图书，如图 2-9 所示。

图 2-9　岛津训一先生赠书仪式

2004 年 9 月，学院高金星老师捐赠本人作品《飘落的爱》17 册。

2005 年 5 月，学院王瑞瑭同学捐赠一批期刊。

2006 年 5 月，高等教育出版社向西安翻译学院图书馆赠送 500 余册图书，价值 1.3

万元。

2007 年 9 月，学院高金星老师捐赠本人作品《沧海浪花》3 册、《西译校史录》130 册。

2010 年 10 月 2 日，郭平安老师捐赠图书 120 册。

2010 年 11 月 1 日，段联合先生捐赠本人作品《英露集》5 册。

2011 年 4 月 6 日，王世英先生捐赠本人作品《俄语英语比较语法》12 册。

2011 年 4 月 7 日，郝克奇教授捐赠本人作品《英语语法疑难问题求解和补正》3 册。

2011 年 5 月 23 日，学生王莉萍捐赠图书 8 册。

2011 年 5 月 24 日，学生杨慧敏捐赠图书 13 册。

2011 年 9 月 5 日，学生邹艳玲捐赠图书 16 册。

2011 年 9 月 6 日，姚宝荣教授捐赠本人作品《旅游日语》30 册。

2011 年 9 月 14 日，德国 DAAD 组织 Wolfgang Hesseln 先生向我馆捐赠 *Deutsche：Biografie Einer Sprache* 等 23 册德文图书。

2011 年 10 月，日本文化语学院彼杵校长向图书馆赠书 50 册。

2011 年 11 月 8 日，德国 DAAD 组织捐赠图书 22 册。

2012 年 2 月 12 日，尹效勤教授捐赠本人作品图书《汉英中外组织机构名称手册》5 册。

2012 年 3 月 10 日，左右同学捐赠图书 3 册。

2012 年 3 月 20 日，陕西省人民政府外事（侨务）办公室捐赠《彩虹连五洲》24 册。

2012 年 4 月 9 日，日本文化语学院捐赠《天正记》等日文图书 73 册。

2012 年 4 月 13 日，王淙女士捐赠本人作品《现在进行时》等 3 种 8 册。

2012 年 5 月 3 日，罗兴汉先生捐赠本人作品《现在进行时》等 3 种 8 册、《忆商州农业社》2 册。

2012 年 6 月 24 日，盖琳同志捐赠图书 54 册。

2012 年 9 月 13 日，梁克荫教授捐赠本人作品《西部地区高等教育投、融资经验研究——以陕西省不同类型高校为案例》10 册和其他图书 9 册，共 19 册。

2012 年 4 月 9 日，日本文化语学院捐赠图书 73 册。

2013 年 6 月 10 日，张晓凤女士捐赠图书 11 册。

2013 年 6 月 24 日，李向国教授捐赠图书 182 册。

2013 年 9 月，学院高金星老师捐赠本人作品《人间语话》5 册、《民办高校宣传思想工作概论》6 册。

2014 年 5 月 5 日，李世军先生捐赠《马列哲学经典著作新探》等 3 种图书共 15 册。

2014 年 10 月 11 日，郭平安教授捐赠《李梦阳文艺思想研究》《编辑批评学概论》两种图书共 472 册；《霍松林选集》等图书 53 册，共 525 册。

2014 年 11 月 26 日，王卓慈女士捐赠《中国历代文学作品选》等图书 46 册；《露角文丛》图书 18 套 36 册（《本科优秀文学创作集》《本科优秀毕业论文精选集》各 18 册）。总共 118 册图书。

2014 年 12 月 5 日，刘志岗先生捐赠本人作品《刘志岗诗词集》共 10 册。

2014 年 6 月 12 日，陕西省外事办捐赠图书 73 册。

2015 年 1 月 3 日，宁殿霞女士捐赠图书 10 册。

2015 年 1 月 12 日，交龙书院捐赠《回归文化丛书》等图书共 48 册。

2015 年 1 月 13 日，林允富教授捐赠图书《汉语汉字规范研究》《不逾矩集》共 10 册。

2015 年 5 月，学院 96 级预科校友贾尤佳向我院图书馆捐赠图书 800 余册。

2015 年 5 月 21 日，贾云魁、张玉芳、贾尤佳、彭丽同志捐赠《资治通鉴》等图书共 1 000 余册。

2015 年 6 月 2 日，张戬坤同志捐赠经济类图书 82 册。

2015 年 6 月 11 日，赵驿梅女士捐赠经济类图书 18 册。

2015 年 6 月 13 日，王卓慈教授捐赠图书 65 册。

2015 年 6 月 13 日，刘俊霞教授捐赠图书 25 册。

2015 年 9 月 6 日，中国产业安全研究中心捐赠《创新方法学》等图书共 4 册。

2015 年 10 月 23 日，白启新同志捐赠图书 22 册。

2015 年 6 月 15 日，美国建高集团捐赠图书 12 册。

2016 年 3 月 12 日，广东校友会朱全顺校友捐赠《ISPatent 全球专利信息检所分析》数据库。

2016 年 5 月 27 日，齐玉水教授捐赠本人作品《憧憬与构建——人学忧思录》50 册。

2016 年 6 月 2 日，王淙教授捐赠图书 10 册。

2016 年 6 月 5 日，梁克荫教授捐赠图书 36 册。

2016 年 12 月 21 日，桂维民先生捐赠《应急决策论》《公文写作》《白与黑》等 8 种图书。

2016 年 12 月 22 日，何坤同学捐赠期刊《高校文学》（2016 年第三期），共 10 册。

2016 年 6 月 10 日，安详书院捐赠图书 24 册。

2017 年 4 月 27 日，李维民捐赠图书 20 册。

2017 年 5 月 4 日，乃瑞华捐赠图书 16 册。

2017 年 5 月 16 日，浙江校友会捐赠 161 册图书，如图 2-10 所示。

图 2-10　学校 30 年校庆前浙江校友会捐赠图书一角

2017 年 9 月 28 日，王卓慈捐赠《游走在学与教之间》等图书 51 册。

2017 年 11 月 7 日，许军捐赠图书 8 册。

2018 年 1 月 3 日，张世胜同志捐赠《德国浪漫主义文学中的反讽》等图书 6 册。

2018 年 3 月 5 日，王卓慈同志捐赠《文学承载思想：本科生优秀文学创作集》《表达凸显立论：本科生优秀毕业论文精选集》等图书 10 册。

2018 年 3 月 6 日，张陶艺同志捐赠《论德语和英语的相互借鉴》《德国刑法典》等图书 4 册。

2018 年 3 月 15 日，琴晓梅、姜春兰同志捐赠《翻译理论与教学应用》等图书 30 册。

2018 年 3 月 15 日，班荣学、窦强同志捐赠《文化视域下的翻译理论与实践》等图书 35 册。

2018 年 4 月 12 日，方华文，乃瑞华同志捐赠《少年维特之烦恼》等图书 32 册。

2018 年 4 月 12 日，梁根顺、杨达复同志捐赠《中国人的素质》等图书 64 册。

2018 年 6 月 2 日，汪清兰同志捐赠《孤独六讲》《心灵控制术：让改变随时发生》等图书 25 册。

2018 年 6 月 3 日，文炜同志捐赠《秦商年鉴：2017》等图书 3 册。

2018 年 6 月 3 日，田玉川同志捐赠《孟子良心观：良心是中国人安身立命的根本》《人的密码：田玉川三十年诗集》等图书 4 册。

2018 年 6 月 4 日，张毅同志捐赠《我是嘴唇上开花的男人》等图书 5 册。

2018 年 6 月 4 日，宋虹桥同志捐赠《终南文化与产业发展研究》等图书 5 册。

2018 年 6 月 5 日，张戳坤同志捐赠《交龙文化谈说论：文明复归的基础·上》《东西文化认同说：当代学者文摘·下》《老子的大智慧：兼论儒释道文化的同一性》《心地法门：开启智慧的钥匙·上》《明心见性的要旨·下》《奉献人生：文明回归的起点·下》《心悟心法：打开明心见性的大门·下》《三教文化古今谈·上》《灾难与急救》等图书12册。

2018年6月7日，张水平同志捐赠《道德经释义》《行云走笔：张水平海外见闻集》《丘吉尔传》《落纸风云》《文化与道德》等图书50册。

2018年6月21日，王海珺同志捐赠《陕北剪纸美学》《面案上的雕塑：陕西面花文化研究》等图书6册。

2018年6月4日，西译浙江校友会捐赠图书1 304册。

2018年6月6日，西译宣传部捐赠图书40册。

2018年6月14日，西安市长安区政协捐赠图书24册。

三、藏书现状综述

西译图书馆现有馆藏400余万册。纸质图书45万余种、240余万册，电子图书180余万册（件），期刊、报纸合订本6.3万册，分藏于借阅部、期刊部、视听室、电子阅览室、提存书库及分馆区。另外，电子文献的数据库和光盘等也有了与时俱进的发展，购买与连接的可使用的数据库达100余个，光盘7万余张。馆藏文献的建设自2004年3月以后，逐步走向规范化。自2012年起，开始采用招标采购图书，逐年不断完善。西译图书馆第一份图书采购招标文件如下。

最早的图书采购招标文件（2012年）

第一部分　招标邀请书

我校2012年度图书馆中文图书采购项目，采用邀请招标方式进行，现邀请贵单位参加该项目的投标，请按时参加。

发标时间：2012年3月6日8时—3月9日17时，在西安翻译学院财务处（科技楼二楼南侧）交纳"招标文件"费用和投标保证金后，持收款收据到图书馆六层馆藏发展与信息技术部办公室发放招标文件，过期不再办理。

送标时间：2012年3月15日（星期四）9:00前，投标单位将投标文件送达西安翻译学院图书馆六层馆藏发展与信息技术部办公室何立军老师收。

开标时间：2012年3月15日（星期四）9:30在西安翻译学院图书馆一楼会议室。开标时，投标单位代表须到场，未到或逾期到达者，将取消其投标资格，其投标文件按废标处理，购买"招标文件"费用和投标保证金不予退还。

一、联系地址：西译图书馆六层馆藏发展与信息技术部办公室

二、购买招标文件费用：300 元/份

三、投标保证金：5 000 元

投标保证金为参与投标单位对投标行为以及承诺的保证，招标结束后，中标单位的保证金，在合同签订后如数退还（不计利息）；未参与投标或未能全面履行其投标承诺单位的保证金不予退还；其他单位的保证金在招标结束后两天内退还（不计利息）。

四、联系人：何老师　85894415（电话）

85898513（传真）

第二部分　投标人须知

一、采购数量

此项目属中文图书正常采购，年采购中文新书 6.3 万册左右，全部为大学本、专科以上、专供本校图书馆馆藏的图书资料。项目执行以现场采购与目录订购相结合的方式进行。

从参加投标的单位中，选取 3 家单位作为本年度中文图书供货商，不承诺采购数量。中标单位确定办法见本文件"五、评标与定标"有关条款规定。

二、资质要求

1. 凡属独立法人，具有国家颁发的出版物经营许可证，注册资金不低于 200 万元，从事高校图书馆中文图书配货时间五年以上，其中为 211 院校图书馆供货不少于四家，经资格预审合格的被邀请单位，均可参加投标。

2. 投标单位必须提供以下资料的原件和加盖公章的复印件（鉴于全国性大公司同时参与多家单位招标的实际，下列 1~4 项至少需提供 2 种原件，缺少部分在签订合同前，交招标单位审验）：

（1）营业执照副本；

（2）组织机构代码证；

（3）税务登记证；

（4）出版物经营许可证副本；

（5）法定代表人（或授权代理人）身份证；

（6）法定代表人委托书（参见第四部分格式一）；

（7）银行近期（6 个月内）出具的公司资信证明。

3. 投标单位须提供近两年（2010—2011 年）如下资料：

（1）团购中文图书总码洋；

（2）按年度提供主要供货高校图书馆名单、供货数量、联系人及其联系电话（请按 211 院校、普通大学、普通学院三类分列）；

（3）与主要客户签订的合同或主要单位提供的 2011 年度供货业绩的证明材料；

三、投标要求

1. 对招标文件有疑问的投标单位，须以书面形式向招标单位提出，招标单位将以书面形式予以答复，同时以书面或传真形式通知所有投标单位，任何口头答复均无效。

2. 招标单位在投标截止日期前，对招标文件的澄清、修改，均以书面或传真形式通知所有投标单位。任何对招标文件的答复、修改或补充，均与招标文件具有同等法律效力，任何口头答复、修改均无效。

3. 开标时须交验营业执照副本、组织机构代码证、税务登记证、出版物经营许可证原件（最少2种，其余可提供加盖公章的复印件，但中标后必须交验原件）；法定代表人（或授权代理人）身份证、法定代表人授权书（参见第四部分格式一）、银行近期（6个月内）出具的公司资信证明原件。上述资质文件，请不要密封于投标文件内，随身携带，以便现场查验。

4. 凡因投标单位对招标文件阅读不深、理解不透、误解、疏漏或因对市场行情了解不清造成的后果和风险均由投标单位自负。

5. 当大多数投标单位最终报价高于西安地区高校图书馆平均价格时，招标单位有权宣布投标单位涉嫌串标而终止招标。

6. 投标文件的审查：

（1）开标后，招标小组将对各投标单位的投标文件进行审查，其内容包括投标文件是否完整，文件签署是否合格，投标文件是否实质性地响应了招标文件的要求。

（2）投标文件出现下列情况之一者，投标作废：

①投标单位未按规定密封投标文件；

②投标文件未盖公章；

③投标文件逾期送达；

④投标文件内容不全，字迹模糊或在修改处未加盖公章者；

⑤投标文件对招标文件未做实质性响应；

⑥严重偏离出版发行业务实际，采取恶意压价、虚高或虚低折扣报价的投标单位，被评标小组成员集体讨论认定为"不正当竞争者"。

四、投标报价及投标文件编制要求

1. 图书价格以书后定价为准，不附加任何运费或其他费用。付款时，以图书码洋×结算折扣计算金额。

2. 投标报价表必须明确阐述结算折扣（必须有大写），并加盖公章。

3. 投标文件由投标报价表、法定代表人授权书、投标单位资格声明（参见第四部分格式一、二、三）和营业执照、组织机构代码证、税务登记证、出版物经营许可证、银行出具的近期公司资信证明几部分共同组成，并按上述顺序装订。

4. 投标文件装订为正、副本各一份（报价表装订于首页），由法定代表人或授权代理人签字或印章后分别封装，并在封口处注明"规定的开标日期前不得启封"后加盖公章。投标单位无论中标与否，投标文件概不退还。

五、评标与定标

1. 由西安翻译学院分管图书馆工作的院领导，校纪检（监察）、资产、财务、教务等部门代表各一人，校图书馆（2人）组成的招标小组，对审查合格、实质性响应招标文件要求的投标单位进行评价和比较，最终确定中标单位。

2. 图书资料招标主要按照结算折扣评标，即在资质、信誉符合要求又完全响应招标文件的前提下，结算折扣最优惠者中标。

3. 根据投标报价，确定3家结算折扣最优惠的单位作为本年度中文图书中标供货商。当结算折扣相同时，根据单位规模、前两年服务业绩、质量及在业界信誉等，确定综合排名靠前的单位为中标供货商。

六、合同签订与结算

1. 中标单位接到中标通知后，必须在3天内前来招标单位洽谈签订合同有关事宜，并交纳合同履约保证金5万元。否则，按自动放弃对待。对交验部分资质复印件的中标单位，在签订合同前，须将资质原件交于招标单位审验。不交资质原件审验或经审验不合格者，将取消其中标资格。

招标单位银行账号：（户名）西安翻译学院

（开户行）农行西安长安支行

（账号）26155201040005180

2. 合同到期后，履约保证金在完全履行合同的情况下，如数退还（不计利息）。若不能完全履行合同，将依据此《招标文件》签订的合同条款扣除履约保证金，若履约保证金扣除比例超过50%时，招标单位有权终止合同，扣除其余履约保证金，保留追究其责任的权利。

3. 本项目采取中标单位全部垫资方式，且中标的图书供应商不得以任何理由转包中标项目，凡转包者，合同自动终止，履约保证金不予退还。只有在招标单位收到图书，并验收合格后，方通知中标单位开具发票（必须注明册数、码洋金额、结算折扣、实付金额）。招标单位收到发票审核无误后，于20日内按发票实价付款。

4. 在招标单位临近学校假期、年终财务结算等特殊情况时，中标单位须给予招标单位两个月的付款宽限期。

5. 招、投标文件以及招标单位对招标文件的书面答复、修改或补充均与合同具有同等法律效力，并且投标书中的承诺将作为合同的重要内容。

第三部分 供货质量及服务要求

一、书目服务质量要求

1. 为保证现采书目品种，中标单位组织参加全国书市、大学出版社订货会、全国订货会等专业书展或投标单位的样本库现采、出版社现采等活动不少于 3 次，并承担由此产生的全部差旅费用；

2. 按照招标单位专业设置或特殊需要，每周免费提供 1 000 条以上最新书目信息（Excel 和 Marc 两种格式）；

3. 中标单位必须无条件接收招标单位发出的从其他渠道收集的书目订单，并保证相同的结算折扣；

4. 采访书目著录事项至少须包括题名、责任者、ISBN、出版者、出版年、版次、《中图法》（第 5 版）分类号、定价等信息；

5. 中标单位若上述环节未达要求，招标单位将暂停订单投报，待改进后，恢复投报。

二、图书配送质量要求

1. 中标单位不得提供盗版图书。如有发现，中标单位应按图书码洋的 10 倍给予招标单位经济补偿；

招标单位除按每种 1 000 元计算，加扣履约保证金外，并有权立即终止供货合同，同时保留追究中标单位责任的权利。

2. 图书缺页、错页、污损、装订错误及非本馆订购图书，无论招标单位是否盖章、加工，均应无条件

退换；原配光盘或附件缺失时，中标单位应给予调换、补缺或退货。所有调换、补缺或退货所产生的费用，由中标单位承担。调换、补缺应在接到通知后 10 个工作日完成，未能按期完成者，招标单位将暂停订单投报，待改进后，方予恢复投报。

3. 对于①定价超过 100 元、订购复本量超过 3 册（不含 3 册）；②非招标单位收藏范围图书；③订有复本的线装书；④二次投报的图书订单；⑤复本大于 5 的图书订单，应向招标单位沟通后方可配货，否则，因错配所造成损失，概由中标单位承担。

三、到货周期质量要求（补缺书目除外）

1. 样书现采及出版社现货书目选订，自中标单位确认接到订单之日起 30 日内必须送达招标单位指定地点，发货时需说明未到图书相关信息；

2. 书目预订，自中标单位确认接到订单之日起，首批到货不超过 30 天，自首批订单接到 3 个月起，每 3 个月反馈一次未到货订单数量及有效性。

四、到货率质量要求（补缺书目除外）

1. 样书现采及出版社现货目录选定 30 天内到货率不低于 95%；

2. 书目预订，1 个月到货率不低于 50%，3 个月内不低于 80%，6 个月内不低于 90%（取消出版及延期出版图书除外），全年到货率不低于 95%；

3. 未能按期到货者，招标单位将暂停订单投报，待中标单位达到到货率要求后，方予恢复订单投报；

4. 为保证到货率，招标单位将依以下办法予以制约：中标单位在以上到货周期内，到货率每降低 1%，扣除其履约保证金 2%。现采及现货目录选订到货率，分批次统计核查；其他书目预订，按 1 个月、3 个月、6 个月、全年分次统计（分别按种、册计算到货率，以其中较低者作为计算依据）。招标单位将重点核查科学、商务、高等教育、外语教学与研究、清华大学、人民邮电、机械工业、人民、中华书局、中国社会科学、国家图书馆、各外国语大学、各师范大学、各综合性大学等核心出版社的所有图书。不同批次、周期到货率未达标处罚，均实行重复计算制。

五、免费加工质量要求

1. 按照招标单位加工规范提供全加工（涵盖藏书章、夹磁条、贴条码及覆膜、贴书标及覆膜、分类编目等）服务，加工服务接受招标单位技术指导与质量检查。

2. 编目加工所配的 Marc 数据质量必须严格按照国家机读目录著录格式和 CALIS 编目标准编制，文献标引必须著录到详细级次，分类标引必须采用《中图法》第五版。所有技术加工经招标单位验收合格，达到上架要求为准。

3. 未达到招标单位加工规范要求者，招标单位暂停向中标单位投报订单，通知中标单位及时改进，并保留委托其他专业人员进行加工的权利，由此产生的一切费用由中标单位承担。中标单位达到招标单位加工规范要求后，方可恢复订单投送。

六、其他服务要求

1. 发货清单要求：①提供含有合计数字的分包单（一包一单）；②按批提供盖章的纸质总清单一式二份和内容一致的电子版清单文件，每个清单所列包件以 30 件为限，且必须包含招标单位原始订单号（一书一号）；③所有清单必须清晰、准确、无涂改；

2. 未按上述要求提供服务者，招标单位将暂停订单投送，待改进后，方予以恢复投送。

第四部分 投标相关文件格式

格式一：法定代表人授权书格式

法定代表人授权书

西安翻译学院：

  注册于_____的_____公司（单位）法人代表_____（法人代表姓名、职务）代表本公司授权（单位）_____（被授权人的姓名、职务）为本公司的合法代理人，就_____项目的投标及合同的执行和完成，以本公司名义处理一切与之有关的事务。

  附：全权代表姓名：_____性别：_____年龄：_____

    职   务：_____身份证号码：_____

    通 信 地 址：_____

    邮 政 编 码：_____

    电   话：_____（办）_____（手机）

    传   真：_____

单位名称（公章）：   法定代表人（鉴章）：

本授权有效期：

     年 月 日 至   年 月 日

格式二：投标单位资质声明文件格式

公司资质文件

一、企业性质及隶属关系。

二、单位简况。

三、完成本项目所需的设备、人员与工具简介。

四、固定资产原值、净值、流动资金。

五、按年度列表提供企业近二年的主要业绩，包括：主要供货高校图书馆名单、供货数量、联系人及其联系电话（请按 211 院校、普通大学、普通学院三类分列）。

六、与本次投标项目有关的情况说明及特点优势。

格式三：投标报价表格式

投标报价表

投标单位	
项目名称	西安翻译学院2012年度图书馆中文图书采购
报价（结算折扣）	（大写）百分之＿＿＿＿＿＿＿（小写）＿＿＿%

供货质量及服务承诺：包括年提供学术书目数量，提供书目涵盖出版社数量，合作顺畅出版社数量、每月发货不少于两次出版社数量，现采（货）到货周期、期货到货周期、现采（货）一次到货率，期货每隔1个月、3个月、6个月、全年的到货率，发货清单格式及添加招标单位订单号方法，提供书目格式及周期，Marc数据标准，正版、调换货、退货承诺，收订后及发货前的订单复核、涨价通报、加工服务、现采组织、付款宽限期等服务承诺（可用表格形式表述，可附页）

其他特色服务承诺：

注：若有附页，每页均须加盖投标单位公章。

投标单位（公章）　　　　　　　　投标单位法定代表人签字：

　　西译图书馆历来重视图书馆多种载体馆藏文献资源的建设和利用，从2002年组建了图书馆第一个电子资源阅览厅开始，就一直加强电子资源数据库等文献资源建设。常用数据库如表2-5所示，图书与光盘如表2-6所示。

表2-5　常用数据库一览（2016年）

序号	名称	类型
1	读秀学术搜索	综合
2	超星数字图书馆	图书
3	金图外文图书数据库	外文图书
4	金图外文小语种数据库	外文图书
5	新东方多媒体学习库	英语视频
6	高校英语资源总库	英语学习
7	银符在线考试模拟题库	模拟考试
8	正保远程教育数据库	视频课程
9	爱迪科森就业培训数据库	视频课程
10	网上报告厅	视频课讲座
11	网上大学堂	视频课程
12	博云非书资料管理系统	随书光盘

表2-5（续）

序号	名称		类型
13	高等教育应用多媒体资源服务平台		教育多媒体
14	世界油画数字资源库		世界油画
15	中国历代馆藏书画数字资源库		中国书画
16	中国知识资源总库	中国期刊全文数据库	其他
		中国优秀硕士学位论文全文数据库	
		中国博士学位论文全文数据库	
		中国重要会议论文全文数据库	
		中国重要报纸全文数据库	
		中国精品文化期刊文献库	
		中国精品文艺作品期刊文献库	
		中国工具书网络出版总库	
		中国年鉴网络出版总库	

表2-6　图书与光盘一览（2016 年 12 月）

名称	数量/册	内容	位置
样本库	311 857	中文普通图书	一楼西
社科1	190 985	政治、法律、军事、经济、文化、科学、教育、体育	四楼北
语言库	128 095	语言、文字	四楼南
社科2	141 429	马克思主义、列宁主义、毛泽东思想、邓小平理论、哲学、宗教、社会科学、历史、地理	五楼北
自然库	175 609	自然科学总论、数理科学和化学、天文、生物科学、计算机、艺术、综合性图书	五楼南
英语厅	20 920	原版英文图书	四楼西
日语厅	31 581	原版日文、朝鲜文	五楼西
法德厅	18 021	原版法语、德语、西班牙语、俄语	六楼西
文学库	136 523	文学	文渊楼
期刊厅（过刊区）	14 968	过刊合订本	三楼
自习厅（过刊区）	16 310		七楼

第三节 重点与特色

西译图书馆馆藏主要以语言类外语图书为重点和特色，其形成是基于历史原因和现实原因。由于西译图书馆在建馆初期，馆藏既有学院的购书，又有来自各个方面的赠书，从而形成了两个特色：一是类属较为齐全，二是文学类的古今中外名著较为丰富。这是历史原因。以语言类外语图书为主和以工业技术类的计算机图书与民办教育为辅的图书资料的特色的形成，是因为图书馆方针任务的调整与确立，对馆藏建设的制约、引导和调控，这是现实原因。所以，按中图分类法分为的22大类图书馆均有馆藏图书。

一、历史原因形成的馆藏特色

经过多年的精心收集、整理和积累，西安翻译学院图书馆入藏了较为齐全的类属馆藏，既有社会科学的文献又有自然科学的文献，还有综合性的文献；不但有马列主义、毛泽东思想、邓小平理论和科学发展观的文献，而且有哲学、宗教类的文献。

因历史因素形成的馆藏特色中，类属齐全是其中之一。

二、现实因素调控着馆藏重点

西译图书馆根据本院的性质、特点和任务，确定语言类的外语图书是馆藏重点。工业技术类的计算机图书也是一个特色，因为计算机技术已成为当今社会的必学技能。另外，作为民办高校，民办教育方面的图书资料的收藏，理应是馆藏的一个特色。

多年来，图书馆根据学校教育教学、人才培养、学科建设对文献信息的需求，注重特色专业和重点学科发展的需要，广泛收藏印刷型资源，不断丰富数字资源，形成了以语言类的外语文献为特色，以语言类的英语文献为支撑，兼顾基础学科及管、文、经、法、医相结合的较为完善的文献信息资源保障体系，最大限度地满足全校师生对文献信息的需求。

在文献资源建设过程中，图书馆加大印刷型文献的采购力度，对重点学科、新建专业、外语文献等图书实行重点倾斜政策，使印刷型文献总量不断加大，并且重视引进和自建电子文献数据库，整合网上资源，形成了以语言类的外语文献为特色，以语言类的英语文献为支撑，兼顾基础学科及管、文、经、法、医相结合的较为完善的文献信息资源保障体系，最大限度地满足全校师生的文献信息需求。

经过多年的建设和发展，西译图书馆不仅拥有一个多学科、多语种、多载体、适应学校教学与科研需要的藏书体系，并逐步形成了一个资源丰富、覆盖全校的文献信息资源保障中心。文献资料涵盖65个语种，有关英、俄、德、法、日、西班牙、阿拉伯等主要语种的原版资料尤为丰富。在英语语言文学方面藏书极为丰富，享誉三秦。

馆藏文献资源是图书馆的物质基础和为教学、科研服务的基本保障。图书馆立足建设特色资源区域和特色资源库，如有外语沙龙、英语厅、日语厅、法德厅、外语文献体验馆等；在图书馆二楼大厅设有工具书阅览区、百科全书阅览区、新书阅览区、教师著作阅览区、社会团体捐赠阅览区等，如图2-11所示。

图2-11 图书馆二楼大厅一角

第三章　读者工作

　　读者工作是利用图书馆的文献信息及其他条件，通过组织研究藏书、组织研究读者和组织研究服务，帮助读者利用馆藏文献并从中获得知识、掌握信息，从而实现图书馆工作社会价值的一种专业工作活动。西译图书馆的读者工作，更具自己的特点，也无不打着时代的烙印。

第一节　书目与索引

　　图书馆的馆藏浩如烟海。为了读者便于利用馆藏，各类型的图书馆无不对书目、索引给予重视。图书馆的书目和索引是揭示、引导和检索文献资料的工具，是帮助读者打开知识宝库的钥匙，是指引治学入门的向导，是进行科学研究的指南。西译图书馆读者工作的书目与索引发展更是如此。

　　1987—1997 年，仅有书本式目录。

　　1998—2002 年，采用卡片式目录，即目录柜的卡片目录。分为题名（书名）目录、著者（作者）目录和分类目录三种。题名目录和著者目录按汉字笔顺排列，分类目录按《中图法》顺序排列。

　　2002—2004 年，卡片式目录和机读目录并存。

　　2003 年，创建图书馆主页，开始使用计算机检索文献。

　　2004—2005 年，全采用机读目录。目录厅有 8 台检索机，每个借阅书库也均有检索机，共 13 台检索机。开始编制了部分书目、索引、文摘。

　　2008 年，在期刊阅览厅、英语厅、日语厅等设立了电子文献阅览区并可提供馆藏文献检索。

　　2015 年，开通了"微信公众号"和"移动图书馆"检索使用平台。

　　2016 年，增设了 4 台电子图书借阅机和 4 台电子自助借还机。

　　2017 年，增设了 2 台电子报刊借阅机和 1 台电子朗读亭。

2018 年，开通了"学习通"电子检索使用平台。

第二节　读者工作概述

（一）1987—1997 年概况

1987—1995 年，仅设有一个综合阅览室；1996—1997 年，仅有一个阅览室，一个书库，一个自习室。

（二）1998—2003 年概况

1998 年，从最初的图书馆搬迁，有 2 000 多平方米的两层楼房。1999—2001 年，设有一个闭架借阅书库，一个期刊报纸阅览厅，两个自习厅，一台复印机。

2002—2003 年，设有一个闭架借阅书库（后改为开架借阅），一个开架借阅书库，一个期刊报纸和电子阅览厅，一个自习厅。

（三）2004—2005 年概况

2004—2005 年，图书馆搬入新馆，设四个开架借阅书库，三个阅览书库（包括两个外语书库和一个中文样本书库），一个期刊报纸阅览厅，一个工具书阅览区，一个过报室，一个教师阅览室，一个电子阅览厅，一个视听室，一个网络资源厅，一个商务中心（提供打印、复印、传真、复制磁带、刻录光盘等服务），一个书林（书店），一个外语沙龙（提供放映原版外文影视和与老外面对面练习口语的服务），一个自习厅和一个休闲廊。另外，西区分馆有开架借阅书库、期刊报纸阅览厅、电子阅览厅和自习厅各一个。

（四）2006—2007 年概况

2006—2007 年，图书馆对布局进行调整，设有参考咨询台（提供文献咨询及打印、复印、传真、复制磁带、刻录光盘等服务），期刊阅览厅、报纸阅览区、过刊阅览区、过报阅览区、工具书阅览区、过报室，教师阅览室，电子阅览厅、视听室、网络资源厅，外语沙龙（提供放映原版外文影视和与老外面对面练习口语的服务），光盘室等。四个开架借阅书库，三个阅览书库（包括两个外语书库和一个中文样本书库），一个自习厅和一个休闲廊。

另外，西区分馆有开架借阅书库、期刊报纸阅览厅、电子阅览厅和自习厅各一个；新区分馆有一个书刊阅览厅。

（五）2008—2009 年概况

2008—2009 年，在原有的基础上，略有改变。增设"信息素质教育台"转为增设"信息素质教育室"，撤销了"过报室""教师阅览室"。设有光盘室、参考咨询台（提供文献咨询及打印、复印、传真、复制磁带、刻录光盘等服务），期刊阅览厅、过刊报纸阅览区、工具书阅览区，电子阅览厅、视听室、网络资源厅，外语沙龙（提供放映原版外文影视和与老外面对面练习口语的服务），四个开架借阅书库，三个阅览书库（包括两个外语书库和一个中文样本书库），一个自习厅。

另外，外国语学院、人文艺术学院和经济管理学院分别成立资料室并对外开放。西区分馆有开架借阅书库、期刊报纸阅览厅、电子阅览厅和自习厅各一个。

（六）2010—2012 年概况

2010—2012 年，图书馆增设了"法德厅""文学书库"。外文书库增至三个，借阅书库增至五个，撤销了"视听室"。有参考咨询台，光盘室、期刊阅览厅、过刊报纸阅览区、工具书阅览区，电子阅览厅、网络资源厅，外语沙龙，共五个开架借阅书库，四个阅览书库（包括三个外语书库和一个中文样本书库），一个自习厅。

另外，西区分馆有借阅书库、报刊阅览厅、电子阅览厅和自习厅。有三个分院的资料室。

（七）2013—2018 年概况

2013—2018 年，增设了"考研自修室"（撤销了"网络资源厅"）。有参考咨询台，光盘室、期刊阅览厅、过刊报纸阅览区、工具书阅览区，电子阅览厅，外语沙龙。五个开架借阅书库，四个阅览书库（包括三个外语书库和一个中文样本书库），一个自习厅；增设了自助借还机、电子读书借阅机、电子报刊借阅机，引入了移动图书馆服务、微信服务和学习通等。

西区分馆增设了一个书库，撤销了电子阅览厅和自习厅。共有二个借阅书库、一个报刊阅览厅。

图书馆组织机构 1987—2018 年的变化如表 3-1 所示。

表 3-1　1987—2018 年图书馆组织机构变化一览

阶段	机构名称	时间
1	办公室	1987—1997
	阅览组	
2	办公室	1998—2004.3
	采编部	
	流通部	
3	办公室	2004.4—2005.6
	文献建设部	
	借阅部	
	参考咨询部	

表3-1（续）

阶段	机构名称	时间
3	综合服务部	2004.3—2005.6
	信息技术部	
	西区分馆	
	新区分馆	
	图书馆党支部	
4	办公室	2005.7—2010.10
	文献建设部	
	借阅部	
	参考咨询部	
	信息情报研究室	
	信息技术部	
	西区分馆	
	新区分馆	
	图书馆党支部	
5	办公室	2010.11—2014.11
	文献建设部	
	读者服务部	
	参考咨询部	
	网络技术部	
	西区分馆	
	图书馆党支部	
6	综合业务部	2014.12—2018.12
	文献建设部	
	流通服务部	
	阅览服务部	
	信息技术部	
	西区分馆	
	机关第八党支部	

图书馆管理规定

（2009 年 3 月 30 日）

一、入馆须知

1. 读者需凭"借书证"或"一卡通"进入图书馆。

2. 保持馆内肃静，请自觉将手机关闭或调至振动。

3. 讲究卫生，不随地吐痰或乱扔纸屑。不在馆内吃东西。

4. 严禁在馆内任何地点吸烟，严禁携带易燃、易爆物品入馆。

5. 爱护馆内公物，爱护书刊及各种设备，如有损坏按规定赔偿。

6. 遵守本馆各项规章制度，违者按有关规定予以处理。

7. 讲文明、懂礼貌，尊重图书馆工作人员的劳动。

8. 如遇监测器报警，有关人员应主动接受值班工作人员检查。

9. 未经工作人员许可，不得通过笔记本电脑接入和使用图书馆网络。

二、借书证使用规则

1. 办证：本校新生以班级为单位集体办理，不收工本费。

2. 补证、换证：借书证丢失或条码磨损影响使用，可凭本人有效证件自行前往图书馆补办新证或换证，每证收取条码磨损费 0.5 元。

3. 挂失与解挂：借书证丢失，请尽快登录图书馆网页"我的图书馆"，自行办理"挂失"手续，或到图书馆办理挂失。如挂失后，遗失的"借书证"失而复得，应立即到图书馆办理"解挂"手续，恢复原证使用。从借书证丢失到办理挂失，其间所产生的图书财产损失及超期罚款，由执证读者本人负责赔偿。

4. 退证：读者离校（调动、毕业、结业、退学等）应到图书馆核查有无欠书欠款，如有欠书或欠款，应先办理还书或赔款手续，注销该证件，方可在"离校通知单"上加盖公章。学生以班级为单位集体办理退证。

三、图书借阅规则

1. 一般规则

（1）凡本校学生一律凭本人"借书证"或"一卡通"借阅图书；

（2）请从监测通道经过进入或离开图书馆；

（3）本馆实行开架借阅，取书请用代书板，阅毕请将书刊放回原处；

（4）未办理借书手续的图书，不可以带出馆外；

（5）已借出的图书，应在办理还书手续后，方可带进馆内阅览；

（6）请在原借书处归还图书；

（7）期刊、报纸仅限室内阅览；

（8）请在借阅期限内归还图书，超期应按规定接受扣款处罚；

（9）复本书只剩一册时，不外借，仅限室内阅览。

2. 借书册数及期限

图书馆读者借阅图书的册数和借阅期限，按不同读者身份而定。读者借阅图书册数及借阅期限如表3-2所示。

表3-2　读者借阅图书册数及借阅期限一览

读者类型	借阅册数/册	借阅时间/天
学生	3	30
教师	6	90
行政人员	4	60

3. 续借

续借手续必须在所借图书资料借阅期未满前办理。若拟续借图书已有人预约，则不得续借；可到原借阅室办理续借手续。续借期限为一个月，每册图书最多可续借一次。

读者有责任在借阅期内归还所借图书，凡超期归还的图书每超期一天罚款0.10元，读者须交清超期罚款后，方可重新享有图书借阅权。如果图书丢失，必须在借书期限内办理赔偿手续，否则追加超期罚款。

四、书库阅览室管理规则

1. 本馆图书实行全开架借阅。读者可随意浏览，阅读结束后应将图书放回原处。

2. 进入书库阅览室，须将书包、衣物等大件物品放在指定位置。

3. 保持室内安静，进入阅览室请将手机调至振动，请勿在阅览室接听电话或大声交谈。如有急事，可到大厅外侧小声接打电话。

4. 严禁各种形式的占座，读者离开阅览座位超过30分钟，则视为占座，图书馆工作人员会不定时清理占座物品；请勿将贵重物品放置在阅览座位上，以免丢失；如座位上无人超过30分钟而阅览室内又无空闲座位时，无座位读者可以使用该座位。

5. 保持室内整洁，不在室内吃零食饮料，不得随地吐痰、乱扔杂物。

6. 对违反上述规定者，工作人员有权批评、制止，并根据违章情节，依据相关规定予以处罚。

五、报刊阅览室使用须知

1. 期刊报纸仅限室内阅览。

2. 请勿将书包、衣物等带入阅览室，以免影响他人。

3. 取阅书刊时，请使用代书板，阅毕请将书刊自觉放回原处。

4. 本室提供复印机，需复印的资料，请在本室复印。

5. 读者应爱护报刊资料，凡有污损、撕页等，须按有关规定处罚。

六、书刊赔偿、处罚规定

图书馆书刊是学院公共财产，读者应自觉爱护并遵守借阅规则。借阅书刊时应全面检查，如发现污损、缺页等情况，应及时告知工作人员。图书归还时如发现有新的撕页、遗失、污损等情况，应按下列办法赔偿：

1. 图书条码损坏或丢失，罚款 2 元。

2. 图书破损（水淹、油污、撕扯）：

（1）单行本赔偿原书价的 10%。

（2）多卷本（连页的）按原书套价的 10% 赔偿。

（3）丛书按单本书价格的 10% 赔偿。

3. 超期处罚：图书每超期一天罚款 0.10 元。未交清罚款前不能借书。

4. 赔书：图书遗失应办理赔偿。

（1）单行本：赔偿原价的 2 倍。

（2）多卷书：按套价赔偿。

（3）丛书：有套价的赔套价，没有套价赔单本价格的 2 倍。

（4）外文原版书：赔偿原价的 5 倍。

（5）买书赔偿：所赔图书与丢失图书的书名、著者必须相同；版本及出版社可以不同，但必须为正版图书。

七、电子阅览室管理规则

1. 遵守《中华人民共和国计算机信息系统安全保护条例》《计算机信息网络国际联网安全保护管理办法》及其他国家和学校有关规定。

2. 不得在电子阅览室观看和浏览不健康光盘与网站，如有违反，工作人员有权制止，拒不改正者将按规定移交有关部门处理。

3. 有关用户名、密码等上机认证问题，请咨询管理人员。

4. 上机实行"一人一机"，严禁多人共享一台计算机。

5. 除工作人员外，其他人不得挪移、拆卸计算机及相关设备。

6. 进入室内保持安静，严禁大声喧哗、吃零食及其他一切不文明行为，上机者应保持计算机及环境清洁，自觉维护上机秩序。

7. 任何人不得在计算机上实验有可能造成本机或其他机器系统损坏的软件；不得在任何计算机上使用可能造成网络阻塞和瘫痪的软件；不得恶意传播病毒或使用黑客程序，违者将受到通报及罚款等处理。

8. 应向管理人员了解正确上下机方法，下机时请"结账下机"，否则所造成的经济损失由读者自负。上机收费：1.0 元/小时。

9. 不得使用任何方法进入他人或公共用机进行删除、复制、改动计算机的系统和文档等；不得登陆或进入任何图书馆服务器。

10. 不得随意更改计算机系统配置及其他任何设置。

八、文献打印、复印规则

1. 本馆提供文献打印及复印服务。

2. 需要复印本馆各阅览室的书刊资料，须征得本馆工作人员许可并押证办理，复印完毕立即将书刊资料归还。

3. 打印前请将文件排版处理完毕。

4. 复印费 0.20 元/张；打印费 0.50 元/张。

5. 凡涉及党和国家机密文件以及上级有关部门规定不准翻印的文件和防扩散材料，一律不予复印。

（本规定由图书馆负责解释）

参考咨询部办公室工作内容
（2009 年）

一、信息咨询

1. 面对面咨询：礼貌、热情、负责任地回答读者所提问题。且需有详细的咨询记录。

2. 电话咨询：认真、负责、耐心解答读者咨询，做到读者满意为原则。

3. 馆际互借和文献传递服务：认真负责、不厌其烦、及时为读者提供所需资料，充分起到桥梁纽带作用。

4. 代查代检和专题服务：依计划确定重点学科中的项目 3~4 个，为读者随时提供所需资料。

二、信息开发

依计划和读者实际需求，开展文献推荐介绍服务。

三、读者教育

1. 新生入馆教育：每学年初，即九月中下旬，举办一年一度的新生入馆教育，采取课件形式的讲座为主的方式进行。具体按计划完成。

2. 文献检索课：有计划地以"一小时讲座"形式进行文献检索课的教育，以具体操作为重点，按计划进行，讲求实效，达到预期目的。

3. 专题讲座：根据读者的需求，每学期邀请相关人员为读者做专题讲座 2~3 次。

四、馆员培训

有计划地开展馆员培训，包括讲座和印发学习资料等学习方式，每学期按计划开展 2~3 次业务培训学习和职业道德教育培训学习。

五、信息宣传

努力开展多种形式的文献信息宣传工作，坚持办好图书馆馆报《图书馆与读者》、馆刊《教育信息参考资料》，编印各种宣传单、引导资料，张贴、发布不同形式的布告、通告和新闻等。按工作计划，各负其责，切实做好各项工作。

六、信息研究

负责全馆工作人员论文的撰写和向外推荐工作以及本馆的学术研讨会的筹备等工作，承担或参与相关研究项目，做好本馆学术资源的积累工作。

电子报刊阅览区工作职责
（2010 年 1 月 5 日）

1. 负责对读者的电子报刊阅览检索咨询指导及阅览统计工作。

2. 做好读者需求调研工作，及时向领导反馈信息，为订购电子报刊提出合理化建议。

3. 研究读者阅读动态，了解教学科研需要，主动宣传推荐，接受读者咨询。

4. 对读者进行爱护电子报刊和阅览道德的宣传教育，认真加强巡视，对违规行为及时进行处理。

5. 熟悉计算机操作技术，熟练使用电子报刊的检索使用方法和步骤，负责工作范围内计算机日常维护。

6. 搞好阅览区域内卫生及安全防范工作，保持阅览区域内整洁，微笑服务，积极热情地为读者创造良好的阅读环境。

7. 完成馆领导交办的其他工作任务。

外国语学院资料室工作内容
（2010 年 5 月）

一、信息咨询

1. 面对面咨询：积极、主动为读者开展咨询辅导，特别是电子文献的使用，礼貌、热情、负责任的回答读者所提出的每个问题。且需有详细的咨询记录。

2. 电话咨询：认真、负责、耐心解答读者咨询，做到读者满意为原则。

3. 代查代检和专题服务：根据计划确定重点学科中的项目，为读者随时提供所需资料。

二、信息开发

1. 二次文献开发（纸质、电子）：有目的地制定书目、索引、文摘等二次文献的开发。

2. 文献推介服务：根据读者实际需求，开展文献推荐介绍服务。

三、信息宣传

编印各种宣传单、引导资料，张贴、发布不同形式的布告、通告和新闻等。

四、资料室维护

及时将资料室新到图书上架，保证资料室内图书资料整齐，维护资料室内各项硬件设施。

样本书库①阅览须知
（2010 年 3 月）

1. 样本书库仅限厅内阅览。
2. 请勿将书包、衣物、食品等带入阅览厅，以免影响他人。
3. 阅览图书完毕，请将图书自觉放回原处或放予书车上。
4. 若需复印资料，请与值班老师联系。
5. 读者应爱护图书资料，凡有污损、撕页等须按有关规定接受处罚。

图书馆卫生、安全工作条例
（2015 年 9 月 14 日）

1. 做好常规性的卫生工作，保持馆内地面、桌面、书架的整洁。
2. 经常开窗通风，保持室内空气清新。
3. 增强防范意识，注意各库室的出入口管理，人离开时随手关门，防止书刊资料及财物的丢失。
4. 增强消防意识，馆内严禁吸烟。保持各库室过道畅通，注意用电安全，防止火灾发生。
5. 不定期检查防火、防盗、防湿、防晒、防霉等设施是否完好，一旦损坏要及时请人修理，以防不测。
6. 每天下班前必须检查门窗、电灯、电扇、饮水机、计算机等的关闭情况，切断电源，谨防事故发生。

---

① 样本书也称保存本书，样本书库是从进馆的每种中文普通图书中抽出一本作为样本加以保存提供阅览而形成的书库。它是馆藏中文文献的缩影，其藏书基本反映了馆藏中文文献的概况，也是图书馆整个藏书体系中品种最齐全、数量最可观的中文书库。由于样本书库的图书均为单本图书，故读者应倍加珍惜。

第三节 各借阅厅简介（2016）

一、样本书库

样本书库在图书馆一层西侧。收藏图书馆所有中文普通图书的样本，库藏图书301 187种（册）、视听资料12 611种。样本书库内设阅览座位110个，并设有检索终端，为读者提供检索和阅览服务。

二、期刊阅览厅

期刊阅览厅在图书馆三层北部。收藏中文现刊889种，期刊合订本6 451册。设有阅览座位468个，并设有检索终端，为读者提供检索和阅览服务。

三、阅报区

阅报区在图书馆三层西南侧，提供现报和过报的阅览，有中外文报纸93种，部分重要过期报纸的装订本。设有阅览座位147个，为读者提供阅览服务。

四、外语沙龙

外语沙龙在图书馆三层西侧，是进行学术讲座、外语原声影片播放和互动活动为一体，体现学术性、全外语氛围和互动学习的场所。厅内设有6台53寸超大屏幕彩色电视，有座位257个，每天按节目表有计划播放学术讲座、原声外语片和进行相关互动活动。

五、英语厅

英语厅在图书馆四层西侧。收藏英文原版图书2万余册，外文期刊近30种，外文过报950多册，外文过刊1 000多册，外文光盘600多张，有阅览座位167个，为阅览书库。并设有检索终端，为读者提供检索和阅览服务。

六、日语厅

日语厅在图书馆五层西侧。厅内收藏日语、俄语、世界语等语言类外语图书31 580册。有阅览座位234个，为阅览书库。并设有检索终端，为读者提供检索和阅览服务。

七、法德厅

法德厅位于图书馆五层西侧，收藏法语、德语、西班牙语、意大利语等外语图书1802册，有阅览座位198个，本厅图书仅供阅览不外借，设有检索终端，为读者提供检索和阅览服务。

八、自习厅

自习厅在图书馆七楼。其中厅内东西两边为过刊过报阅览区。收藏过刊16 310册，过报500多册。设有阅览自修座位1 078个。环境优雅，温度适宜（有16台5P空调）。开放时间为7:30—22:00。

九、社会科学图书第一借阅厅

社会科学图书第一借阅厅在图书馆四层北侧。收藏政治、经济、军事、教育类等图书141 289册，库内设阅览座位100个，为借阅书库。为读者提供外借和阅览服务。

十、社会科学图书第二借阅厅

社会科学图书第二借阅厅在图书馆五层北侧。收藏马列文献、社会科学总类、哲学、历史类图书190 985册，库内设阅览座位92个，为借阅书库。为读者提供外借和阅览服务。

十一、语言文字图书借阅厅

语言文字图书借阅厅在图书馆四层南侧，收藏英语等语言文字类、英文原版等图书128 095册，厅内设阅览座位192个，为借阅书库。为读者提供外借和阅览服务。

十二、艺术、综合、自然科学图书借阅厅

艺术综合自然科学图书借阅厅在图书馆五层南侧，收藏自然科学、艺术类等图书175 609册，厅内设阅览座位116个，为借阅书库。为读者提供外借和阅览服务。

十三、文学书库

文学书库在文渊楼一层西侧，收藏文学图书136 523册，借阅书库（无阅览座位），为读者提供借阅服务。

十四、西区分馆图书借阅厅

西区分馆图书借阅厅成立于2003年，设有语言书库和综合书库两个。其中语言书库收藏图书11 857册，综合书库收藏图书62 279册，设有阅览座位700个。并设有检索终端，为读者提供检索和借阅服务。

十五、院系资料室

院系资料室分设翻译研修学院、亚欧语言文化学院、商学院和文学院共4个，共有图书20 360册。

十六、光盘资料室

光盘资料室设在图书馆七楼，收藏光盘52 949张，另外。西区图书馆还收藏17 450张光盘。图书馆的光盘以图书配套光盘为主，方便读者外借。

第四章　参考咨询

参考咨询是图书馆员为读者在利用文献和寻求知识、情报方面提供帮助的活动，是以协助检索、解答咨询和专题文献报道等方式向读者提供事实、数据和文献线索。

参考咨询工作是以文献为根据，通过个别解答的方式，有针对性地向读者提供具体的文献、文献知识和文献途径的一项服务工作，具有服务性、针对性、多样性、实用性、智力性、社会性的特点。

参考咨询服务主要负责解答读者在利用图书馆过程中产生的各种问题，内容涉及馆藏资源及其利用、文献查找途径及查找中遇到的问题、图书馆的各项服务与规则等，目的在于帮助读者更有效地利用图书馆。

西译图书馆咨询工作自从图书馆建立，就一直开展。

2004 年，成立参考咨询部，开展工作，同年 12 月份创办了图书馆小报《书海导航》。

2004—2014 年，编印图书馆一年一度的内部资料《图书馆业务统计资料汇编》，共 11 期。

2005 年 6 月，成立了信息情报研究室，随后，参考咨询工作归属于信息情报研究室。信息情报研究室在开展用户教育、馆员培训、信息开发、信息研究、馆史的撰写、馆内宣传报道等工作以外，还有专人开展实时问答咨询和网上咨询的信息咨询工作。截至 2008 年年底，《书海导航》小报共编印 24 期。

2005 年，制订了西译图书馆馆训——"求实创新，文明兴馆"。

2005 年 12 月，与中国高校人文社会科学文献中心和中国国家图书馆建立了馆际互借关系。

2006 年 6 月，编印了《图书馆文献检索使用手册》（每年修订的读者手册以此为蓝本）；8 月，创刊了《教育信息参考》（馆刊）；10 月，西译图书馆在网上开通腾讯 QQ 网上咨询服务。

2008 年 9 月，开展二次文献的编辑和推介服务。

2009 年 3 月，积极参与学院编辑了《丁祖诒言论录》。

2009 年 4 月，创刊了《图书馆与读者》（馆报）；同年 10 月，成立了信息素质教育室（六楼西北角），方便读者咨询服务。

第一节　咨询管理

咨询管理部分主要包括业务管理和规范管理，也就是在不同阶段结合实际工作的需要和领导的要求，制定一些业务管理制度和日常管理制度。这些管理制度只有在修订《图书馆规程制度》的时候，才补充于其中。

▶ **业务管理（业务管理制度）**

参考咨询部业务管理试行办法
（2005 年 12 月 28 日）

1. 严格遵守参考咨询部各个岗位工作职责。

2. 实行责任制和相关的量化管理标准。

3. 制订切实可行的工作计划，按计划把工作落到实处，并创新开展各项工作。

4. 团结协作。既要分工明确责任到人，又要有集体观念，协作开展工作。

5. 积极配合图书馆相关部门开展工作。

6. 认真完成领导交付的其他工作。

参考咨询部工作人员守则
（2006 年）

1. 敬业爱岗，分工协作，团结一致，做好本部门各项工作。

2. 遵守各项规章制度，不迟到早退，不无故缺勤；坚守岗位，按时上下班。

3. 认真做好本部门各种藏书、电子出版物、网络及设备的管理工作；做到熟悉馆藏，掌握电子信息检索手段和设备的操作技术，努力做好文献资源的开发和利用工作。

4. 热情为读者服务，认真做好咨询工作和读者教育工作。

5. 虚心听取读者意见与建议，不断改进工作。

6. 加强业务学习与研究，提高业务水平与工作能力，更好地为教学与科研服务，适应图书馆事业不断发展的要求。

7. 服从全馆的统一安排与调动，完成领导安排的各项工作任务。

8. 搞好与全馆各部门之间的团结与协作，热情协助各部门完成工作。

图书馆参考咨询部工作简介

（2007 年 5 月 15 日）

参考咨询部是图书馆的一个重要部门之一。参考咨询是图书馆服务的重要组成部分，是读者向图书馆工作人员或其他专家提问并获得解答的一种信息服务方式。它最早出现于 1876 年的美国，迄今已有 100 多年的历史。身为"图书馆的心脏"，参与咨询部在开发和报道文献资源、为读者提供信息服务、充分利用智力资源、宣传和扩大图书馆的影响等方面一直发挥着至关重要的作用，占据着不可或缺的地位。随着网络技术和信息科学的飞速发展，参考咨询的形式和内容都发生了根本性的改变，在线咨询、实时咨询、互动咨询、可视咨询等各种方式纷纷涌现，为读者提供网络时代实时、动态、便捷、高效的信息服务。

参考咨询部主要有提供参考咨询、读者教育与用户培训、代查代检、馆际互借与文献传递、研究等职能。承担各种形式的现代化信息服务和学科信息资源导航服务工作；承担读者文献检索培训、信息素质教育培训和本馆职工业务培训；同时还负责开展图书馆学、情报学及数字图书馆研究。

图书馆参考咨询部主要包括信息情报研究室、参考咨询台及工具书阅览区、期刊阅览厅、阅报区和过刊阅览区等。

一、参考咨询

二楼设有参考咨询台，由值班馆员负责解答读者利用图书馆过程中产生的各种问题，这些问题大体上归纳为三种类型：①读者利用图书馆馆藏及查找馆藏目录时遇到的问题；②读者查询本馆网络信息时遇到的问题；③读者寻求图书馆服务时提出的各种问题。

读者除了现场进行咨询外，也可利用网上咨询台进行咨询。读者可通过电话、电子邮件咨询、虚拟参考咨询腾讯 QQ 提出各种有关信息检索与利用方面的问题；向图书馆提供相关的信息线索与信息利用的建议等。

二、用户培训与教育

图书馆一贯重视面向读者的培训工作，为了体现高校图书馆的教育职能，帮助读者利用图书馆的各类资源、掌握查询资料的基本技能，本馆参考咨询部每年都会举行一系列的用户培训与读者教育活动。用户培训与读者教育主要包括每年的新生图书馆利用培训、图书馆资源与服务利用系列专题讲座。培训内容涉及图书馆馆藏与利用、各学科文献信息资源利用，本校各种网络数据库的检索等。

"一小时专题讲座"分为定期和不定期两种形式。定期专题讲座会会在西安翻译学院网上交流天地和图书馆网页的最新动态提前公告。

同时，为帮助读者有效利用图书馆各类信息资源，以及充分发挥数字资源的网络优势，图书馆电子阅览厅于每周二、四下午为全校师生开展一小时的免费用户培训讲座；还针对集体读者，提供预约培训服务。此外，各院系的专业课老师如需要我们的馆员结合课程给学生介绍本馆电子资源，并就电子资源利用方面，另行组织辅导，也可直接与图书馆一楼的参考咨询部联系。

三、文献专题服务

专题服务是图书馆传统的信息服务之一，主要针对读者的科研、教学需要，定期或不定期地对某一特定主题进行跟踪信息服务。

高校图书馆的专题服务，为学院的科研项目及其他教学科研提供专题文献跟踪检索服务。

文献信息资源是高等教育教学与研究的重要帮手，是高等教育的三大支柱资源之一，图书馆是高校信息资源汇集、传播与提供服务的中心场所。为了更好地发挥信息资源优势，帮助与支持学院教学与科研更好地开展，特别是支持学院科研课题研究，图书馆的参考咨询部，在接到专题检索申请后两周内提供详细的文献检索咨询报告。

总之，图书馆参考咨询部开展的各项工作，都是在于最大限度地满足读者的要求，在于帮助读者更有效地利用图书馆。

参考咨询部工作具体实施办法
（2008 年 10 月 8 日）

参考咨询部的工作主要有以下几个方面：

一、读者教育

1. 新生入馆教育

新生入馆教育是参考咨询部的一项常规工作，是新生入学教育的重要组成部分，为了使新入校学生尽快了解图书馆的各种资源与服务，掌握使用图书馆的基本方法，每学年，在新生入校时，图书馆会集中举办新生入馆培训，重点介绍图书馆概况、图书馆资源及其分布、图书馆信息服务方式和如何利用图书馆等内容。

2. 文献检索课

负责本校的"文献信息检索课"的教学工作。文献检索课是高校进行读者教育的最佳途径。它能使学生系统掌握文献信息、检索信息，培养其较高的信息素质，参考咨询部每年为在校生 2~4 年级大学生开设"文献检索与利用"课，通过对不同数据库、检索系统、检索课题、检索技术等进行不同专题的讲座，使读者掌握数据库的检索方法和技巧，提高网络信息资源的利用率。

3. 专题讲座

为帮助读者合理地使用信息资源，图书馆定期或不定期地面对不同层次的读者开设不同类型的培训讲座。数据库讲座，主要为读者提供数据库的检索技巧培训。目前，图书馆已经订购了清华同方全文数据库（CNKI）、超星数字图书馆、高校英语学习资源总库等电子资源。为了更好地使读者利用现有的电子资源，图书馆自 2004 年起开展了一系列的电子资源使用方法讲座。一方面聘请数据库厂商的技术人员讲解使用方法，另一方面图书馆参考咨询部对读者进行培训，这样有效地提高了读者对图书馆电子资源的利用。其他的专题讲座内容包括：图书馆馆藏与利用、计算机类文献检索、语言类文献检索、图书馆新资源、新服务等。

二、馆员培训

为了提高图书馆工作人员的素质及业务能力，图书馆每学期不定期为图书馆工作人员提供业务和技能的培训，包括图书馆各类资源如何使用、计算机操作技能的培训、各种应用系统的培训。

三、文献信息咨询

1. 读者咨询工作

图书馆以多种形式向全院读者提供参考咨询服务，参考咨询是根据读者需要，以文献为基础，通过个别解答的方式，有针对性地提供知识信息的服务，这是图书馆服务工作的一项重要内容。读者咨询，有问必答。主要进行馆藏资源布局咨询与检索方向咨询、知识性咨询、学术性咨询、各种工具书检索使用方法咨询，以及课题研究线索分析等咨询服务。回答用户在图书馆利用方面的各种问题，听取读者意见和建议，做出详细的解答并授受检索方法。

目前，图书馆主要通过面对面、电话、电子邮件、留言板、网上电子公告、电子论坛和意见箱服务等多种形式开展参考咨询工作，主动、热情地为读者服务，积极、耐心地解答读者咨询，通过口头、电话、留言板、信函及网上咨询（包括电子邮件、腾讯QQ、电子公告、电子论坛和意见箱）等多种方式解答读者在利用图书馆时遇到的有关问题，为帮助读者充分利用本馆资源提供指导。

（1）面对面咨询：图书馆所有服务窗口都有老师，可以回答你的问题，帮助你解决在图书馆查找资料时遇到的一切问题。在参考咨询台的工作人员或信息情报研究室（图书馆一楼）的工作人员，可以处理读者提出的各种问题，从简单到具有一定深度的研究型工作问题都会尽力给予帮助。

（2）电话、腾讯QQ 和电子邮件咨询：如果你没来图书馆，有问题可以通过电话、腾讯QQ 或电子邮件向图书馆相应服务窗口的老师提出咨询，图书馆会及时通过电话、腾讯QQ 或电子邮件中与读者交流，回答读者的问题。图书馆各服务窗口主要负责人的电话和电子邮件地址可以从图书馆《书海导航》馆报上找到。

（3）留言板咨询：留言板是图书馆与读者交流的另一个窗口，读者对图书馆有任何意见和建议，或者在使用图书馆资源过程中遇到任何问题，都可以通过留言板向图书馆反映和咨询。针对留言板上的意见，图书馆一般会及时处理并回复，个别问题可能回复稍慢，图书馆承诺对留下真实联系信息的读者在五个工作日内给予答复。

（4）其他网络咨询：网上还有许多信息机构或图书馆提供各种咨询和信息服务，如通过BBS（网络论坛）来咨询问题等。

（5）常见问题解答：对读者经常会遇到并提问的问题，图书馆已经整理了"图书馆常见问题解答"，读者可以从中找到这些问题的答案。

2. 馆际互借和文献传递服务

图书馆本着资源共享、互利合作、努力为读者服务的精神，开展并不断加强与国内重点高校图书馆和著名文献信息提供机构之间的馆际互借及原文文献传递业务，为广大师生和校外读者提供本馆未收藏的文献资料。

从2005年开始我馆向全院读者提供文献传递服务。我馆文献传递服务是与中国国家图书馆、中国高校人文社会科学文献中心及陕西省高校图工委所办理的"陕西高校图书馆通用借书证"等方式来完成的。为了给读者提供无馆藏的原文文献。同时为了提高文献传递工作的效果，图书馆提供文献传递经费，本院读者可以免费获得文献传递资源。

3. 专题和定题服务

以馆藏光盘数据库、国内外联机数据库系统及丰富的网络资源为支持，接受读者委托，进行各种类型专题、定题信息检索。

4. 文献推介服务

变被动服务为主动服务，随时根据读者的需求，向读者提供文献推荐服务。

四、文献信息开发

根据读者的需求和学院教育教学、科研任务，适时编制各种专题书目、索引等"二次文献"，整理本馆资源并建立西安翻译学院图书馆的"二次文献"的特色数据库，方便读者查阅资料。

多渠道开发不同载体不同类型的文献信息，如利用图书馆报纸开展"一次文献"开发的"剪报栏"工作等，满足读者的需求。

五、文献信息研究

帮助和引导工作人员撰写学术论文，负责向外推荐发表；努力进行图书馆学的相关课题研究工作。

六、文献信息宣传

积极开展图书馆宣传工作，使读者及时了解图书馆的发展变化和馆内动态。办好高质量的图书馆馆报《书海导航》和《教育信息参考》资料、剪报宣传栏。根据需要，编辑各种宣传资料、写广播稿报道，网上发布图书馆公告等。

七、文献信息服务（复印与打印等商务服务）

可为读者提供网上资料和全文数据库的下载打印、文献的复印、刻录光盘、复制磁带、扫描文献等服务。

八、其他工作

协助图书馆各个部门做好图书馆工作和领导交付的其他工作；撰写图书馆馆史；负责举办"图书馆与读者面对面交流会"；协助图书馆学生管理委员会开展图书馆工作等。

参考咨询部工作职责
（2009 年 11 月）

一、主任

1. 全面负责本部门的各项业务工作和职责的履行及完成情况。

2. 负责制定本部门各项业务工作的工作规范及部门的规章制度；负责咨询部年度计划、工作总结及其他文字资料工作。

3. 组织部门人员开展各项业务工作，包括情报检索、情报研究及组织管理、文献传递、日常咨询等。

4. 组织部门人员对电子文献及数据库进行科学论证、提出订购意向、宣传及使用情况调研等。

5. 完成馆领导交给的其他工作。

二、信息咨询与信息开发

1. 开展参考咨询服务工作，解答读者咨询的问题，做好咨询记录。

2. 开展文献信息服务工作，包括专题服务、数据库检索、光盘检索、网络检索等。

3. 加强与教学、科研部门的联系，主动协助做好信息资料查检工作。

4. 开发文献信息资源，编制题录、索引等二次文献，为教学科研提供服务。

5. 做好防火、防盗工作，负责部门的清洁卫生。

6. 按时完成领导交付的图书馆其他工作。

三、读者教育与馆员培训

1. 开展读者培训，负责新生的入馆教育，并开展读者阅读辅导工作。

2. 编写有关图书馆利用方面的材料，对读者进行信息意识和文献利用技能的教育。

3. 承担全院的文检课的教学工作。

4. 做好防火、防盗工作，负责部门的清洁卫生。

5. 按时完成领导交付的图书馆其他工作。

四、信息宣传与信息研究

1. 开展多种形式的文献信息宣传工作。

2. 承担或参与相关研究项目。做好本院学术资源的积累工作。

3. 负责全馆工作人员论文的撰写和向外推荐工作。

4. 加强与学校各院、系、所的联系与沟通，提供更专门化、深入的学科服务。

5. 做好防火、防盗工作，负责部门的清洁卫生。

6. 按时完成领导交付的图书馆其他工作。

参考咨询台岗位职责
（2009 年 10 月 16 日）

1. 受理、解答各类咨询，并提供导向性服务。

2. 负责电子屏幕内容的编写、发布，相关的网上电子公告和意见箱服务。

3. 指导读者使用图书馆：介绍图书馆的各类服务设施，对查询信息的读者进行辅导，包括推介有关数据库或工具书、讲解检索方法与步骤，指导查寻等。

4. 帮助读者通过电脑终端查找馆藏书刊信息，指导机检操作。

5. 熟悉馆藏布局，帮助读者找到图书馆资料的存放位置。

6. 提供情报与推荐服务：为读者推荐一个适当的机构（如招生办公室、就业指导办公室等）使其得到必要的帮助。

7. 发放各种图书馆指南及宣传品。

8. 承接馆藏文献及网络文献的复印、打字、上传、下载、扫描以及传真、复制磁带、刻录光盘等服务工作。

9. 负责本岗位的卫生、安全和消防工作。

10. 完成部门主任布置的其他任务。

信息素质教育室工作职责
（2009 年 10 月）

1. 负责对校内外读者的文献检索咨询工作。

2. 解答读者提供的各类咨询问题，指导帮助读者检索文献资料。

3. 负责并承担"文献检索与利用"辅导培训工作。

4. 负责网上资源利用培训工作，开展图书馆利用的宣传和培训。

5. 在提供文献服务过程中，要随时征求读者意见，不断了解掌握文献使用的反馈意见。最大限度地满足读者对文献信息需求。

6. 负责中外情报资料的收集、整理、加工、提供及编写二次文献。

7. 负责工作区域内的安全、防火、卫生工作。

8. 完成馆领导布置的其他工作。

参考咨询部量化管理奖惩办法
（2009 年 12 月）

根据图书馆工作的要求，为了更好地开展工作，现就参考咨询部管理奖惩办法说明如下：

日常管理工作和业务管理工作均采用扣分累计管理制度，标准分均为 100 分，每月总结 1 次。以累计分的多少排名，按学院浮动绩效工资发放比例执行。

1. 日常工作

（1）迟到 1 次，扣 1 分。

（2）早退 1 次，扣 2 分。

（3）旷工 1 天，扣 5 分。

（4）上岗期间，没按要求着装上岗发现 1 次，扣 1 分。

（5）工作区域特别自己的工作台，卫生差的发现 1 次，扣 1 分。

（6）工作中，有读者投诉 1 次，扣 3 分。

（7）其他日常工作有失误 1 次者，扣 3 分。

（8）日常工作有重大失误者，视情节轻重，扣 10~20 分。

（9）请假按正常请假手续办理，否则以旷工处理。

（10）日常工作受表扬 1 次，奖励 5 分。

2. 业务工作

业务工作奖惩依照"参考咨询部业务工作量化管理实施办法一览表"执行。

3. 其他工作

未按时完成领导交付的其他工作，每次扣 5 分。

图书馆参考咨询部问责制暂行办法
（2010 年 3 月 2 日）

为了加强有效管理，进一步明确工作职责，实行问责制，图书馆参考咨询部明确以下管理办法：

1. 负责中文工具书、各种检索资料和服务工作。

2. 进行情报调研，选择本校重点科研课题和重点学科，开展定题、跟踪服务和代查、代检和专题咨询等文献检索服务。

3. 对馆藏数字资源进行宣传、开发。

4. 负责用户教育，每年对新生进行"如何利用图书馆"的教育，对高年级学生开设文献检索课。

5. 开展网上馆际互借和文献传递服务，负责与本部门工作及服务相关的网上电子公告、电子论坛和意见箱服务。

6. 进行网上信息资源的开发、整合和导航工作；推行个性化服务。

7. 会同有关部室对馆藏特色资源进行数字化；进行本院特色数据库的开发制作。

8. 负责本部门的卫生、安全及消防工作。

9. 做好领导交付的其他工作。

文献检索课教学规定
（2014 年）

1. 教学内容系统、完整、突出。

2. 手检、机检内容比例合理，重点讲授机检的相关知识。

3. 不断更新内容，反映最新信息。

4. 概念准确、语言精练、逻辑性强。

5. 理论联系实际，结合专业实践教学。

6. 命题适度，举一反三；难点分散，重点突出。

7. 教学方法灵活，启迪思路，注重能力培养，实现素质教育。

8. 教学人员要在备课充分，授课认真。

9. 治学严谨，为人师表，教书育人。

10. 课堂纪律严明，解答辅导耐心，诱导启发。

11. 教学组织和管理：包括制订教学大纲、教学计划、教材建设、题库建设、教学改革、教学反馈、教学档案建设和教研室活动。

12. 教学成绩考核：教学成绩考核分两个方面，一是对学生的学习成绩的考核；二是对教学工作的检查。考试的方式通过对闭卷考试和对实习报告评分的方式进行，以达到巩固知识的目的。

参考咨询部主要工作内容和人员编制

（2010 年 6 月）

一、咨询服务与信息开发（3 人，A 类 1 人、B 类 2 人①）

1. 参考咨询：当面咨询、电话咨询、网络表单咨询、实时咨询等。

2. 工具书及复印打印等的商务服务：提供中外文工具书等印刷型文献资源的阅览与咨询服务。

3. 电子资源与多媒体资源推广：参与电子资源、多媒体资源的推广、咨询服务。

4. 代检代查/馆际互借与文献传递等：开展馆际互借与文献传递、代检代查、投稿指引等系列信息服务。

5. 专题服务：通过学科馆员工作，加强与学校各院、系、所的联系与沟通，提供更专门化、深入的学科服务。

6. 信息开发：主要是对重点学科的图书和期刊进行二次文献的开发和网上资源的开发以及报纸文献的一次文献的开发。

二、读者教育与用户培训（2 人，A、B 类各 1 人）

1. 文献检索课程教学。

2. 新生入学教育。

3. 系列专题培训讲座等。

三、馆内宣传与信息研究（2 人，A、B 类各 1 人）

1. 负责馆报《书海导航》、馆刊《教育信息参考》印刷版和电子版的组稿、编辑出版、维护。

2. 办好"剪报栏"做好适时的文献、信息的宣传。

3. 对馆藏纸质文献和电子文献的宣传，主要通过印发宣传单、宣传资料，张贴海报、网上发布等多种方式进行宣传。

4. 承担或参与相关研究项目。

---

① A 类为专业技术骨干人员，B 类为非专业技骨干人员。

信息情报研究室成立第一月工作安排
（2005 年 6 月）

根据工作的需要和领导的要求，现就信息情报研究室本月工作设想予以说明。

一、努力收集和查找相关资料，做好信息情报研究工作

从多渠道收集较为充实的相关资料，进行归纳整理，认真细致地做好每一步工作。

二、举办一次"二次文献信息开发"的知识讲座

重点介绍二次文献。明确一次文献、二次文献和三次文献的概念及主要内容。基本掌握二次文献的开发和利用。

三、收集和整理本学期全体馆员所写的论文

将收集来的论文逐一和同事们探讨，提出修改意见，然后整理好后向外推荐。

四、紧密配合领导开展各项工作

根据领导的要求，随时开展工作。

信息情报研究室工作设想
（2005 年 8 月 30 日）

根据领导的要求和工作的需要，为了更好地工作，就信息情报研究室 2005 年下半年工作设想予以说明：

一、读者教育

1. "读者第一，服务至上"是图书馆工作的宗旨，为了使读者更好地利用本馆资源，在学期之初，举办读者如何利用图书馆的教育讲座，着重向学生介绍本图书馆系统的使用方法和一些基本的信息检索知识及相关的规章制度。

2. 在条件允许的情况下，邀请有关知名人士进行读书方法讲解等读者感兴趣的知识讲座活动。

二、职工培训

1. 鼓励工作人员业余进修，为工作人员创设学习条件的同时，馆内业余培训形成制度。

2. 在馆内开设图书馆学基础等业务知识课的讲座，不断提高工作人员业务能力和知识水平，更好地开展图书馆工作。

3. 对全体职工进行礼仪和职业道德培训，加强馆员的工作素质，树立良好形象，提高服务水平。

三、信息咨询

1. 做好读者的各种咨询工作，包括电子邮件咨询、实时问答咨询等，为学生答疑解惑，发布与读者有关的各种信息，特别是各类考试与就业信息，注意介绍相关网站，同时对每一次咨询认真做好备案。

2. 根据实际情况举办 3 期书海导航小报（9 月底、11 月初、12 月底）。

3. 定期将整理和分析读者的意见和建议，并将有关信息及时反馈给相关部门。（每月一次）

4. 准确及时地做好新书报道工作。

四、信息开发

1. 有计划地做好二次文献资源的开发工作，重点对语言类的英语图书和计算机方面的图书做好书目、索引、文摘等二次文献的开发。

2. 本学期做好英语类图书中的阅读方面的和计算机类图书中的网络方面的索引，装订成册，方便读者检索。

五、信息研究

1. 组成信息研究小组（成员为文炜、陆溯、陈娜、陈晓花、孔思萌等），开展课题研究，努力探索图书馆不同岗位上服务的新路子。

2. 提倡和引导工作人员积极撰写论文，及时收集和探讨论文，并向外推荐。

六、馆史撰写

广泛搜集有关本馆的所有资料，编撰自建馆到 2005 年 12 月 31 日为止的馆史，本学期内完成。

总之，要忠于职守，努力工作，既分工又协作，紧密配合领导开展各项工作，随时检查计划的执行情况，查漏补缺，以利计划的正常实施。

信息情报研究室工作回顾（2005 年）

根据工作的需要和领导的要求，现就信息情报研究室 2005 年的工作情况予以说明。

信息情报研究室成立于 2005 年 6 月。工作的目标和任务是承担图书馆的读者教育、馆员培训、信息咨询、信息开发、信息研究、馆史撰写和馆内的宣传和报道等工作，以及配合领导开展图书馆其他工作。

一、回顾以往的工作

1. 读者教育

（1）开展了新学年新生入馆教育讲座工作（在电视台电视讲座）。

（2）举办了"电子文献信息的检索与利用"知识讲座（11 月 15 日在学术报告厅）。

2. 馆员培训

（1）馆内培训开始形成制度，每院周一、二下午的 17∶00—18∶00 为业务学习时间。本学期授课 13 学时，学习了图书馆学概论、二次文献资源的开发与利用、图书馆学论文撰写的方法和要求、图书馆各个子系统应用简介和计算机应用基础知识等。

（2）协助 9 位馆员参加图书馆专业电大业余进修学习工作。

3. 信息咨询

（1）坚持日常的实事问答咨询，为读者利用图书馆提供方便。

（2）继续开展网上咨询，及时回复读者提出的各种类型的疑问，较为棘手、共性的问题及时与馆领导沟通解决。

4. 信息开发

（1）制作二次文献（索引）1 063 种（馆藏计算机网络方面的图书）。

（2）开发网络文献信息 36 种类。

（3）开发网络导航 121 个网址。

（4）开通了与"中国高校人文社会科学文献中心"和"国家图书馆"建立了馆际互借和文献传递服务工作。

5. 信息研究

（1）使本馆参加全国民办高校图书馆建设与发展研讨会征文的 11 篇论文 10 篇获奖。其中一等奖 1 篇、二等奖 6 篇、三等奖 3 篇。

（2）开展图书馆学课题探讨，指导馆员撰写论文，并将本年馆员所写的专业论文装订成册。

6. 馆史撰写

西译图书馆馆史的撰写初稿基本完成。西译图书馆史的撰写揭开了民办高校撰写馆史的先例。

7. 宣传报道

（1）按计划本学期举办了图书馆小报《书海导航》三期（5、6、7 期），宣传报道馆内信息、新闻。

（2）撰写重要新闻稿件 12 篇和相关的告读者信息等。

8. 其他工作

积极配合领导开展图书馆各项工作，如自考前读者复习管理工作、馆内通知、部分材料的组织等工作。

二、存在问题

信息开发和宣传报道工作有待于进一步加强。

三、展望未来

1. 要不断完善各项工作，努力做好每一项细小工作，使信息情报研究室的工作继续朝着规范化、标准化迈进。

2. 继续挖掘和开发文献信息资源，加大服务力度，提高服务档次；加强馆内的宣传报道，满足读者不断发展的需求。

总之，一年来，在馆领导的支持和关怀下，按照计划做了不少工作。但与领导的要求还有差距，在今后的工作中，要克服困难，保持良好的工作作风，改掉不良习气，努力工作，为西译图书馆的美好明天增砖添瓦。

参考咨询部工作总结（2006 年）

图书馆各项工作的开展，紧紧围绕学院的中心工作，贯彻"一切为读者，为了读者一切"的服务宗旨，图书馆参考咨询工作以"读者第一，服务至上"的服务理念，努力开展多种形式的参考咨询服务，思想政治工作进一步加强，业务水平有了较大的提高，一年来我们做了以下工作：

一、政治思想方面

切实加强了政治理论学习。紧紧抓住"内强素质，外树形象"这个中心，组织本部门工作人员学习图书馆的有关文件精神，开展为图书馆增光添彩活动，发动大家提建议和意见，形成了既有纪律又有民主的生动活泼的局面，奠定了提高服务质量的思想基础。

二、业务工作方面

进一步完善了参考咨询的各项制度，规范了各岗位工作职责，依据工作实际，对工作人员进行调整，提高了工作效率。

（一）开展参考咨询工作的力度和范围大大加强

在不断开拓服务领域，最大限度地满足读者的需求，积极开展图书馆工作：

1. 信息咨询

继续提高咨询台的口头咨询和网上咨询的服务水平。开通了电子邮件咨询、腾讯QQ 文献咨询和电话咨询等咨询工作。

提高对读者服务的层次，开始对读者进行专题服务和代查、代检的服务，变被动服务为主动服务。

（1）2006 年 2—5 月，为信息工程学院段鸿昌同志的"以玫瑰花为原料制造卷烟及玫瑰花香烟"的课题名称的研究提供了专题服务，直至项目完成。帮助文献检索服务中，查找了图书馆纸质文献和电子文献中相关的资料，网上查找了一些资料，通过馆际互借关系的方式等提供了大量相关的资料。参加提供文献服务的工作人员有文炜、陆溯等。

（2）曾于 3 月、5 月、6 月、10 月、11 月 6 次"走出去"，在学院 5 个院系、教研室等主动宣传文献服务方式、馆藏文献的检索与利用，帮助用户解决实际问题，并与学院的翻译研修学院、外国语学院和信息工程学院等确定了专题服务（翻译研修学院：英汉对照演讲资料等；信息工程学院：NXD 数据库系统等；外国语学院：①英美文学原著，德、日语原著；②英、德、日语翻译著作；③英、德、日等语言学方面的著作；④英语四、八级考试方面的资料；⑤毕业论文方面的资料），共 2 624 条目录，先后 9 次提供了馆藏纸质文献、电子文献和网上的相关资料（共 126 篇文章）。

（3）在为我院英语教师王永军的《于教于乐在英语阅读教学中的探索》论文撰写过程中，提供了大量有价值的资料，得到了好评。

（4）为部分毕业班的同学和年轻教工在职进修毕业论文的撰写，提供材料并帮助修改，得到了一致好评。

（5）为部分教工查找所需资料，如就业信息、交通管理信息、乌龟饲养方法等（85 条）。

（6）咨询台回复读者信息 1 520 条，发布通知、公告 206 条，接待各类参观 72 次。

2. 信息开发

开启了剪报等一次文献的开发工作，进行了目录、索引、文摘等二次文献及网上文献资源的开发工作；举办剪报栏共 19 期、就业专题剪报栏 1 期，编制二次文献 800 余条，整理了《就业信息指导》资料汇编小册子。

3. 信息研究

指导馆内工作人员撰写学科论文，收集整理论文 36 篇，向外推荐 6 篇，并获二、三等奖各 1 篇。

4. 馆员培训

开展馆内馆员业务知识培训讲座 14 次，发放培训资料 6 次。

5. 读者培训

开展如何利用图书馆的读者教育工作知识讲座 9 次；进行了"新生入馆教育"和"毕业论文知识指导"专题讲座各 1 次；指导并协助图书馆学管会筹办了 2 次"图书馆与读者面对面交流会"。

6. 馆内宣传

定期编辑发行图书馆小报《书海导航》6 期；开启并编印了《教育信息参考》13 期，开展宣传工作；编印《文献检索使用手册》一书（1.2 万余字），指导读者利用图书馆资源；加大力度宣传馆藏电子文献资源的使用，制作小册子资料宣传，单页广告宣传和网上宣传多起，撰写广播稿 9 篇。

7. 其他

完成了图书馆首次统计资料汇编工作（2004 年、2005 年业务统计资料汇编）；不断完善图书馆馆史的采集、整理、编撰。

筹划自建数据库和特色数据库的建设。

筹划"读者如何利用图书馆"电视片制作。

（二）报刊阅览工作规范有序

多次整理制作了报纸目录（包括阅览报纸目录和装订报纸目录及架位标识）、报纸登记表，规范了对报纸的管理。

订阅各种报刊 1 387 种（期刊 1 121 种，报纸 266 种），验收现刊 8 451 册，报纸18 836 份，并对上半年的收集齐的报刊归类整理，交付装订。

2006 年，期刊阅览厅共接待读者达 2 166 260 人次，阅报区共接待读者达190 348人。接受增刊 206 册，接受过刊 1 731 册，下架合订刊 444 册，修补期刊 2 887 册，修补报纸801 份。

（三）日常工作扎实到位

严格上下班工作制度，提前上班，准时下班；始终保持工作台和工作区域的卫生整洁；注重仪表，举止，言谈的形象工程；重视安全保卫工作；积极配合图书馆开展各项工作。

总之，虽然我们经过艰苦的努力做了大量的力所能及的工作，但距馆领导的要求和全院师生的期望还有很大的差距。服务质量还有待于进一步提高，把工作做好，开创图书馆参考咨询工作的新局面，进一步服务好教学和科研，尽量使全院师生满意，为我院的再次创业做出贡献。

参考咨询部 2007 年工作计划
（2007 年 1 月 4 日）

根据工作的需要和领导的要求，参考咨询部主要负责解答读者在利用图书馆过程中产生的各种问题，内容涉及馆藏资源及其利用、文献查找途径及查找中遇到的问题等等，目的在于帮助读者更有效地利用图书馆。现就 2007 年工作设想予以说明。

一、政治思想方面

加强政治理论学习。开展为图书馆增光添彩活动，发动大家提建议和意见，形成既有纪律又有民主的生动活泼的局面，为提高图书馆服务质量打下坚实的思想基础。

二、业务工作方面

1. 信息咨询

开展多种形式的参考咨询服务：当面咨询、电话咨询、网上咨询、实时咨询等。

2. 信息开发

（1）有计划有重点的继续做好书目、索引、文摘、题录等二次文献的开发工作，包括馆藏文献的开发和网上资源的开发。期刊：民办教育类和图书情报类的书目、索引（陆溯负责）；语言类的书目、索引（孔思萌负责）；教育类（刘炎负责）；工具书：书目（陈晓花负责）；百科全书索引（李小鹏负责）。

（2）继续做好剪报等一次文献的开发（每两周出一期"剪报栏"，每月根据读者实际需要举办一期"专题剪报栏"，主要对语言类方面的论述和民办教育方面的论述的收集和整理）。期末将有价值的复印装订成册。

（3）协助更新完善图书馆网站。

3. 信息服务

继续加强开展馆际互借与文献传递、代检代查等系列信息服务。努力按照学院课程设置以及重点学科和专业特色，加大开展专题服务的力度和范围，变主动服务为被动服务。

4. 信息研究

（1）努力学习图书馆学业务知识，开展课题研究，帮助馆员学写论文并负责向外推荐，不断提高馆员的业务素质，更好地服务于读者。

（2）6月以前，编印出图书馆论文集。

5. 读者培训

开展多层次全方位读者教育与用户培训工作：开设检索课程教学（具体另有安排）、读者入馆教育、系列专题培训讲座等。

6. 馆员培训

（1）继续坚持定期对全体馆员进行图书馆业务知识和业务技能的培训（培训定时定点，内容提前通知）。

（2）对全馆人员进行爱岗敬业、职业道德教育。

7. 宣传报道

（1）继续办好《书海导航》。及时报道和宣传馆内要事及读者最关心的信息。（每学期出3期）

（2）继续办好《教育信息参考》（每两周出一期）资料，使教育者了解当前国内外高等教育的现状和发展趋势，为教育管理者决策提供参考资料。

（3）继续加大文献信息的宣传力度，如编印资料、发布广告公告、撰写广播稿等多种形式进行宣传，及时报道和宣传馆内要事及读者最关心信息，以便读者更好地了解图书馆和利用图书馆文献资源。

8. 馆史撰写

继续完善、搜集、整理和编撰图书馆馆史。力争在6月以前完成初稿。

9. 报刊管理

（1）报刊到馆后及时与读者见面（特殊情况除外）；

（2）做到报刊阅览区域整洁、有序和安静。

10. 馆际交流

有目的、有计划地外出去兄弟院校参观学习交流，取他人之长，补己之短，以便更好地做好图书馆工作（每学期外出参观学习 2~3 次）。

三、日常工作

1. 严格遵守图书馆各项规章制度，严于律己，爱岗敬业、扎扎实实做好本职工作。

2. 努力做好图书馆分配的其他工作。如整理编印 2006 年图书馆统计资料汇编等。

总之，要紧密配合领导开展图书馆各项工作。做到爱岗敬业、乐于奉献、读者第一、服务至上。"每天自查、每周一小查、每月末大查"，检查计划的执行情况，及时查漏补缺，以利计划的顺利实施。

第二节　咨询指南

咨询指南主要指方便读者利用图书馆过程中的导航、向导，服务的内容、项目，常见问题等，均在图书馆主页中有所展示。

▶ 网页服务（图书馆主页中的读者服务）

一、参考咨询服务

参考咨询服务主要负责解答读者在利用图书馆过程中产生的各种问题，内容涉及馆藏资源及其利用，文献查找途径、技巧及查找中遇到的问题等，目的在于帮助读者更有效地利用图书馆。读者可任选以下方式提出问题，我们将竭诚为读者提供快捷、准确、周到的服务。

读者对图书馆的咨询是多方面、多方式的，一般性咨询可参照表 4-1；具体咨询可参照表 4-2；专业咨询可参照表 4-3；馆际互借咨询可参照表 4-4。

表 4-1　图书馆各厅室区服务联系方式（2004 年 3 月—2010 年 10 月）

序号	部门	电话	位置
1	馆长办公室	029—85891186	四楼
2	消防办公室	029—85892559	一楼
3	配电室	029—85898514	
4	信息情报研究室	029—85898552	
5	采编室	029—85892560	
6	样本库阅览厅	029—85894881	
7	装订室/音像资料室	029—85898934	

表 4-1（续）

序号	部门	电话	位置
8	咨询台	029—85898513	二楼
9	总还书台/工具书阅览区	029—85892585	
10	网络控制室	029—85892586	三楼
11	期刊阅览厅	029—85894568	
12	外语沙龙	029—85894560	
13	英语厅/语言库	029—85894516	四楼
14	社科厅	029—85894567	
15	日德厅/自然厅	029—85897798	五楼
16	文艺厅	029—85892564	
17	视听室	029—85894164	
18	网络资源厅/免费电子阅览厅	029—85892562	六楼
19	电子阅览厅	029—85897785	
20	自习厅/过刊过报预览区	029—85892563	七楼
21	西区借阅厅	029—85898547	
22	西区电子阅览室	029—85892549	西区
23	西区自习室	029—85892587	
24	新区阅览室	029—85894806	新区

二、图书馆咨询指南

（一）电子邮件咨询

读者可以通过电子邮件服务向西译图书馆馆员咨询，一般情况下，我们会在 2 个工作日内对读者的问题进行回复，为了能够更快地找到问题的答案，建议读者在提问之前，先查询西译图书馆的"常见问题"。西译图书馆的电子邮箱为 xfulib@ 126. com。

（二）实时咨询

读者可以通过加入西译图书馆的腾讯 QQ 向馆员咨询，我们将在工作时间内（周一至周五 7：30—11：30，13：30—17：10）及时为读者回复，西译图书馆的腾讯 QQ 号码为 451309143。

（三）电话咨询

读者可以通过电话向馆员咨询，我们将在工作时间内（周一至周五 7：30—11：30，13：30—17：10）及时为读者回复。咨询电话为 029—85898552。

（四）面对面咨询

您可通过以下方式向馆员当面提出咨询，如表 4-2 所示。

（五）表单咨询

问题答案将通过电子邮件 xfulib@ 126. com 发送给读者。

表 4-2　图书馆信息咨询一览

读者需要解决的问题	咨询地点	电话
使用图书馆的过程中，遇到的一般性问题，例如图书馆的机构设置、文献布局、服务方式、借阅制度等	二楼大厅工作人员	029—85892585 029—85898513
读者在借阅图书中遇到的问题，比如借书、还书、预约、续借等	图书馆各借阅厅工作台	029—85894567 029—85892564
读者在阅览期刊过程中遇到的问题，比如查找某一本期刊，过刊和现刊的收藏等	期刊阅览厅工作台	029—85894568
联机公共目录查询系统（OPAC）	二楼大厅工作人员	029—85898513
有关工具书以及图书馆其他资源利用的咨询	二楼大厅参考咨询台	029—85892585
复制本馆的图书、光盘磁带资料	二楼大厅参考咨询台	029—85898513
馆藏文献利用过程中遇到的疑难问题的解决，特别是本馆电子文献的使用方法等	一楼信息情报研究室	029—85898552

三、专题服务

专题服务（也称定题服务或跟踪服务）就某专题为读者提供的文献检索线索、原文等一系列服务，也就是指针对用户科研、教学的特定需要，查询、收集、分析、整理出内容系统、全面的专题汇编。该服务在一定程度上体现了一个图书馆的服务水平和服务质量。

为了更好地支持我院教师完成科研项目及科研成果，图书馆参考咨询培训部的工作人员会凭借对馆藏资源的深入了解、丰富的检索经验，积极地为读者提供快捷、周到的"专题服务"。

读者只需要填好"读者专题咨询表"（见表 4-3）中的各项内容，领取委托表请到图书馆一楼北信息情报研究室索取，我们会在最短时间内将您所需要的文献资料整理成题录、文摘、原文汇编或研究报告等形式提供给读者。

表 4-3　读者专题咨询

读者姓名		单位		读者类型	
联系方式	电话			腾讯 QQ	
	电子邮件				
咨询题目					
目的及用途					
索经过及答复内容					
答复人 姓名		方式	当面		电话		书面	
			电子邮件		腾讯 QQ	
答复时间		咨询效果审核与评价		主任签名	

注：评价栏视其质量填优、良、合格、不合格等。

四、馆际互借与文献传递

为了满足本校师生不断增长的文献需求，西译图书馆与国家图书馆和陕西省各高校图书馆建立了馆际互借关系。欢迎各位读者使用。

（一）服务内容

为读者获取西译图书馆未藏的外馆文献，包括原文献、复印品、电子文献等的多种文献资料。

（二）服务方式

1. 国家图书馆

读者可以通过国家图书馆主页的"馆藏目录"查找所需文献资料，到图书馆一楼信息情报研究室提出馆际互借申请（见表 4-4）。

2. 陕西省高校通用借书证

读者可通过陕西省各高校图书馆主页上的目录检索系统查找所需文献，到图书馆信息情报研究室申请馆际互借证或委托馆际互借。

3. 读秀学术搜索

读者可以通过我馆图书馆主页的"使用资源"中的"导航菜单"下，点击"读秀学术搜索（使用）"查找所需文献资料。

表4-4　西安翻译学院图书馆馆际互借申请

用户信息	姓名		职称		备注	
	院系					
	电话					
文献信息	文献类型	□期刊论文　□图书　□会议论文 □学位论文　□专利　□标准 □科技报告　□其他				
	作者					
	出版物名称					
	卷期号		版本信息			
	文章名称					
	出版地		出版者			
	出版年份		页码信息 （如35~42页）			
	ISSN		ISBN			
馆藏信息			有效时间（如果申请超过该时间还未被处理，则申请自动结束）			
文献传递方式	邮寄地址					
	电子邮件					
	腾讯QQ					

五、图书馆用户教育

（一）新生入馆教育

每学年初，即9月中下旬，举办一年一度的新生入馆教育，采取图文并茂课件形式的讲座为主的方式进行。专人负责，准备好所需材料，具体按计划完成。

（二）文献检索课

每学期有计划的以讲座形式对2~3年级学生（以本科生为主）进行文献检索课的教育，以馆藏文献的使用，特别是以馆藏电子文献的使用为主，以具体操作为重点，按本学期计划进行，讲求实效，达到预期目的。

安排如下：

时间：每周三14:00—15:00（通常情况）；

地点：图书馆免费电子阅览室；

对象：全校师生。

3. 专题讲座

根据学院和馆内的实际情况及读者的需求，每学期读者做专题讲座，急读者所急，想读者所需。图书馆举办的专题讲座宗旨在指导读者充分利用图书馆的文献信息资源，讲授利用这些资源的各种方法和技巧。本系列讲座每学期一轮，每次讲座时长为 1.5 小时，提供免费上机实习。

讲座时间：2009 年 3 月—5 月，15：30—17：00（通常情况）；

讲座地点：图书馆免费电子阅览室；

讲座对象：全校师生；

参加方式：无须报名，可选择感兴趣的场次按时参加即可。

各学院、各专业如有特殊培训要求，请与我们直接联系。

六、图书馆常见问题

（一）一般问题

1. 入馆需持有什么证件？

答：读者须持有学院发的本人一卡通并佩戴校徽方可入馆。

2. 调离或因公、因私出境的读者需要办理退证手续吗？如何办理？

答：需要。必须到图书馆总还书台归还所借图书、还清欠款后，方可办理离校手续。

3. 能带包进馆吗？

答：除样本库和期刊阅览厅外，可以带包进入各厅借阅图书。

4. 一卡通遗失如何处理？

答：应立即到一卡通中心办理挂失。并在办理补办手续前到图书馆办理丢失证明手续。

5. 在使用图书馆馆藏图书时遇见问题去哪里咨询？

答：读者可在参考咨询台（二楼）、文献检索咨询台（六楼西）及各厅室值班老师询问，也可以通过电话：029—85898552、QQ：451309143 或电子邮件：xfulib@163.com 咨询。

6. 对图书馆的工作及服务有意见或建议，如何反映？

答：①可以拨打电话 029—85898552（参考咨询部）、029—85891106（馆长办公室）或 029—85891186（副馆长办公室）；②可以通过图书馆主页（http：//59.75.8.3）栏目下的"读者服务"下的"公告与留言"提出自己的意见。

7. 从哪里可以获得利用图书馆的指南资料？

答：图书馆一楼"信息情报研究室"。

8. 在哪里复印图书馆的馆藏资料，请问价格是多少？

答：二楼参考咨询台，一张 A4 纸单面复印 0.3 元，双面复印 0.5 元。

9. 可以使用别人的一卡通借书吗？

答：不可以，借用或冒用他人证卡，一经发现将停止读者借阅。

10. 如何在"公共检索系统"中设置一卡通口令？

答：在图书馆主页"读者服务"栏目下"读者信息"中用一卡通号码和姓名进行登录，再根据提示设置口令。一卡通的初始口令为"123456"。

11. 什么是《中图法》？怎样了解《中图法》分类？

答：《中图法》是《中国图书馆图书分类法》的简称。《中图法》用 22 个英文字母来对整个学科体系进行分类，A—K 表示社会科学部分，N—X 表示自然科学部分，Z 为综合类图书。读者可以通过图书馆网站"图书馆主页→馆藏布局→中图法分类简表"查看。

12. 图书馆图书如何分类？

答：图书馆采用《中图法》类分文献，并依《中图法》分类体系组织和揭示馆藏文献，为读者按学科大类检索书刊的途径。《中图法》22 个基本大类：

A. 马克思主义、列宁主义、毛泽东思想、邓小平理论

B. 哲学、宗教

C. 社会科学总论

D. 政治、法律 E 军事

F. 经济

G. 文化、科学、教育、体育

H. 语言文字

I. 文学

J. 艺术

K. 历史、地理

N. 自然科学总论

O. 数理科学和化学

P. 天文学、地球科学

Q. 生物科学

R. 医药、卫生

S. 农业科学

T. 工业技术

U. 交通运输

V. 航空航天

X. 环境科学、安全科学

Z. 综合性图书

（二）书目查询问题

1. OPAC 是什么意思？

答：OPAC 是英文 online public access catalogue 的缩写，中文译名是联机公共目录，

是图书馆卡片目录的计算机化；我馆的 OPAC 查询设在图书馆二楼大厅，同时校园网内的任何一台联网计算机都可以通过图书馆主页查询 OPAC。

2. 怎样查询图书馆收藏的中文、英文、俄文、日文等图书？怎样在网上查询？

答：读者可以从校园网内任何一台联网的计算机终端检索联机公共书目系统查询。先进入图书馆主页，点击"公共检索"，再点击"书刊检索"，输入检索词，如题名、著者、关键词或索书号等，点击"开始检索"，系统显示检索结果，点击所需书刊的题名，显示该书刊的书目信息和馆藏信息，根据索书号和馆藏地，到相应的书库借阅。

3. 怎样查询读者信息？

答：读者可以从校园网内任何一台联网的计算机终端检索联机公共书目系统。先进入图书馆主页，点击"读者服务"栏下的"读者信息"，输入一卡通号码和口令，点击"登录"，系统显示个人图书借阅情况，包括本人所借图书的书名、还书日期，读者还可在此自行办理图书续借。

4. 怎样在网上续借图书？

答：联机公共书目系统提供联机图书续借功能，读者可通过校园网内任何一台联网的计算机终端自行办理续借图书的手续；网上续借图书，先进入图书馆主页，点击"读者服务"栏下的"读者信息"，输入一卡通号码和口令，点击"登录"，系统显示个人图书借阅情况，选择要续借的图书，双击"续借"。

5. 能在图书馆以外的联网计算机上查询图书馆的联机公共目录吗？

答：可以。校园网内的任何一台联网计算机终端都可以查询图书馆的联机公共目录，校园网外的计算机终端也可通过校园网、到图书馆主页查询我院图书馆的联机公共目录。

（三）专题信息检索

这些数据库在校园网范围内免费使用，读者可通过图书馆主页免费检索。图书馆会随时发布数据库信息，读者可通过访问图书馆主页了解最新信息。

1. 检索语言学学科领域的资料应使用哪些数据库？

答：中国知网数据库、万方数据库、读秀知识库、高校英语资源总库、超星数字图书馆等。

2. 检索学位论文应使用哪个数据库？

答：中国知网数据库、万方数据库、读秀知识库等。

3. 检索图书应使用哪些数据库？

答：超星数字图书馆、读秀知识库等。

4. 检索报刊使用哪些数据库？

答：中国知网数据库、读秀知识库等。

（四）电子资源

1. 什么是"图书馆馆藏电子资源"？

答：图书馆馆藏电子资源是图书馆购买的、提供给读者使用的电子资源，有的电子资源图书馆拥有其所有权，有的电子资源图书馆只拥有其一定年限的使用权。

2. 我馆有哪些中文、英文数据库和电子文献？

答：我馆目前提供的中文数据库有中国知网数据库、万方数据库、超星电子图书馆。我馆目前提供的英文数据库有万方数据库（外文文献数据库）、高校英语资源总库。图书馆会随时发布数据库信息，读者可通过访问图书馆主页了解最新信息。

3. 怎样知道图书馆最新电子信息资源？

答：图书馆的最新电子信息资源会随时发布在图书馆主页或图书馆二楼电子大屏幕上，请留意图书馆主页有关栏目。

4. 试用数据库是怎么回事？

答：试用数据库是图书馆在订购某种数据库之前，暂时在校园网范围内免费使用。试用的目的是希望了解读者是否需求该数据库，以决定是否购买；试用数据库的使用有一定的时间限制，通常是1–3月，因此，我馆鼓励读者及时检索试用数据库，并将意见反馈给图书馆。

5. 可以在图书馆以外的计算机上查询图书馆网络数据库吗？

答：可以。图书馆网络数据库在校园网范围内免费使用，读者可通过校园网内任何一台联网计算机检索图书馆的网络数据库，不需要办理任何手续。

6. 不熟悉各种数据库的检索方法，如何获得帮助？

答：数据库的检索方法可以在该数据库的检索指南或帮助中获得，也可随时求助于图书馆工作人员；图书馆会不定期地举办各种数据库的使用讲座，请留意图书馆主页和图书馆大厅的电子屏幕，可联系图书馆参考咨询部。电话为029—85898552。

7. 如何找到与某一课题相关的文献？

答：首先要分析课题需求，将检索需求编写成合适的检索表达式，然后利用图书馆主页选择与该课题有关的数据库，在数据库中输入检索式，浏览和选择检索结果，最后获取文献出处或原文，如果获取的是文献出处，根据出处寻找相应的文献原文。

8. 检索的一般步骤是什么？

答：检索的一般步骤是：①选库：分析检索课题，选择相应的数据库；②选择字段：选择与检索词对应的字段；③填入检索词——在输入框中输入检索词；④选择逻辑算符——输入几个检索词时，选择词与词之间的逻辑关系；⑤执行检索；⑥显示——一般有题录、题录+文摘、全文等几种输出格式，由检索者选择确定；⑦输出——打印、存盘或发电子邮件。

9. 常用检索的方法是什么？

答：常用的检索方法有两种：第一种是族性检索，即从学科分类角度检索所需信息，通常是采用分类号检索或分类浏览。该检索方法的查全率较高，可以比较全面地获取与某一学科或专业相关的文献或信息；第二种是特性检索，即已知某一条件，如书名、著者或关键词，查找与该条件匹配的文献或信息。该检索方法的查准率较高，可以较迅速地获取某一特定文献或信息。

10. 什么是简单检索？什么是高级检索？

答：简单检索是一个条件，即一个字段的检索，如已知著者，输入著者姓名即可获取该著者的所有作品。高级检索是多个条件，即多个字段并且字段之间有一定逻辑关系的检索。如检索有关语言学习 2004—2009 年的文献，输入两个检索词"语言学习"和"2004—2009"，并且，设定两个检索词之间的逻辑关系是逻辑与"AND"。

11. 逻辑与、逻辑或、逻辑非是什么意思？

答：逻辑与、逻辑或、逻辑非用于表示检索表达式中各个检索词之间的逻辑关系；逻辑与"AND"，如检索表达式"A and B"的含义是同时含有检索词 A 和 B 才是命中文献，也就是要求同时满足 A 和 B 两个条件；逻辑或"OR"，如检索表达式"A or B"的含义是凡含有检索词 A 或者检索词 B 或者同时含有检索词 A 和 B 的均为命中文献，也就是满足 A 或 B 的任何一个条件都可以；逻辑非"NOT"，如检索表达式"A not B"的含义是凡含有检索词 A 而不含有检索词 B 的文献均为命中文献，也就是要求满足 A 条件并同时排除 B 条件。

12. 什么是分类树？

答：分类树是按学科范畴将主题从总论到专论、从一般到具体、从宽到窄按一定方式组织起来，以利于用户从学科角度浏览或检索信息。

13. 知道某篇文献的出处，如何获取原文？

答：先根据文献出处，如期刊名或会议论文集名等，通过图书馆联机公共书目系统查询本馆是否收藏有该刊或会议录，如果本馆有收藏，则可根据馆藏地和索取号到相应阅览室阅览全文。还可通过图书馆主页查询期刊全文数据库，如中国学术期刊网，浏览或下载电子版原文。对于本馆未收藏的文献，与图书馆一楼信息情报研究室（电话：029—85898552）联系，到其他图书馆查找所需要的原文。

14. 怎样浏览或下载全文？

答：不同的数据库系统会提供不同的全文文件格式，读者浏览或下载全文，需要在本地机上安装相应的解读软件，或者在该数据库系统的首页下载和安装其提供的全文浏览器。如中国期刊网全文是 caj 文件，读者需要在中国期刊网首页下载全文浏览器，下载后，在本地机上安装。

15. 如何查询、阅览、下载网络电子图书？

答：查询电子图书与一般数据库查询相同，常用方法是题名检索、著者检索、出版社检索、文中关键词检索。不同的电子图书采用不同的文件格式，读者阅览或下载电子图书，需要在本地机上安装相应的解读软件，如有的电子图书采用 pdf 文件格式，用户需要在本地机上安装 Acrobat Reader 软件。电子图书系统通常会在首页提供全文浏览器下载标志，读者可按其提示下载和安装该系统提供的全文浏览器。

16. 为什么检索网络数据库有时需要输入用户名和密码？有时不要？

答：不同的网络数据库系统采用不同的用户管理方式，有的采用 IP 地址管理，凡是在允许的 IP 地址范围的计算机终端都可以检索该网络数据库，不用输入用户名和密码；有的采用用户名管理，每次检索数据库都要输入用户名和密码。有的数据库系统还采用并发用户管理，限制同时登陆的用户数，如并发用户为两个，第三个读者必须等待一个用户退出系统，才可登陆。

（五）报刊阅览

1. 期刊如何阅览？

答：中文期刊在图书馆三楼期刊阅览厅阅览，外文期刊可在图书馆四楼的英语厅查找。

2. 在哪里可以找到老期刊？

答：在图书馆七楼"过刊过报阅览区"。

3. 报纸和期刊可以外借吗？

答：由于我馆期刊和报纸每种只有一份，为了保证最大范围的读者阅览，因此不外借。

4. 怎样查询图书馆收藏的期刊？

答：馆藏期刊与图书的书目信息存放在同一个书目数据库中。查询期刊与查询图书基本类似。通过本馆的主页进入"公共检索"下的"书刊检索"，选择"题名"或"主题"，输入你需要的检索词，在文献类型里选择"中文期刊"，检索出来的结果应该是你需要的杂志了。

（六）图书借阅

1. 图书借阅有哪些规则？

答：进入书库时需出示有关证件，由本人直接到各书库的书架上取书，阅览后将看过的图书放回原位或阅览车，需要借书的读者，须将一卡通和图书交予各借阅厅的借书台办理借阅手续；学生借书期限为 30 天，教师借书期限为 90 天。教师可借 5 册，学生可借 3 册。期满时尚须继续借阅者，必须携带该书.一卡通来馆办理续借手续（或在网上自行办理），续期为 20 天，到期不还者做逾期处理。借书应按期归还，考虑到读者放假等因素，到期图书应在寒、暑假后开学两周内归还；丢失图书按原书价（两倍）赔偿，或购买同版本图书赔偿；不得使用他人借书证借书，一经发现，工作人员即行扣留该证卡，并区别不同情况处以罚款；请爱护图书，不得圈画、污损、撕拆，违者按规定罚款。

2. 图书馆哪些书刊可以借出？哪些书刊只能馆内阅览？

答：图书馆实行的全开架服务，所有藏书读者都能自行取阅。馆藏地为社会科学借阅厅、语言文字借阅厅、文学艺术图书借阅厅、自然科学借阅厅的四个书库的图书可以借出，其他馆藏地的书刊仅供馆内阅览。

3. 为什么要使用代书板？怎样正确使用代书板？

答：代书板的作用是临时代书占位，让读者不会弄错图书排架的位置，保证图书不乱放。读者进入书库或阅览室前，先取一块代书板并记住编号，从书架上取书时，将代书板插入图书所在位置，书阅览后放回代书板所在位置，若要借走该书，则将代书板也取出放回取板盒。

4. 工具书阅览区有哪些藏书？

答：工具书阅览区收藏各科的工具书（包括百科全书、年鉴、手册、词典、名录、图谱等）。

5. 使用馆际互借服务是否需要交费？

答：是的，馆际互借是收费服务，只收取成本费，即只收取向其他馆实际付出的费用。

6. 可以在图书馆上网吗？

答：可以。图书馆电子阅览室、网络资源厅和视听室、信息素质教育室（免费查阅馆藏资源）为本院师生提供上网服务，读者可以检索本馆资源、浏览国内（外）网络站点。

第三节　信息咨询

信息咨询是一种各种信息的收集、加工、传递有效利用和反馈的业务活动。图书馆的信息咨询工作是最大限度地满足广大读者对文献信息的需求，并以良好的服务态度、完善的服务措施为读者热情服务。西译图书馆的信息咨询服务，主要负责以面对面、电话、电子邮件、QQ腾讯、微信及读者留言本等方式解答读者利用图书馆时所遇到的问题。辅导读者利用本馆资源；提供教学和科研课题咨询，面向全校教师开展课题检索服务和定题服务；开展馆际互借和文献传递服务，接待读者原文代查代检服务；提供数据库资源的检索、辅导及数字化服务等。这里仅对咨询的方式、馆际互借和文献传递办法等做一说明，分别如表4-5、表4-6和表4-7所示。

表 4-5　西译图书馆参考咨询服务方式一览

名称	用户名 （号码、登录名）	密码	备注
电子邮箱	xfulib@126.com	xafyxytsg	
腾讯 QQ	451309143	tsg1234	
西译论坛	ckzx	191658	
	参考咨询	85898552	
电　话	029-85894415		
传　真	029-85898513		

表 4-6　西译图书馆馆际互借关系一览

名　称	系统管理客户端	登录名	密码	备注
中国高校人文社会科学文献中心（CASHL）	http://ill.cashl.edu.cn	xfuedu	cashl	
中国国家图书馆（国图）	http://www.nlc.cn/	illxafyxy	illxafyxy	
陕西省高等学校图书馆通用借书证	http://www.lib.xjtu.edu.cn/tgw/zzjg.htm	fanyi	fanyi	3 本

图书馆文献传递服务办法

（2009 年）

为了帮助广大读者拓展获取文献资源的渠道，解决在教学、科研和学习中急需而图书馆未收藏的文献，为读者提供更好的文献信息服务，特制订图书馆文献传递服务办法。

一、文献传递服务对象

图书馆文献传递服务的对象为本院教师、学生、职工。

二、文献传递服务内容

限于非返还式文献传递服务，提供图书、期刊论文、会议论文、学位论文、报纸文章、科技报告等文献的复制品，其载体形式为电子版与纸质复印件两种。

三、文献传递服务方式

1. 图书馆为读者提供的文献传递服务方式有两种，分别为：

（1）当读者提出的文献传递请求，获得文献为电子文献时，图书馆使用电子邮箱（或腾讯 QQ 邮箱）向读者传递文献；

（2）当读者提出的文献传递请求，获得文献为纸质（或复印件）文献时，图书馆电话通知读者领取，若是院领导和年老体弱的教学、科研人员，也可由图书馆参考咨询馆员送达。

2. 本院读者还可通过"读秀学术搜索"数据库和"e 读文献传递服务系统"自行进行文献传递。

进入方式：西译图书馆主页→常用数据库→读秀学术搜索（或 e 读文献传递服务系统），按要求进行操作。

四、文献传递服务受理方式

读者可以通过以下几种方式提交文献传递申请：

1. 当面申请：可直接到图书馆参考咨询部向工作人员提交申请。

2. 电话申请：联系电话为 029—85894415，联系人为文老师、陆老师。

3. 电子邮件申请：受理邮箱为 xfulib@ 126. com。

4. 读者可在图书馆主页"信息服务"栏上下载"文献传递申请表"（见表 4-7）。

五、文献传递服务文献获取范围

国内外高等院校图书馆或文献提供机构。如国家图书馆、中国高校人文社会科学文献中心（CASHL）、北京大学图书馆、清华大学图书馆、中国科技信息所、国家科技图书文献中心（NSTL）、美国 UMI 公司（PQDD）、美国俄亥俄州的联机图书馆中心（OCLC）、美国 CARL 公司的 Uncover 中心等。

六、文献传递服务费用说明

1. 图书馆文献传递的费用按读者实际传递发生的费用计算，图书馆不附加任何其他费用。

2. 读者传递中文期刊论文全额补贴，其他类型文献及国外提取的全文可能需自付部分费用，有需要自费的项目，文献传递工作人员会电话告知，在征得读者同意的情况下才会对外提交自费的申请。

七、文献传递服务时间及联系方式

时间：每周一至周五 8：00—11：30；14：00—17：00

地址：图书馆参考咨询部（图书馆一楼东）

联系电话：029-85895917

联系人：文老师，陆老师

电子邮箱：xfulib@ 126. com

腾讯 QQ：451309143

八、文献传递服务注意事项

1. 读者在提交文献传递请求之前，应先登录图书馆主页，检索本馆是否有该文献，确认纸本或电子版都没有该文献时，再提交文献传递申请。

2. 读者提出文献传递请求时，要详细提供书名、刊名、文章题名、作者、卷期、页数、册次等所需信息。

3. 采用电子邮箱接收文献的读者，请尽量使用容量大且稳定的邮箱。

4. 在使用传递文献时，必须遵守《中华人民共和国著作权法》的有关规定。

表 4-7　西译图书馆文献传递服务申请

读者信息	姓名		单位		
	电话			读者类别	
	电子邮箱		腾讯 QQ		
	借阅证号码		申请日期		
文献信息	文献内容（题名或篇名、著者、出版日期、卷期、出版社、数据库名称）				
传递方式		实际发生费用			
经办人		完成日期			
备注					

注：1. 请准确、详细填写读者信息，并请在提交申请后关注您的信箱，以便管理员及时和您取得联系。

2. 对于无法填入请求单固定字段的内容或其他说明内容请填入备注项。如有困难，请与本馆文献传递员联系。

3. 联系方式：电话为 029—85894415；电子邮箱为 xfulib @ 126.com；腾讯 QQ 为 451309143。

第四节　信息开发

信息开发是对信息进行全面挖掘、综合分析、概括提炼，以获得高层次信息的过程。信息开发的主要形式有书目、索引、文摘、简讯、剪报等。图书馆信息开发的目的是最大化地方便读者文献信息需求。西译图书馆的信息开发起步于 2006 年的简讯专栏和剪报。现就多年来的信息开发的部分内容与大家分享。

（剪报专栏）**寄　语**（2006）

阳春三月春光暖，桃花盛开环境优；一寸光阴一寸金，寸金难买寸光阴；

见多识广点滴积，处处留心皆学问；书山有路勤为径，学海无涯苦作舟。

2006—2008 年，每月两期的剪报专栏，为读者提供学习平台和学习指导（在图书馆正门外东侧）。

2007 年 3 月整理了《大学生就业指南》（2.7 万余字），指导毕业班学生理性就业。

2007 年 11 月编辑了 5 个数据库的单页宣传册，包括中国知网、超星数字图书馆、高校英语资源总库、美星外文数字图书馆和中宏经济数据库。

2008 年 11 月整理了"大学生就业指导专栏"（9 700 余字），为大学生就业提供参考。

2008 年 12 月编辑了图书馆工具书数目 320 种；图书馆学 5 种核心期刊 2007 年的期刊索引；期刊文摘 140 篇（其中外语类期刊文摘 51 篇、教育类期刊文摘 41 篇、计算机类期刊文摘 48 篇），图书文摘 38 册（英语写作类）。

2009 年 3 月整理了《丁祖诒言论录》（1.6 万余字），为学校相关部门编辑提供了资料，并整理了西译图书馆所藏丁祖诒部分相关的文献，如表 4-8 所示。

2009 年 10 月整理了"西译图书馆工具书书目"（截至 2009 年 9 月条目共计 1 010 种），2011 年 10 月修订增加到条目 1 582 种，共计 147 页工具书书目，为读者查阅资料提供方便（见表 4-9）。

2009 年 12 月整理了《国内外图书馆网址大全》（9 000 余字），为读者查阅资料拓宽渠道提供了方便。

2010 年 4 月整理了《终南文化》（10 余篇）；6 月整理了"民办教育专题"［包括民办教育法规（33）、民办教育新闻和论坛（45）、民办高等教育论文（51），共 126 篇文章］，方便读者查阅。

2011 年 6 月整理了"'双百'人物专题文献"（22.9 万余字），收录了介绍"双百"人物的感人事迹馆藏相关文献（包括纸质文献、电子全文图书、视频等），以飨读者。

2011 年 7 月整理了"剪报资料"（367 篇）。

2013 年 3 月编辑了《人民日报》评论员文章 84 篇，帮助读者理解国家大政方针，潜移默化的学习文章的写作方法和技巧。

2013 年 10 月编辑了"红学"概览（1.2 万余字）。50 年前的 1963 年，曹雪芹逝世 200 周年纪念活动就曾轰动一时。2013 年是曹雪芹逝世 250 周年。为举办这一纪念活动，弘扬中华文化瑰宝，我们整理了相关文献，以飨读者。

表 4-8　西译图书馆所藏丁祖诒相关的文献（截至 2010 年）

题名	作者	出版机构	索书号	藏书地点
丁祖诒文集	丁祖诒	未来出版社	G40-52/1	西区图书借阅室社会科学借阅室样本库
名人眼里的丁祖诒	秦雍	太白文艺出版社	I206.7/215	西区图书借阅室文学艺术借阅室样本库

表4-8（续）

题名	作者	出版机构	索书号	藏书地点
外贸英语函电	尚玉贤，丁祖诒	陕西人民教育出版社	H31/347	提存库
English Through Singing: An Express Way	丁祖诒，刘明选	西安翻译学院	H319.4/790	提存库
高考英语应试对策和技巧	丁祖诒	陕西人民教育出版社	G634.41/37	社会科学借阅室样本库
民办高等学校教育教学改革的探索与实践	丁祖诒	光明日报出版社	G-53/2	西区图书借阅室提存库 社会科学借阅室样本库
全面素质教育手册	丁祖诒	中国物资出版社	G4-62/1c.1	社会科学借阅室提存库 工具书阅览区
实用英语口语教程	丁祖诒审效	西安交通大学音像出版社	H319.9/188	语言文字外语提存库
现代经济英语读写教程	尚玉贤，丁祖诒	陕西人民教育出版社	H315/62	语言文字外语提存库
英语常用词用法手册（附语法索引）	丁祖诒	南京气象学院印刷厂	H313.1-62/23	语言文字外语提存库
如风优雅向天笑	丁祖诒	未来出版社	G40-52/312	西区图书借阅室社会科学借阅室样本库

表4-9　西译图书馆工具书书目（部分，按书名音序排列，2011年10月）

序号	书名	作者	出版社	出版时间	ISBN	索书号	馆藏地点
				数　字			
1	1999上海教育年鉴	上海教育委员会	上海教育出版社	1999	978-7-5320-6642-8	G527.51-54/1	工具、社科、提存、样本
2	1999现金流量表与最新财务会计制度改革实用手册（上卷）	罗锐韧	龙门书局	1999	978-7-80111-551-1	F233-62/1C.1-3	工具、样本
3	2000年新编中国暨世界纺织统计手册（中英文本）	钱尧年	中国科学技术出版社	2000	978-7-5046-2875-1	F416.81-66/1	工具、社科、提存、样本
4	2001IMI消费行为与生活形态年鉴：北京·上海·广州·重庆·武汉·西安·沈阳	IMI（创研）市场信息研究所	北京广播学院出版社	2001	978-7-81004-960-7	F126.1/10c.1	工具、样本

表4-9（续）

序号	书名	作者	出版社	出版时间	ISBN	索书号	馆藏地点
5	2001 年国际设计年鉴	卢奇，黄睿智	中国轻工业出版社	2002	978-7-5019-3537-8	J531/2	工具、自然、提存
6	2004 年中国建筑装饰行业年鉴	徐朋中国建筑装饰协会	中国建筑工业出版社	2005	978-7-1120-7460-6	F426.9-54/1	工具、提存、样本
7	2004 审计机关审计项目质量控制办法实施手册（第1~4卷）	本书编委会	广州音像出版社	2004	978-CN-F28-02-522-00（ISRC）	F239/34c.1-4	工具、样本
8	2005 年建设单位（甲方）工程项目概预算与成本管理及投资控制实务全书（第1~4册）	李泽国	当代中国音像出版社	不详	978-7-9001-0614-6	F403/7：1	工具、样本
9	2006-2007 中国广告摄影年鉴	陈永，中国广告协会	中国摄影出版社	2006	978-7-8000-7127-8	J412.9-54/407	工具、自然
10	2007 年建筑施工分项工程质量验收与强制性标准条文实用手册（第1~5册）	于富民	现代建工出版社	2007	978-7-8206-6205-0	F296.5/1：1-5	工具、样本
11	2008 机电产品报价手册	机械工业联合会	中国机械工业出版社	2007	978-7-3000-7587-8	F406.6/1-13	工具、样本
12	2008 机电产品报价手册	中国机械工业信息研究院	北京大学出版社	2007	978-7-3010-9719-0	F407/1-13	工具、提存、样本
13	2010 陕西统计年鉴	陕西省统计局	中国统计出版社	2009	978-7-5037-5679-5	C832.41/3	工具
14	20 世纪思想家辞典：生平·著作·评论	迪瓦恩，贺仁麟	上海人民出版社	1996	978-7-208-01508-2	B15-61/1	工具、社科、提存、样本
15	20 世纪新词语词典	Ayto, John	外语教学与研究出版社	2002	978-7-5600-2874-8	H316/A989	工具、英语
16	21 世纪汉英词典	梁德润，郑建德	外文出版社	1999	978-7-1190-2400-0	H316/421	工具、语言、样本
17	21 世纪汉英经济实用词典	《21世纪汉英经济实用词典》编写组	中国对外翻译出版公司	2005	978-7-5001-1272-6	F-61/17	工具、样本
18	21 世纪日语新词语词典	葛明，韩秀英	商务印书馆国际有限公司	2002	978-7-8010-3228-4	H366/100	样本、日语、西区
19	21 世纪实用英语语法一本通	陈立平	金盾出版社	2005	978-7-5082-3220-8	H314/314	工具、语言、样本、西 K
20	21 世纪英汉词典	梁德润	外文出版社	1999	978-7-1190-2401-9	H316/205	工具、语言、样本、西区
21	21 世纪英汉经贸缩略语词典	李泓	商务印书馆国际有限公司	2001	978-7-8010-3227-6	H316：F/33	工具、语言、样本、提存

表4-9(续)

序号	书名	作者	出版社	出版时间	ISBN	索书号	馆藏地点
22	21世纪中型英汉词典	李华驹	中国人民大学出版社	2005	978-7-3000-6231-8	H316/229	工具、语言、样本
23	21世纪最新英文写作大辞典	颜元叔	东方出版中心	2004	978-7-8018-6143-4	H315-61/5	工具、语言、样本、提存、西区
字　母							
24	ABC汉英大词典	德范克	汉语大词典出版社	2003	978-7-5432-0843-1	H316/314	工具、样本
25	*Britannica Book of the Year*：1985-1998	Trumbull Charles P，Edwards Glenn M，Calhoun David，Daume Daphne	Encyclopaedia Britannica	1985-1998	—	Z556.1	工具、语言、英语
26	*Cambridge learner's Dictionary*（剑桥英语学习词典）	剑桥大学出版社	外语教学与研究出版社	2002	978-7-5600-2798-9	E/H316/C120	样本
27	*China Encycloapeadia*（中国大百科全书）	《中国大百科全书》总编委会	中国大百科全书出版社	2009	978-7-5085-1385-0	Z32/C518	工具、语言、英语
28	COBUILD单汉双解词典	辛克莱	上海译文出版社	2002	978-7-5327-3002-6	H316/275	工具
29	Collins英汉双解词典	卡梅尔	汉语大词典出版社	1995	978-7-5432-0077-5	H316/79	工具、语言、提存、西区
30	DK·牛津英汉双解大词典	英国DK公司词条由牛津大学出版社	外语教学与研究出版社	2005	978-7-5600-4714-9	H316/259	工具、语言、样本

第五节　读者教育

读者教育是图书馆开发利用文献资源和实现其教育职能而开展的一项重要工作，目的是帮助读者了解文献知识、图书馆馆藏和服务内容，掌握文献检索和利用方法，增强情报意识，善于表达文献情报需求，并能借助各种检索工具和通过各种渠道获取文献与信息。读者教育是一项普及性、实用性强的综合能力教育。读者教育可采用多种方式，如举办培训班和讲座、自修、个别辅导、参观、展览、提供宣传品或指南、讨论会、知识竞赛等。西安翻译学院图书馆读者教育的开展就从2004年8月以新生入馆教育开始的，下面摘录开展读者教育的部分内容，供大家参考。

西译图书馆读者教育简介
（2007 年下半年）

1. 新生入馆教育

每学年初，即 9 月中下旬，举办一年一度的新生入馆教育，采取讲座形式授课课件图文并茂专人负责，准备好所需材料，具体按计划完成。

2. 文献检索课

每学期有计划的以讲座形式对 2~3 年级学生（以本科生为主）进行文献检索课的教育，以馆藏文献的使用，特别是以馆藏电子文献的使用为主，以具体操作为重点，按本学期计划进行，讲求实效，达到预期目的。

本学期安排如下：

时间：2009 年 3 月—5 月（每周三），14：00—15：30

地点：图书馆免费电子阅览室。

对象：全校师生。

3. 专题讲座

根据学院和馆内的实际情况及读者的需求，每学期为读者做专题讲座，急读者所急，想读者所需。图书馆举办的专题讲座宗旨在指导读者充分利用图书馆的文献信息资源，讲授利用这些资源的各种方法和技巧。本系列讲座每学期一轮，每次讲座 1.5 小时，提供免费上机实习。

讲座时间：2009 年 3 月—5 月，15：30—17：00（通常情况）；

讲座地点：图书馆免费电子阅览室；

讲座对象：全校师生；

参加方式：无须报名，可选择感兴趣的场次按时参加即可各学院如有特殊培训要求，请直接联系。

2017 年下半学期图书馆读者培训计划
（2017 年 9 月）

为了帮助读者更好地了解、利用图书馆，培养个人信息素养能力，西安翻译学院图书馆开展了多层次、多形式的培训活动。

一、培训的意义

信息时代的大学里，信息素养已成为全校师生重要的基本素养之一。学会如何查找和获取各类学术信息，全面掌握学术信息的评价和利用方法，将成为读者今后学习和科研中的核心竞争力之一。

二、培训的目的

让读者能够比较全面地了解图书馆的信息资源和服务类型，学会运用各种检索手段从各类信息源中获取所需要的知识，从而提高读者信息获取、处理和利用的能力。

三、培训的方向

图书馆对不同层次的读者开设不同类型的培训讲座，培训内容涉及不同学科领域文献信息资源的利用，包括图书馆提供的各种服务，特别是电子资源的利用方法等。

四、培训的形式

讲座方式分为定期和不定期两种形式。所有培训均通过图书馆主页的"新闻公告"栏目、"图书馆电子屏幕"和"图书馆微信公众号"等处提前发布。

1. 定期培训

图书馆每学期定期举办"文献资源与服务利用"系列讲座的定期培训，包括新学年的新生入馆教育、一小时讲座、专题讲座和辅导培训。介绍图书馆的信息资源及服务，熟练掌握各类数据库和网络免费学术信息的检索方法与技巧，讲座详细信息届时会在图书馆主页等发布。

（1）新生入馆教育：图书馆每学年秋季在新生入校时会集中举办新生入馆培训，旨在帮助新同学尽快了解图书馆的各种资源与服务，掌握利用图书馆的基本方法，重点介绍图书馆概况、馆藏资源及其分布、信息服务方式和如何利用图书馆等内容。

新生入馆教育新生入学后适时举行，培训分为讲座和参观两个环节来开展工作。除由学校统一安排的培训报告讲座以外，入校新生由图书馆统一安排、分期分批地以参观的方式接受关于图书馆教育培训，重点介绍图书馆概况、馆藏资源及其分布、信息服务方式和如何利用图书馆等，包括利用 OPAC 查询馆藏、续借图书、图书分类法基本知识、图书馆馆藏组织方法等。采用以班为单位，联系登记预约的方式举办。

（2）一小时讲座：主要是每学期向全校师生开设的系列讲座与培训，内容包括图书馆馆藏资源布局、如何利用图书馆、图书馆各类资源如何使用，重点是图书馆数据库资源的使用和运用技巧培训等。

时间：周二、四 16:00—17:00；

地点：图书馆信息素质教育室（图书馆六楼西北角）。

（3）专题讲座：主要是依据需要每学期安排 1~2 次读者感兴趣的主题开展讲座，邀请校内或校外知名专家做专题讲座，均会在图书馆主页的"新闻公告"栏目、"图书馆电子屏幕"和"图书馆微信"等处提前通知。

（4）辅导培训：辅导培训是西安翻译学院图书馆，面对一线代课教师为主体的面对面的上门服务，从 2006 年坚持到现在，深入学校各教研室、办公室、宿舍等地方，为读者使用图书馆文献资源讲授使用技巧和方法等。计划每学期至少在各教研室上门辅导培训1次以上。

2. 不定期培训

根据读者的需求和图书馆开展读者服务活动的情况进行不定期的讲座与培训，包括针对各院系、研究小组和数据库商的要求等开展讲座培训。内容、时间和地点均根据读者的要求另行安排。具体说明如下：

（1）学科专场：介绍学科电子资源的种类、数量、用法，以及如何利用电子资源进行学科的学术论文写作、学科科研活动以及课题研究等，可预约教师专场或学生专场。

教师专场讲座：可根据教师需求，按学科或按专题组织讲座；也可根据教师需求，灵活安排讲座的时间和地点。

学生专场讲座：最好以系、班为单位，1次参加的人数应超过20人。

（2）工具书利用：介绍怎样查找专业图书目录与文章篇目索引、怎样查找字词语句、统计数据、人物资料、地名资料、历史事件、机构组织以及年月日换算等有关参考工具书、资料性图书。

（3）数据库商讲座：图书馆根据工作计划的情况和读者的需求，不定时和相关数据库商联系，来为读者进行专题数据库培训，帮助读者使用电子数据库。

联系人：文老师、陆老师；

联系地点：信息技术部（图书馆一楼）；

联系电话：029—85895917。

▶ 新生入馆教育

2008年新生入馆教育讲稿

同学们，你们好！

你们都是刚刚离开中学的新生，当你们第一次踏进图书馆，面对成千上万的书籍想要查找一些自己所需的知识时，往往会感到无从下手，所以我今天给大家讲的目的就是教同学们如何利用图书馆来获取你所需的知识。莎士比亚曾经说过："生活里没有书籍，就好像大地没有阳光。智慧里没有书籍，就好像鸟儿没有翅膀。"我们知道，书本是一位好朋友，可以让你了解漫长的历史、世界各地的风土民情、有趣的动植物……丰富你的生活。图书馆是知识的宝库、智能的泉源，永远敞开着大门，等着你来看书、利用好书，充实知识、增进智能。让我们一起来认识图书馆。

下面我就从四个方面给同学们做一个简单的介绍。

一、图书馆简介

1. 什么是图书馆？

人们把生活中的各种经验，用图或文表达而流传后世的记录，集中保管的场所成为图书馆的雏形，也就是收集、组织、管理、利用人类文化结晶的地方。早期的图书馆，大多数和宗教有关。在西方文明古国，寺院图书馆是最早、最重要的原始图书馆。我国古代没有图书馆之名，却有藏书之实。周代的守藏室是古代典藏书籍的地方，而老子是管理守藏室的官吏，因此后人说老子是我国最早的图书馆馆长。

2. 图书馆是你获取知识的好去处

图书是人类知识的结晶，图书馆是知识的殿堂、知识信息开发和利用的基地。高校图书馆是高校图书资料情报中心，是为教学和科研服务的学术性机构，它是教师备课的后盾，是同学们学习的第二课堂。课堂教育是学校教育的主要形式，学校以课堂教育为主，但是图书馆藏书丰富，有优越的阅读环境，是传授知识、开发智能的有效途径，是课堂教育的延续和补充。把第一课堂和第二课堂结合起来，相辅相成，这会使你的学习更上一层楼，让你的课余生活充满乐趣。

3. 西译图书馆概况

西译图书馆始建于 1987 年，现由东区主馆、西区分馆、新区分馆组成。馆舍面积近 3 万平方米，馆藏近 200 万册（件），其中纸质文献近 100 万册，分藏于各个分馆，电子文献 100 多万册，拥有计算机 800 多台，阅览座位 5 000 多个，此外，还订 1 000 多种期刊和 200 多种报纸，供同学们课余时间浏览。

西译图书馆运用计算机自动化管理，实行"藏、借、阅、咨、管"一体化的管理模式，采用"开架借阅"的服务方式，每周 7 天对外开放，每周开馆 90 小时，为读者提供图书外借、报刊阅览、参考咨询、馆际互借、网上查询、信息检索、复印等多种类型、多层次的服务。其充分体现出了"以人为本""读者第一"的服务宗旨，为读者营造出了一个读书求知的最佳场所。

二、如何利用图书馆

1. 图书馆开馆时间

西译图书馆（含借阅书库和阅览厅或室）具体对外开放时间如表 4-10 所示。

表 4-10　图书馆对外开放时间

部门	对外开放时间	
	周一至周四、周日	周五、周六
流通书库	7:30—19:30	7:30—22:30
阅览室	7:30—19:30	

2．借阅流程

借书：持本人一卡通，进入流通书库先刷卡，然后进入书架，参照图书架标，查找自己所需图书，若阅完不借，将书放回原处或放入书车；如要借书，将书带到借阅台，把所选图书和一卡通交给工作人员，并办理借书手续。

还书：还书在图书馆二楼的总还书台办理手续。读者把要还的图书，在还书台交给工作人员，待还书完毕后，读者方可离开。在此，读者还可查看借还记录。

工具书：工具书存放在二楼工具书阅览区，如有需要可在开馆时间内随时查阅（工具书不外借）。

阅览室：阅览书刊须出示学生证等有效证件。

3．借阅注意事项

（1）一卡通限本人使用。如果拿别人的一卡通借书，工作人员不予以办理借阅手续。

（2）读者每人每卡可借图书3册，借期均为30天。

（3）借阅30天，到期可续借一次，当要到期前3天才可以续借。超期的图书应尽快归还。寒假、暑假放假前约一周内（具体时间以图书馆的通知为准）所借阅的图书，可带回家阅读，开学第一周内归还，不算超期。

（4）读者要爱护图书，不得撕毁、不能在书内乱写乱画。

（5）图书遗失按规定以不低于原书价的两倍赔偿（遗失图书尽快办理赔偿手续）。

4．图书馆的规章制度

图书馆应遵守的规章制度，均悬挂于各厅室，请同学们进馆时浏览一下，以便遵守。

三、图书检索知识

1．图书馆藏书的排列方法

图书馆藏书种类多，数量大，必须采用一定的方法来进行科学的管理，才能提供给读者使用。因此，要有效地利用图书馆藏书，必须要简单地了解一点图书馆所使用的图书分类法。

图书馆是用《中图法》来组织藏书的，《中图法》是把所有的图书归为五个基本部类，在五个基本部类上展开为22个基本大类，22个基本大类分别用22个汉语拼音字母表示，（A—Z 26个字母中除了 L、M、W、Y 中的22个），以字母的顺序反映大类的序列，图书馆所有架上的图书就是按照这个顺序排列的。

2．什么是索书号

"分类排架号"又称"索书号"，是图书排架、读者索书和藏书清点的标志和依据。按照索书号可以有规律地对图书进行排架，也可以准确找到图书在书库中的位置，因此，读者查找图书时应记下索书号。

当然我在这儿讲的目的不是要求每个同学都掌握分类法，也不要求每个同学都知道哪个字母代表什么大类，但是如果你能掌握一点你所学专业和你所关心的其他专业的图书所在的那个大类的字母的话，那不管你进任何一个图书馆，特别是藏书很多的图书馆，那查找起资料来是很方便的。

例如，吴承恩的《西游记》一书，在我馆文艺书库的分类排架号为 I242.4/46，其中 I242.4 为分类号，46 为种次号。又比如，学英语的，查"H31"；学日语的，查"H36"；学计算机的，你可以直接到"TP（计算机技术）"进行查找；学会计的，查"F23（会计）"；课余时间想放松一下心情，找一本中国文学书看看，查"I2（中国文学）"，找外国文学书查"I3/7（美国小说 I712、英国小说 I561、法国小说 I565、日本小说 I313 等）"。还有的同学想了解一点股票知识，查"F830.91（证券市场）"等。

特别是你们将来要利用图书馆的资料时，掌握一点你所关心专业的分类号后，在不知道具体书名的情况下，利用起来就更方便了。

3. 书目检索方法

图书馆的馆藏文献的查找可以通过以下三种方式进行：

（1）向管理员老师进行咨询，查找自己所需文献。

（2）借助设在图书馆二楼大厅和各个借阅书库的检索机，查找自己所需文献的相关信息，记录下其索书号和馆藏位置，去获取。

（3）通过图书馆的主页（http://59.75.13.1），即可查询到我馆的所有馆藏情况，这为我们利用我院图书馆的藏书提供了极大的方便。

大家注意，在我院校园网内，你在任何一台联网的计算机上，都可以查到我院图书馆的馆藏信息。

以上所讲的就是如何查找西译图书馆藏书的基本方法，如果同学们没有听懂，就请到图书馆来，我们那儿有专供同学们查阅用的电脑，我们的任何一个工作人员都会耐心地教你如何查找。

四、做文明读者

1. 要衣着整洁；不穿背心、拖鞋入馆。

2. 要讲究卫生；不随地吐痰、乱扔废弃物。

3. 要举止文明；不在馆内争吵、打闹。

4. 要保持安静；不在图书馆内喧哗、讲包括。

5. 要珍惜时间；不在阅览室内占座位、闲聊、睡觉。

6. 要爱护公物；不污损建筑设施、毁坏书刊资料。

7. 要遵纪守法；不做违反馆章、馆规之事。

8. 要自尊自爱；不做有碍人格和观瞻之举。

这里是人类知识的宝库，如果你掌握了开启它的钥匙，那么全部知识都是你的。

这里是知识的海洋、文明的积淀、精神的家园，这里既可以找到前人的精彩与广博，也可以找到自我的充实与自信……

知识改变命运，学习创造未来。祝同学们在图书馆学习进步！

谢谢大家！再见！

西译图书馆馆长：高启秦

2008 年 9 月 12 日

新生入馆教育致辞
（2017 年 9 月）

亲爱的同学们：

大家下午好！

非常荣幸为大家做新生入馆教育，欢迎你们来到美丽的翠华山脚下、川流不息的太乙河畔，三秦大地上第二个翻译人的摇篮，来到知识的殿堂、大学生的第二课堂，开启新的生活篇章。

西译一直是翻译人才成长的沃土，是莘莘学子心中的学术殿堂，是无数校友的精神家园。你们凭借自己的聪慧和勤奋，来到西译，从这里眺望世界、走向未来。我和我的同事们，要向你们表示最热烈的欢迎！

同学们，从幼儿园到小学；从中学到大学，你们走到了今天，应当说非常幸运。要知道，我这一代人在我曾经历过的那个青年时代，没有你们的这份幸运，这个世界上，还有许多青年人没有你们的这份幸运，所以，你们应当对你们得到的这份幸运格外珍惜。

一、珍惜当下

做好每天的事情，而不要给自己太多懈怠、拖延的理由。人生真的就是一场马拉松，每一个到达终点的人，都是从第一步开始、从每一步积累的。

认真做好手头的每一件事情，并且，在自己的能力范围内尽量做到极致和卓越。养成这样的习惯，将会让你终身受益。

二、珍惜他人

在大千世界里，我们能走到一起，真的就是一种缘分。因此，要学会珍惜彼此：珍惜师生情；珍惜同学情；珍惜朋友情，不要把从别人，甚至从你的父母那里得到的一切，都看作"理所当然"，而要心存感恩，常思回报。

当然，这种珍惜是对真的、美的、善的情感的尊重和顾惜，是在无关重大是非原则问题时，表现出来的宽厚和宽容。如果触碰了底线，绝对不能迁就和纵容。

三、珍惜自己

首要珍惜的是你的健康。不要因为年轻就肆意透支你的身体。有一句格言说："有两种东西丧失之后才会发现它的价值——青春和健康。"但青春逝去，未见得活力不在、睿智不在、优雅不在；而失去健康，即使青春犹在，年轻于你何用？财富于你何用？时间于你何用？

瑞士心理学家亚美路说："健康是一种自由——在一切自由中首屈一指。"同学们，千万不要"用健康赌明天"。我希望你们一定平衡好学习和锻炼身体的关系，做德智体美劳全面发展的青年人。

四、珍惜内心的渴望

做自己喜欢的、擅长的事情，而不要人云亦云、心浮气躁；不要去跟别人攀比，做最好的自己足矣。当然，选择自己心之所属并坚守，有时可能并不是一件容易的事，但如果你能做到这一点，你将会有更多的淡定和从容，更多的积淀和突破，更多的喜悦和快乐。

五、请珍惜我们这个伟大的时代

我们一定要珍惜这个伟大的时代，而最好的珍惜，就是为这个时代做出我们应有的贡献。

所以，在这人类知识宝库的图书馆。你还可以通过文献检索课程、讲座等方式继续深入了解图书馆，提高信息素养，开启充实的大学生活。

图书馆是我们心灵成长的土壤。自主学习习惯从这里培养，信息素质提升从这里起航。

同学们，为把握青春而努力，为追逐梦想而奋斗。

文炜

2017 年 9 月

▶ **专题讲座**

2009 年下半年用户教育专题培训
（电子文献检索与利用讲座，部分）

你知道什么是电子资源吗？电子资源都有哪些类型？你知道校园网上和图书馆有哪些电子资源可供使用吗？电子资源有哪些检索策略和技术？电子资源对你的学习、教学和科研有什么用处？

本系列讲座主要介绍图书馆电子资源的类型、特点及其功用，包括数据库、电子期刊、电子图书等；介绍电子资源的主要检索方法和检索技巧；以及如何利用图书馆的电子资源及其服务。

本学期讲座具体内容、时间安排如下：

第一讲　读秀学术搜索

"读秀学术搜索"（以下简称"读秀"）是由北京世纪读秀技术有限公司自主产权、自行研发的，集图书的搜索及全文文献传递两大功能。目前提供 228 万种中文图书书目检索、2 亿条目次检索、160 万种图书全文检索与阅读。

读秀的文献传递功能，可按照读者的咨询请求，使用电子邮件的方式在最短时间（一个工作日）内向读者提供任意文献的任何局部资料。实现了以较低成本获得海量图书资源，使图书馆拥有可靠的信息资源保障，以及有限的购书经费得到合理利用，能有效地帮助读者补充自己所需资源。传递的文献阅读支持打印、转换成 pdf 文本等功能。

读秀还提供本馆纸本馆藏图书的查询和所购买的数十万种超星电子图书的链接。同时提供试读图书目录页、前言页、版权页、正文等。

主讲人：康万武（西安翻译学院图书馆馆长、原陕西师范大学图书馆副馆长）

时间：2009 年 9 月 24 日（星期四）

地点：图书馆外语沙龙

第二讲　中国知网

电子版学术期刊的兴起与发展已经成为潮流，你体会过电子期刊给你的学习和研究所带来的优势和方便吗？电子期刊可以更快速及时地提供阅览，可以随时随地存取、打印与传递，可以足不出户了解最新学术动态。西译图书馆的电子学术期刊资源已相当丰富，其中包括许多世界著名出版社的出版物。

您想快速查阅我国核心期刊中刊登的论文吗？您想为自己的论文查找资料吗？您想了解学科的最新进展吗？请检索"中国知网"（清华同方全文数据库）。清华同方数据库是中国知识基础工程（CNKI）的一部分，CNKI 是以实现全社会知识资源传播共享与增值利用为目标的信息化建设项目，是 1999 年 6 月由清华大学、清华同方发起自主开发的数字图书馆。目前，CNKI 已成为世界上全文信息量规模最大的数字图书馆和最有效的知识传播与数字化学习平台。

1. 期刊全文数据库：是目前世界上最大的连续动态更新的中国期刊全文数据库，目前收录 7 600 多种重要期刊，内容覆盖自然科学、工程技术、农业、哲学、医学、人文社会科学等领域，其中核心期刊 1 735 种。至 2006 年 3 月 31 日，4 000 多种期刊回溯至创刊，最早的回溯到 1915 年，累积期刊全文文献 1 750 万篇。

2. 中国优秀博硕士论文数据库：是目前国内相关资源最完备、高质量、连续动态更新的中国博硕士学位论文全文数据库，截至 2006 年 3 月 31 日，累积博硕士学位论文全文文献近 30 万篇。

3. 中国重要会议论文数据库：收录我国自 2000 年以来国家二级以上学会、协会、高等院校、科研院所、学术机构等单位的论文集，年更新约 10 万篇文章。截至 2006 年 3 月 31 日，累积会议论文全文文献 43 万多篇。

4. 中国重要报纸全文数据库：收录自 2000 年以来中国国内重要报纸刊载的学术性、资料性文献的连续动态更新的数据库。截至 2006 年 3 月 31 日，累积报纸全文文献近 552 万篇。

本讲重点介绍"中国知网"（清华同方全文数据库）的检索方法和技巧。

主讲人：文炜

时间：2009 年 10 月 13 日（星期二）

地点：图书馆外语沙龙

第三讲　超星数字图书馆

超星数字图书馆是由超星数字图书公司开发的电子图书数据库，为目前世界最大的中文在线数字图书馆，具有丰富的电子图书资源，其中包括文学、经济、计算机等 50 余大类，数十万册电子图书，300 万篇论文，全文总量 4 亿余页，数据总量 3 万 GB，大量免费电子图书，并且这些数据每天仍在不断地增加与更新。

图书不仅可以直接在线阅读，还提供下载（借阅）和打印；多种图书浏览方式、强大的检索功能帮助读者及时准确查找阅读到书籍；书签、交互式标注、全文检索等实用功能，让读者充分体验到数字化阅读的乐趣；24 小时在线服务永不闭馆，读者只要上网就可随时随地进入超星数字图书馆阅读到图书，不受地域时间限制。

主讲人：陆溯

时间：2009 年 10 月 15 日（星期四）

地点：图书馆外语沙龙

第四讲　高校英语学习资源总库

高校英语学习资源总库是由金图国际公司开发的专为读者提供英语学习的平台软件，它包括三个部分（语言应试部分、阅读部分、听力部分）10 个模块（外文电子图书、英语学习参考书、音频学习资料、英语学习小资料、世界演讲集萃、电影及戏剧、散文及诗歌、听歌学英语、英英大辞典、英语模拟考试系统），最大限度地满足读者在英语学习中的需要。

主讲人：文炜

时间：2009 年 10 月 20 日（星期二）

地点：图书馆外语沙龙

第五讲　万方数据库

万方数据资源系统是 1997 年 8 月中国科技信息研究所、万方数据集团公司联合研究开发的网上数据库联机检索系统，是一个以科技信息为主，涵盖经济、文化、教育等相关信息的综合性信息服务系统。经与其联系，现其为西译图书馆开通免费试用的有：中国学位论文全文数据库、中国学术会议论文全文数据库、西文会议论文数据库、中国数字化期刊数据库、外文文献数据库。

　　主讲人：陆溯

　　时间：2009 年 10 月 22 日（星期四）

　　地点：图书馆外语沙龙

第六讲　维普期刊全文数据库

　　您想快速查阅我国期刊中刊登的论文吗？您想为自己的论文查找资料吗？您想了解学术的最新进展吗？请检索"维普期刊全文数据库"，它以科技类文献为主。

　　重庆维普资讯有限公司的主导产品《中文科技期刊数据库》是经国家新闻出版总署批准的大型连续电子出版物，收录中文期刊 12 万余种，全文 2 300 余万篇，引文 3 000余万条，分三个版本（全文版、文摘版、引文版）和 8 个专辑（社会科学、自然科学、工程技术、农业科学、医药卫生、经济管理、教育科学、图书情报）定期出版，拥有高等院校、中等学校、职业学校、公共图书馆、研究机构、政府部门、企业、医院等各类用户 5 000 多家，覆盖海内外数千万用户。

　　主讲人：文炜

　　时间：2009 年 10 月 27 日（星期二）

　　地点：图书馆外语沙龙

图书馆"一小时讲座"培训安排
（2018 年 9 月）

　　想了解图书馆的正确打开方式吗？想尽快熟悉图书馆的资源和服务吗？本讲座将全面介绍图书馆的馆藏布局、借阅流程、信息检索方法、各项学术支持服务等，旨在帮助大家更好地了解和利用图书馆。本讲座的地点均在图书馆信息素质教育室。

第一讲　文明利用图书馆

　　图书馆是人类智慧的集散地，是知识的殿堂、文明的圣地。当您步入圣洁的人类几千年来积淀精神财富的宝库时，您应自觉不自觉的遵规守纪，做一名具有时代魅力的文明读者。

　　主讲：侯永兴

　　时间：9 月 25、27 日（周二、四），16：00—17：00

第二讲　文献传递与馆际互借服务的利用

当您找到一篇文章但苦于下载不了全文时，当您在图书馆找不到想借的图书时，图书馆的文献传递与馆际互借可以帮您找到需要的文献资料。西译图书馆与国家图书馆等文献信息机构建立了合作关系，可以帮您获取本馆没有收藏的期刊、会议、图书等文献资料。本讲主要介绍如何利用西译图书馆文献传递和馆际互借服务快速获取馆外文献资源。

主讲：文炜

时间：10 月 9、11 日（周二、四），16:00—17:00

第三讲　中、外文电子期刊查找及获取

查资料查到全文，想必是所有师生的期待。本讲将系统介绍利用馆藏资源查找中、外文电子期刊的途径、方法，以及如何查询、利用开放获取期刊。

主讲：陆溯

时间：10 月 16、18 日（周二、四），16:00—17:00

第四讲　网上"Free"学术信息资源的获取与利用

网络信息技术的飞速发展，使越来越多的学术资源可以通过网络免费获取，但同时也带来了如何从良莠不齐的资源中去伪存真的难题。本讲主要介绍因特网学术信息检索的方法、工具和技巧，并推荐相关学科的免费学术网站。

主讲：文炜

时间：10 月 23、25 日（周二、四），16:00—17:00

第五讲　中、外文电子图书的检索与阅读

图书馆订购的中外电子图书已有 240 多万种，包含在超星等电子图书数据库中。本讲将全面介绍它们的收录范围与特色，并举例演示不同电子图书数据库的查找途径和使用方法，帮您实现无须到馆，轻松阅读。

主讲：谢珍

时间：10 月 20 日、11 月 1 日（周二、四），16:00—17:00

第六讲　西译图书馆中、外文知识发现平台的利用

图书馆购买的众多电子资源能否通过一个入口一站式检索和获取？学术电子资源的获取是否可像谷歌搜索一样快捷？知识发现平台可助您一臂之力。本讲将详细介绍西译图书馆中、外文知识发现平台在学术资源查找和全文获取中的应用。

主讲：文炜

时间：11月6日、8日（周二、四），16:00—17:00

第七讲　国内外硕、博士学位论文的查询与全文获取

学位论文具有较高的学术参考价值，但分布零散、查找获取困难。本讲将全面介绍本校学位论文的查询和使用方法及国内外多个硕士、博士学位论文数据库的特色及检索方法，并介绍学位论文全文获取途径。

主讲：陆溯

时间：11月13日、15日（周二、四），16:00—17:00

第八讲　三大中文期刊数据库的检索与利用

知网、维普、万方的学术期刊是国内影响力和利用率都很高的综合性电子期刊全文数据库。了解这三大数据库的优势和特色，以及准确的使用方式，将有助于学习和研究。本讲座将结合检索实例，从收录范围、检索途径、检索功能和技巧、检索结果的输出处理、检索界面和用户服务等方面对其进行对比分析，为读者使用这三大数据库提供指南。

主讲：裴世荷

时间：11月20日、22日（周二、四），16:00—17:00

▶ **读者培训**

参考咨询服务

为了进一步开展参考咨询服务工作，方便读者信息需求，我馆从即日起在网上开通腾讯QQ网上咨询服务。服务范围：仅提供文献检索咨询服务；服务对象：仅限本校师生。服务时间：8:00—11:00，14:00—17:00（双休日除外）。QQ：451309143。用户昵称：图书馆咨询。望周知。

西译图书馆参考咨询部

2006年10月31日

毕业论文写作指导

为了进一步开展参考咨询服务工作，方便读者信息需求，图书馆于11月14日（周一）14:30—16:00在图书馆学术报告厅进行"毕业论文写作指导讲座"。欢迎大家届时参加。

西译图书馆

2006年11月11日

图书馆参考咨询服务报告

尊敬的杨院长：

为了加强我院学生技术信息意识和能力的培养，使同学们在利用（图书馆）文献过程中，能够选择最合适的检索工具、使用最准确的检索方法、花最少的时间找到自己所需的信息，图书馆本学期拟定期在图书馆电子阅览厅开展"文献检索与利用知识"讲座（主要对象是学院各院系大三学生，时间是周三、四晚自习时间，具体轮流安排，随时通知），需要学院各院系按班统一组织，配合协作。敬请审阅，批准为盼。

此致

敬礼

西译图书馆

2007 年 3 月 27 日

敬告读者

为了最大限度地满足读者需求，更好地为读者服务，现就报刊的管理、阅览和到馆情况予以说明：

1. 图书馆报刊阅览包括期刊、报纸、过刊、过报等。期刊厅：现刊 1 400 多种；报纸阅览区：报纸 190 多种；过刊、过报阅览区：过刊合订本 1 万多册，过报合订本 180 册。

2. 对报刊阅览中，多拿多占，阅毕归位问题，工作人员，始终严格管理，力争创设一个良好、有序的知识的殿堂。对书刊的损坏，一经发现，决不手软，只有文明阅览，才能减少损坏。

3. 报刊的阅览要求"人手一册，阅毕归位"（要求阅览完毕，书刊和凳子均归原位）。做遵规守纪、文明阅览的读者。

4. 期刊和报纸，一旦到馆，我们总是以最快方式，及时登到，让报刊很快与读者见面。需要说明的是，期刊除了有月刊，还有季刊等；报纸除了有日报，还有周报和半月报等。部分现刊在东、西、新区轮流提供阅览。另外，过刊合订本在不断地增加，过报合订本也在定期更新。

总之，我们要以"读者第一，服务至上"为宗旨，努力工作，做好读者服务工作。

西译图书馆参考咨询部

2007 年 5 月 31 日

过刊阅览区敬告读者

为了给读者创设一个规范、有序的阅览环境，方便自己，方便他人，即日起，过刊阅览区开始采用代书板进行管理。具体办法是读者凭学生证等有效证件，在工作台换取代书板，然后将代书板放在自己需要阅览的刊物的所在位置（用代书板代替所取走的刊物的位置），敬请读者模范遵守。

另外，特别注意，图书馆书刊是按《中图法》分类排架的，采用汉语拼音字母和阿拉伯数字相结合的混合制号码，分类号码的排列，严格按照小数制的排列方法，从左至右每三位用小圆点"."隔开，如 I247.5（中国当代长篇小说）、TP311.53（软件维护）等。

西译图书馆参考咨询部

2007 年 9 月 19 日

读者第一　服务至上

为了使读者更有效的利用图书馆资源，帮助人们快、准、全地获取所需知识，最大限度地节省查找时间，使文献信息得以充分的利用。

图书馆参考咨询部主办的"文献信息检索与利用知识讲座"，内容包括馆藏纸质文献和馆藏电子文献的三个数据库（中国知网、超星数字图书馆、高校英语学习资源总库）的检索和利用。从 3 月已开始，在图书馆六楼电子阅览厅，面向全院本科学生（先从本科开始）就开展了培训讲座，得到了各方的支持和好评，在此我们深表谢意。

我们将一如既往地努力工作。"读者第一，服务至上"，最大限度地满足读者的需求，是我们永远的追求。

西译图书馆参考咨询部

2008 年 5 月 7 日

培训数据库通知

为了方便代课教师学习和使用文献数据库，图书馆于 2008 年 9 月 11 日（星期四）14:10—15:40 在图书馆六楼电子阅览厅举办"代课教师文献数据库培训讲座"，重点是外文数据库的培训（由 EBSCO 外文数据库公司培训部主讲）。

欢迎学院各教研室代课教师（原则上是星期四下午第一节没课的代课教师）参加。

西译图书馆

2008 年 9 月 10 日

文献检索知识讲座通知

为了帮助读者更好地利用图书馆馆藏文献资源，特别是馆藏电子文献的使用。图书馆参考咨询部，即日起每周周三（15:30—17:00）在免费电子阅览室（六楼西北角）举办馆藏文献检索知识讲座，重点介绍馆藏"中国知网"（清华同方全文数据库）的检索方法和技巧。

请届时参加！

西译图书馆参考咨询部

2009 年 4 月 14 日

图书馆培训申请使用报告厅

尊敬的院领导：

为了使广大教工进一步了解和使用图书馆馆藏电子文献，图书馆邀请相关数据库公司专业培训人员，于 6 月 5 日在图书馆报告厅举办"电子文献使用培训讲座"（9:30—11:30；14:30—16:30）。需用图书馆报告厅，恳请领导批准为盼。

此致

敬礼

西译图书馆

2008 年 6 月 3 日

图书馆培训申请使用电视台

尊敬的杨院长：

为了让读者（新生）更好地了解和利用图书馆，西译图书馆准备于本周星期四（9月 25 日）19:30—21:00，对读者（新生）做一次"新生入馆教育"讲座（电视转播）。需请求电视台的协助，予以完成。特此申请。

恳请批准为盼。

此致

敬礼

西译图书馆

2008 年 9 月 17 日

培训讲座申请补助报告

尊敬的院领导：

我院图书馆参考咨询部，本学期3—5月，利用工作之余，对全院88个本科班进行了"文献检索与利用知识讲座"，共计25节课，每节1.5小时（晚自习时间）。

讲课人：文炜　陆溯

辅导人：陈晓花　季新颖　孙玉珍　李艳　孔思萌　姬伟　王小斌　史延龄

现申请予以补助，敬请领导批准为盼。

西译图书馆

2008年5月24日

西译图书馆组织开展读者教育是从2008年3月开始的。对各院系新生开展读者教育的相关情况，可从表4-11图书馆文献检索讲座情况（2008年上半学期）中了解到一些信息。

表4-11　图书馆文献检索讲座情况（2008年上半学期）

项目	姓名	节数	备注
讲课人	文炜	18	
	陆溯	7	
辅导人	孙玉珍	11	上课时间：19:30—21:00 每节课一个半小时
	李艳	3	
	孔思萌	1	
	陈晓花	1	
	季新颖	1	
	姬伟	2	
	王小斌	1	
	史延龄	2	

图书馆参考咨询部公告

西译图书馆参考咨询培训部的全体工作人员将一如既往地为广大读者在查找文献（提供线索和原文）方面提供帮助。

西译图书馆参考咨询培训部服务工作的主要任务：解答读者在利用图书馆过程中产生的各种问题，内容涉及馆藏资源及其利用、文献查找途径及查找中遇到的问题、图书馆的各项服务与规则等；目的在于帮助读者更有效的利用图书馆。

我们将本着"读者第一、服务至上"的宗旨，竭诚为您服务！

咨询方式：

电子邮箱：xfulib@ 126. com

腾讯 QQ：451309143

电话：029-85898552

西译校园网、BBS 论坛（参考咨询）

咨询地点：信息情报研究室（图书馆一楼北）

"我与图书馆"主题宣传周活动公告
（2010 年 4 月 15 日）

在世界读书日（4 月 23 日）到来之际，图书馆在 4 月 19 日—23 日举办以"我与图书馆"为主题的宣传周活动，活动内容如下：

1. 图书馆主页宣传

图书馆主页作为图书馆的门户也越来越受到广大读者的关注，为了方便读者查找资源，有效利用图书馆主页进行文献资源检索。开展了解、使用图书馆主页的宣传活动。

2. 主题演讲报告

读书是人类进步的阶梯，为倡导大家多读书、读好书、热爱读书，更好地进行阅读，图书馆举办"阅读的智慧"（4 月 20 日 19:30—21:00 在图书馆学术报告厅）的专题讲座。

3. 图书馆不文明行为展示

图书馆的环境是我们不容忽视的。部分同学还没有意识到保护我们馆内环境的重要性。通过此次照片展，让更多的同学看到我们图书馆内存在的不文明行为，以身作则，改掉不文明行为，给大家留下一个真正的学习天堂。

4. 文学常识有奖竞答

为了纪念 4 月 23 日世界读书日这个特殊日子，为了让同学们更好地利用图书馆丰富的文献资源，激发同学们的阅读兴趣，提高自身素质。

5. "我最喜爱的中外名著"调查

调查我院学生喜爱的图书，同时推荐给全院师生，使广大热爱读书的学子，更方便地找到自己感兴趣的名著。

6. "我最想看到的外语电影"调查

图书馆外语沙龙是我们学习外语的好地方，为了吸引广大学生前来观看，我们通过此次调查，整理出学生最想看的日、德、英电影，让同学们在观看最新电影的同时也能学好外语。

欢迎广大读者踊跃参加！

世界读书日主题演讲会开幕讲话
（2010 年 4 月 20 日）

各位老师、亲爱的同学们：

大家晚上好！

在第 15 个世界读书日（4 月 23 日）到来之际，图书馆在 4 月 19 日—23 日举办以"我与图书馆"为主题的宣传周活动，活动内容如下：

1. 图书馆主页宣传

2. 主题演讲报告

3. 图书馆不文明行为展示（照片）

4. 文学常识有奖竞答

5. "我最喜爱的中外名著"调查

6. "我最想看到的外语电影"调查

4 月 23 日是世界读书日，是世界文学的象征日。1995 年，联合国教科文组织将每年的这一天定为"世界读书日"，鼓励人们发现读书的乐趣。

几年来，"世界读书日"已成为许多国家读者的一个节日。培根说："读书在于造就完全的人格。"正因如此，所有发达国家不论高层还是平民，都把读书当成生活的一部分，而且是非常重要的一部分。在发达的美国，每两个美国人就有一人持有读者证；俄国人之酷爱读书举世闻名，在莫斯科的地铁上，随时可见知识分子模样的人在专心捧读。日本人爱读书也是举世公认的，在日本的电车、巴士上，无论是衣冠楚楚的上班族还是身穿校服的学子，差不多都在专心看书。

我国是举世闻名的文化大国，历代重视教育与读书。古代有许多刻苦读书的感人故事，比如"凿壁偷光"的匡衡、"囊萤映雪"的车胤、悬梁刺股的孙敬和苏秦等，他们为书而生，为书而乐，为书而苦，为书而死，几千年来演绎了多少可歌可泣、惊天地泣鬼神的故事。

书是智慧的源泉，书是知识的宝库，是书，给我们智慧，让我们聪明；是书，让我们明理，教我们做人。路边的小花有了雨水的滋润，才能茁壮成长，有了书的熏陶，我们才能无所不晓。只有与书做伴，身心才能得到陶冶，生活才能充满情趣。

阅读对人成长的影响是巨大的，一本好书往往能改变人的一生。而一个民族的精神境界，在很大程度上取决于全民族的阅读水平。又一个世界读书日即将到来。同学们打开书，读吧；读了书，聊吧！希望全院学生积极行动起来，使自己养成热爱读书的好习惯，把生命中的每一天都看成是读书日。让我们认真读一本好书吧！

今天我们进行"读书的智慧"主题演讲报告会，在此预祝这次主题演讲报告会圆满成功。

谢谢大家！

"一小时讲座"通知

为了使广大读者了解和使用图书馆馆藏电子文献，兹定于 2013 年 3 月 13 日 16:00—17:00 在图书馆信息素质教育室（六楼西北角）举办"一小时讲座"。由图书馆康万武馆长做"西译图书馆主页应用"专题讲座，欢迎光临。

西译图书馆

2013 年 3 月 13 日

组建文学书库开放通知

为了最大限度满足读者的需求和进一步规范管理，图书馆对借阅书库进行了调整。图书馆文学书库现已搬至老图书馆一层西边（东区图书馆北面）。图书馆文学书库现已对外开放。欢迎广大师生前来借阅。

特此通知！

西译图书馆

2013 年 4 月 9 日

维普考试资源系统（VERS）培训讲座通知

为了满足广大师生学习的需要，图书馆将于 5 月 29 日（星期三）15:00—16:30，在图书馆外语沙龙举办大型读者培训活动，邀请重庆维普资讯有限公司数据库培训师做维普考试资源系统（VERS）使用专题讲座，欢迎光临。

西译图书馆

2013 年 5 月 28 日

▶ **读者教育与反馈意见**

读者对图书馆服务的意见

为了更好地满足您的需求，提升图书馆文献资源建设的质量和服务水平，优化馆藏体系，完善服务内容，提高图书馆文献资源的利用率，更好地为学院教学、科研服务，图书馆从 2006 年起注重读者对图书馆的意见和建议。本次读者问卷是在图书馆范围内 5 月上旬进行的，涉及学院各个分院的学生和部分教职工，共发出问卷调查表 362 份，收回 348 份，未收回 13 份，作废 1 份。现就读者对图书馆的反馈意见如下：

一、图书报刊

1. 新书及报纸、期刊更新速度过慢，能否每期都及时更新，并增加一些时事报刊。

2. 有些书籍不齐全，有第一部找不到第二部，能否补足。书籍返架速度慢。

3. 能否更新并增加专业书，如汉语专业与别校教材；并将自学各专业教材分别独立一个架。

4. 各厅内的图书分类要更简要、详细，同类图书集中些。

5. 能否扩大学生借书证借书数量。

6. 有些书籍太过陈旧，如电脑方面及文学阅览室的书籍，希望更新速度快一些。

7. 能否进行有关图书查询系统相关知识的讲座。

8. 希望图书馆能够提供一些有关学术评论的书籍。

二、外语沙龙

1. 电影更新速度太慢，重复电影周期太长。

2. 外语沙龙开放时间能否延长些。

三、电子阅览厅

1. 机房 USB 接口太少，下载东西不方便，希望增加提供下载的计算机。

2. 电脑装配些办公软件，如 VF 软件以及相应的素材，这有利于同学们学习相关计算机工具软件的知识。

3. 优化图书馆主页公共检索界面。

四、硬件设施

1. 网速太差，机器陈旧。

2. 阅览座位少，希望能够增加一些座位。

五、工作人员

1. 学生借书找不到老师，有时要等很久。

2. 部分管理老师对学生态度不好。

3. 希望加强管理睡觉、占座位和楼梯间打电话的行为。

4. 延长借书时间。

六、其他

1. 需要增加座位。

2. 恢复图书馆无线上网端口。

3. 外语沙龙多举办外语交流、演讲等或活动，增加电影影评。

4. 馆内电子资源需要进一步加强宣传和培训。

5. 馆内部分时段部分地区光线差。

6. 增设读者讨论区。

7. 网速慢。

8. 供水不方便，需要增加饮水机。

9. 增加查询小语种的电子词典。

10. 新闻播放更醒目些。

▷ **文献推介**

世界三大"百科全书"简介

（2008）

百科全书是概要记述人类一切知识门类或某一知识门类的工具书。百科全书在规模和内容上均超过其他类型的工具书。百科全书的主要作用是供人们查检必要的知识和事实资料，其完备性在于它几乎包容了各种工具书的成分，囊括了各方面的知识。被誉为"没有围墙的大学"。

百科全书是知识的总汇，是一切知识门类广泛的概述性著作。是否有一部优秀的综合性的百科全书，成为衡量一个国家科学、文化发展水平的标志之一。

一、《不列颠百科全书》

《不列颠百科全书》（又称《大英百科全书》，*Encyclopedia Britannica*，EB），被认为是当今世界上最知名、最权威的百科全书，是世界三大百科全书（《美国百科全书》《不列颠百科全书》《中国大百科全书》）之一。《不列颠百科全书》诞生于 18 世纪苏格兰启蒙运动（Scottish Enlightenment）。第一版《不列颠百科全书》于 1768 年开始编撰，历时三年，于 1771 年完成，共三册。

在 1901 年美国出版商 Encyclopedia Britannica，Inc. 买下该书的版权后，其出版与编辑工作就逐步转移到美国；现在我们熟知的不列颠百科全书公司已是总部位于芝加哥的美国公司。1929 年，随着该书第 14 版的问世，不列颠百科全书公司投入大量人力与物力，邀集近 140 个国家和地区的 4 000 位学者专家参与撰述，大量收录欧洲以外地区的资料，完成全部的 24 册，确立了它在百科全书界最崇高、最具权威的地位。

在中国，1980 年不列颠百科全书出版社与中国大百科全书出版社展开合作，并在 1986 年出版了中文版的 10 卷版本的《简明不列颠百科全书》（*Concise Encyclopedia Britannica*）。1990 年增补了第 11 卷。1994 年 4 月又推出了《不列颠百科全书》（国际中文版，*Encyclopedia Britannica International Chinese Edition*），共 20 卷，收入条目 81 600 条，

15 300 幅图片，4 350 余万字。

二、《美国百科全书》

《美国百科全书》（又名《大美百科全书》，*Encyclopedia Americana*，EA），共 30 卷，是标准型的综合百科全书。全书条目按字顺编排，主要读者是普通成年人及高级知识分子。《美国百科全书》在选收内容上的特点是：虽称"国际版"，但内容仍不免偏重美国和加拿大的历史、人物和地理资料；人物条目和科技内容条目篇幅较大；历史分世纪设条，给读者以全世界政治、社会和文化的世纪总览，提供完整的历史背景情况。

《美国百科全书》采用中小条目编纂法。条目平均长度 550 词。其也有大条目，如"中国"长达 100 页，"第二次世界大战"条目近 170 页。大条目之首均有内容提要。全部条目按逐字排列法编排，如果标目完全一样，再按人-地-事物排列，如：

Bell，Alexander Graham（人名）

Bell（城市名）

Bell（钟）

条目后附有注音，释文后附有书目，注重专门术语和词汇的解释。索引是分析索引和条目篇名索引的结合，约 35 万条，用大小写的黑体字分别代表篇目名称和隐含主题。索引条目中均标明插图（"illus."）、地图（"map"）和术语（"glossaries"）在全书的出处。

全书参照系统丰富，有段末参见、条末参见（see also）、随文参见（用 q. v. 或 q. q. v 表示"which see"）。

通观全书，易用性比《不列颠百科全书》强，表现为大小条目结合，索引完备，文字简明易懂，可读性强。

三、《中国大百科全书》

《中国大百科全书》是中国第一部大型综合性百科全书。1978 年，国务院决定编辑出版《中国大百科全书》，并成立中国大百科全书出版社。中国大百科全书总编辑委员会和中国大百科全书出版社先后组织 2 万余名专家学者，取精用宏，历时 15 载，终于纂成这部辉煌巨著。全书按学科或领域分成 74 卷，共收录 7.8 万个条目，共计 1.26 亿字，并附有近 5 万幅图片，册页浩瀚，内容宏富，适于高中以上、相当于大学文化程度的读者使用。该书出版后，深受学术界和广大读者推许，1994 年获得了第一届国家图书奖荣誉奖。按照国际惯例，百科全书通常每间隔若干年出版一个新的版本。《中国大百科全书》的第二版于 2009 年出版。

《中国大百科全书》由胡乔木任总编辑委员会主任，姜椿芳、梅益先后任总编辑。全书按学科或知识门类分 74 卷出版，以条目形式全面、系统、概括地介绍科学知识和基本事实。内容包括哲学、社会科学、文学艺术、文化教育、自然科学、工程技术等 66 个学科和领域。各学科分卷的条目按汉语拼音顺序排列。在正文条目前一般有一篇介绍该学科卷内容的概括性文章，并附有反映该学科体系的条目分类目录。在正文条目后有介绍对该学科发展有重大影响的事件的大事年表和供寻检的条目汉字笔画索引、条目外文索引、内容索引。卷内条目有完备的参见系统，部分条目附有参考书目。

CASHL 文献传递常见问题解答

（2008 年）

1. CASHL 的资源和服务体系是如何构成的？

答：CASHL 的资源和服务体系由 2 个全国中心、5 个区域中心和 10 个学科中心构成，统一以"中国高校人文社会科学文献中心（CASHL）"的名义对外服务，按照管理中心制定的收费方案进行收费。其职责是收藏资源、提供服务。

全国中心：设在北京大学、复旦大学。

区域中心：设在武汉大学、吉林大学、中山大学、南京大学、四川大学。

学科中心：设在北京师范大学、东北师范大学、华东师范大学、兰州大学、南开大学、山东大学、清华大学、厦门大学、浙江大学、中国人民大学。

2. CASHL 馆藏的电子期刊可以下载吗？

答：电子期刊的全文下载权限仅限于以上 17 家提供文献传递服务的图书馆。其他 CASHL 成员馆的用户可以通过检索"高校人文社科外文期刊目次数据库"提交申请，获取原文。

3. "高校人文社科外文图书联合目录"中的电子图书可以下载吗？

答：如果您是以上 17 家提供服务的图书馆的用户，您可以在线阅览 CASHL 馆藏的电子图书，但是不能下载。

4. 我是 CASHL 的用户，但我馆不是 CASHL 的服务馆，请问我可以借阅"高校人文社科外文图书联合目录"中的电子图书吗？

答：可以。在"高校人文社科外文图书联合目录"中检索到您所需要的电子图书，发送文献传递请求，即可获得所需章节，收费标准参见问题11。

5. 我在"高校人文社科外文图书联合目录"中查到的纸本图书，可以申请借阅吗？

答：CASHL 馆藏的纸本图书借阅也称作返还式借阅。目前，仅在提供服务的 17 家中心馆之间开展借阅，用户可通过检索"高校人文社科外文图书联合目录"，直接提交借阅申请。关于 CASHL 馆藏的纸本图书借阅范围，管理中心会根据实际的操作情况、借阅情况，有计划、有步骤地扩大到 70 家收藏文献图书的高校，最终逐步扩大到全部成员馆。

6. 请问"高校人文社科外文图书联合目录"纸本图书的收费标准是怎样的？

答 CASHL 馆藏的纸本图书借阅为 80.00 元/册（包括平信挂号+包装费）；如需特快

专递，需额外支付 20 元。

7. 我是提供 CASHL 服务的成员馆用户，提交"高校人文社科外文图书联合目录"中图书借阅请求，怎么提示"申请失败"呢？

答：可以是以下两方面的原因：①目前，CASHL 纸本图书借阅服务只对提供服务的 17 家中心馆的高级职称用户开放；②每个用户的借书总数不能超过 3 本。

8. 为什么在 CASHL 的"高校人文社科外文期刊目次数据库"中还会检索"本篇 CASHL 无馆藏"呢？

答：截至 2008 年 6 月，CASHL 收藏的人文社科外文期刊有 8 138 种，大部分数据回溯至 1984 年。CASHL 没有馆藏的期刊有两种情况：一是该刊已被订购，但尚未到刊，属于暂时没有馆藏；二是由于没有订购或缺期等原因造成的某些卷期没有馆藏。对于提示"无馆藏"的文献，用户可直接点击"发送文献传递请求"按钮提交申请，由 CASHL 提供代查代检服务。

9. 请问 CASHL 用户是否可以申请 CASHL 馆藏外的文献传递呢？

答：可以，您可以通过以下两种途径提交申请：①通过读者网关（http：//ill. cashl. edu. cn/gateway/）登录后手工填写文献申请单；②登录到"开世览文"，在"用户服务"下的"文献传递"中，点击"这里"，进入馆际互借读者网关，点击菜单栏"申请管理"，提交申请填写馆际互借申请。在不超出用户提出的费用限制的情况下，CASHL 可以按照就近原则代为查找和获取原文。

10. 请问 CASHL 优惠活动期间是不是所有的请求都可以享受 CASHL 补贴呢？

答：CASHL 优惠活动的范围只限 CASHL 馆藏的期刊论文，而代查代借、图书借阅服务都不享受 CASHL 补贴。

11. 我在"高校人文社科外文期刊目次数据库"中查到一篇文章，请问要想获取该篇文献如何收费？

答：CASHL 文献传递收费＝复制费＋加急费。其中，复制费为 0.30 元/页（指复印＋扫描）；加急费为 10.00 元/篇。CASHL 对所有高校成员馆文献传递费给予平常 50% 的补贴。比如用户提交一篇 10 页的文章，不加急的话产生的费用为 3 元，补贴后实际收取的费用为 1.5 元，若加急的话收取的费用为（10＋3）×50%＝6.5 元，如逢优惠活动时期则按照优惠活动方案收费标准执行。

12. CASHL 用户提交 CASHL 无馆藏的文献申请，怎么进行收费呢？

答：收费标准按照提供的标准执行。基本报价：1.00 元/页＋查询费。国内高校系统查询费一般为 2 元/篇；非高校系统查询费为 5 元/篇；国外查询费一般为 10 元/篇。

13. 为什么新注册的用户提交不了申请呢？

答：各成员馆管理员在给用户确认新账户的时候，要注意两点：①若没有给新账户注入保证金，那么在选择透支权限的时候就不能选择"没有"，反之亦然；②正确设定账户的有效期。

14. 我通过 CASHL 主页提交了一条文献传递请求，过后想要取消，怎么办？

答：您可以通过登陆"开世览文"，点击"个性化服务"下"查看我的申请"，在申请列表中直接取消，也可以通过读者网关（http：//ill. cashl. edu. cn/gateway/）来取消您提交的尚未被馆际互借馆员处理的申请。如果该笔申请的状态不再显示"正在处理对方请求"，表明馆际互借员已进行了系统处理，无法取消该请求。

15. 我是 CASHL 用户，有一些申请提交后，没有收到原文，却发现事务状态为已经结束而且没有产生费用，这是为何？

答：这有两种可能，一种情况是申请集中在同一种期刊的同一卷期，而且申请文献量过大，根据"高校馆际互借业务规范"的规定，同一期刊同一卷期最多提供 4 篇文献，故您提出的超额文献申请会被拒绝；另一种情况是同一篇文献重复提交，对于这种情况我们只做一次处理，其他重复提交申请都予以拒绝。

16. 我是 CASHL 的注册用户，在提交文献传递请求后没有收到文献，该如何重新获取？

答：您可以通过登陆"开世览文"点击"个性化服务"下"查看我的申请"查看提交申请的处理状态。如果没有产生费用，说明该笔请求还在处理中。优惠活动期间 CASHL 文献传递请求是在 5 个工作日内完成系统处理；如果系统已给出费用，说明该笔请求已被满足，请您尽快联系本馆馆际互借员，由本馆工作人员帮助联系 CASHL 服务馆重新获取原文。

17. 为什么我在提交了几篇文献传递请求后，我的账户中出现了冻结金额？

答：账户出现冻结金额，是由于该账户提交的部分请求还未得到馆际互借员的处理，这些请求应花费的金额或者提交请求时用户自行填写费用限制金额就会被作为冻结金额，等请求处理完毕，这部分冻结金额会根据请求是否得到满足而做相应的计费处理。

第六节　信息宣传

做好信息宣传工作，对一个单位的宣传及外在形象树立起着至关重要的作用，图书馆的信息宣传同样如此，西译图书馆的信息宣传工作采用多种方式、多种渠道，方式如办馆刊、馆报，制作宣传册、海报，举办活动，开展竞赛，广播稿；渠道如图书馆电子屏幕、网站、微信公众号等。

▶ 刊物宣传

一、《书海导航》

《书海导航》小报从 2004 年到 2008 年共出了 24 期，是图书馆最初的纸质宣传刊物，如图 4-2 所示。

（a）

（b）

（c）

图 4-2   《书海导航》

二、《教育信息参考》

图书馆的馆刊《教育信息参考》创办于 2006 年 8 月，第 1 期馆刊如图 4-3 所示。

图 4-3　馆刊《图书馆与读者》（第 1 期）

《教育信息参考》寄语

民办教育是社会发展的需要，是完善终身教育的最佳途径之一。

科学技术的突飞猛进为人类社会带来了一系列的深刻变革。知识经济初露端倪，信息化浪潮波及了世界的每一个角落。信息通信技术的发展和互联网的广泛应用，正在改变着人类的生产方式、生活方式、交往方式、学习方式和教育方式。

社会经济的发展对人的素质提出了更高的要求，同时也对高等教育的发展产生了深远的影响。培养掌握高新技术的创新人才，建设终身学习体系是 21 世纪高等教育发展的方向。在信息化社会中，利用信息技术手段提高高等教育机构的运行效率，扩大受教育人群范围，探索新的教学模式，已成为世界各国高等教育改革与发展的重要组成部分。

高等教育信息化是一项庞大的系统工程。从宏观角度来看，它涉及高等教育机构的管理、教学、科研和社会服务等领域；从微观来看，它包括高等院校的信息基础设施建设、教学资源建设、人才队伍建设、管理制度建设等方面。这些方面相互联系、相互影响，相互促进、相互制约，共同构成了一个多维度、多层次的高等教育信息化蓝图。

本资料重点传递高等教育信息，重视有关民办高等教育信息的传递。中国当代民办高等教育自改革开放以来在不到 20 年的时间里发展到今天与普通高等教育、成人高等教育形成三足鼎立的态势，是人们始料不及的。民办高等教育在中国大地上的再度复兴，引起了社会各界特别是高教理论界的极大关注，有关文章纷纷见诸报纸、期刊，然而对诸如民办高等教育的界定、性质、定位及办学层次，民办自由高等教育的产业化，民办高等教育的质量及评估，民办高等教育的经费筹措及管理体制等问题的探讨却是仁者见仁，智者见智。

与此同时，我们还必须看到，随着知识经济的到来和社会的进步对人们素质、知识和能力要求的不断提高，知识更新加速，我国终身化教育将是全世界最广大的市场。一个学习型社会即将到来。国家要大力加强发展继续教育、岗位培训和其他各种形式成人教育的推进力度，完善各种终身化教育体系。民办高校的市场

意识强，反应迅速，适应性强，办学机制灵活，社会资源的整合效率快，在开辟多样化育人道路方面有更大的机制优势。因要更加自觉地去占领终身化、多样化的教育领地，开拓广阔的教育空间。

愿《教育信息参考》成为您教育管理的参谋。

三、《图书馆与读者》

图书馆的馆报《图书馆与读者》创办于 2009 年 4 月，第 1 期馆报如图 4-4 所示。

图 4-4　馆投《图书馆与读者》（第 1 期）

《图书馆与读者》创刊词

亲爱的同学们，您有读书的习惯吗？您想了解更多的知识吗？

请您走进图书馆。在这里，您将获得在知识的海洋中遨游的无尽动力；在这里，您将听到亲切的问候，感受热情的服务。整洁的环境，营造了良好的读书氛围，系统分类的管理更加有利于提高学习效率。

在图书馆，可以随意查阅，获得所需的知识；在图书馆，可以追忆历史，读懂现在，憧憬未来。正所谓"秀才不出门，可知天下事"。

《图书馆与读者》将是您利用图书馆的桥梁和永远的朋友。我们将以"读者第一，服务至上"为宗旨，不负众望、努力工作。

在这"世界读书日"到来之际，在这人生风华正茂的青春美好时光里，愿同学们以丁院长的"十二字方针"来严格要求自己，多读书、读好书，热爱读书、勤于读书，学

会充分利用图书馆，真正理解"知识改变命运，学习创造未来"的真谛。

四、《文献检索使用手册》

图书馆《文献检索使用手册》，最早编辑于 2006 年 8 月，是图书馆最早为读者编辑的图书馆使用手册，如图 4-5 所示。

图 4-5　《文献检索使用手册》

《图书馆与读者》内容简介

该手册从如何更好地利用我院图书馆的角度，简要地阐述了大学图书馆的性质、任务及其职能，同时对西译图书馆的读者服务工作以及各部门所具有的读者服务功能作了一般性的介绍，重点介绍了我馆所收藏的各种文献资料类型、特点及其检索方法，并详细地说明了如何利用电子计算机检索这些文献资料的方法与途径。

《图书馆与读者》前言

图书馆是大学的文献信息中心，是知识的宝库，是追求理想的良师益友，是提高素质、增长才干、了解国内外科技发展的信息源，是大学生学习的第二课堂。

当你跨入大学校园，憧憬着美好未来的同时，你可曾想过，在大学学习和生活的短暂时间里，你将如何利用大学的图书馆帮助自己更好地完成紧张的学业，度过大学这段美好的时光？

有人将图书馆称作"没有围墙的大学"，这一方面体现了图书馆所包含的内容是极其丰富、无边无际的，人活到老，学到老也永远学不完。另一方面也体现了图书馆作为求知者的朋友，它对任何人是没有围墙的，只要你踏进图书馆的大门，它绝不会辜负你的辛勤劳动。

一个人从中学步入大学，学习的环境与学习的方法均发生了较大的变化。进入大学以后，大学生需要在国家既定的培养目标下，将个人所学的专业与国家和社会的需要结合起来，构建自己的知识和能力结构，同时需要建立深厚的专业基础和加强全面的自身素质修养。要想达到上述目的，除了课堂之外，离开图书馆是很难做得到的。

高校图书馆不仅是教师从事教学科研的得力助手，也是学生提高文化素养和专业水平的良师益友。大学生必须学会利用图书馆，大学生必须善于利用图书馆。只有这样，专业才学得好、学得深，才能"有所发现，有所发明，有所创造，有所前进"，成为社会企盼的有用之才。

大学学习生活十分短暂，要利用好大学这段宝贵而短暂的学习时间，力争获得更多、更丰富的知识和不断地自我完善，就要学会利用图书馆。

莘莘学子，祖国的未来是你们的！世界的未来同样是你们的！千里之行，始于足下，期望你们从这里，从人类最神圣的殿堂——图书馆开始，铸就你们辉煌的明天！

《图书馆读者手册》是从 2008 年开始印发的，主要为新生利用图书馆提供服务，并每年修订编辑。该手册部分封面如图 4-6 所示。

图 4-6　《图书馆读者手册》封面（部分）

《图书馆读者手册》前言

在这硕果累累的金秋季节，同学们满载着党和国家的殷切期望与父母亲朋的无私厚爱，满怀激情与对未来的美好憧憬，从祖国各地来到古城西安，来到环境优美、风景如画、具有浓厚人文氛围和学术氛围的著名高等学府——西安翻译学院。

在这里将度过人生最美好的大学时光。学校图书馆的全体工作人员对你们表示衷心的祝贺和热烈的欢迎。呈现在你们面前的这本小册子，将较全面地介绍我校图书馆的基本情况和"如何利用图书馆"的方法与技能，陪伴你们顺利走进高等学校的文献信息中心、大学生学习的第二课堂——图书馆，帮助同学们顺利完成大学学业，并为今后的学习和工作乃至终身学习，奠定良好的基础。

高等学校图书馆是学校的文献信息资源中心，是为人才培养和科学研究服务的学术性机构，是学校信息化建设的重要组成部分，是校园文化和社会文化建设的重要基地。图书馆的建设和发展应与学校的建设和发展相适应，其水平是学校总体水平的重要标志。

图书馆历来被誉为"人类知识的宝库"，与学校的师资队伍、实验设施并称为高校办学的三大支柱。高校图书馆努力贯彻国家的教育方针，履行教育职能和信息服务职能，为培养德、智、体、美各方面全面发展的人才，发展教育、科学和文化事业，建设社会主义物质文明和精神文明服务。

图书馆采用现代技术并实行科学管理，不断提高业务工作质量和服务水平，最大限度地满足读者需要，为学校的教学和科学研究提供有效的文献信息保障。

高校图书馆具有鲜明的教育职能和信息服务职能，在高校思想政治教育、专业教育、综合教育、信息素质教育中发挥着独特的、不可替代的作用，是扩充、深化课堂教学内容的主要场所，是开展科学研究和知识创新的理想阵地。

全体图书馆工作人员热诚欢迎同学们积极走进图书馆，深入了解图书馆，有效利用图书馆，广泛汲取人类宝贵的知识财富，把自己培养成为对国家和社会有用的栋梁之材。

▶ **学习导航**

读者电子报刊使用导航
（2010 年 3 月部分内容）

报纸，是指有固定名称、刊期、开版，以新闻报道为主要内容，每周按时出版的散页连续出版物。

期刊，也称杂志，由多位作者撰写的不同题材的作品构成的定期出版物。

电子报刊是指运用各类文字、绘画、图形、图像处理软件，参照电子出版物的有关标准，创作的电子报或电子刊物，它是将信息以数字形式存贮在光、磁等存贮介质上，并可通过电脑设备本地或远程读取使用的连续出版。

西译图书馆的电子报刊均在"中国知识资源总库——CNKI系列数据库"中，包括《中国期刊全文数据库》（9 218种期刊）和《中国重要报纸全文数据库》（514种报纸）。

一、电子期刊导航

全球最大的中文期刊网站——中国期刊全文数据库收录8 100多种重要期刊，内容覆盖自然科学、工程技术、农业、哲学、医学、人文社会科学等各个领域，收录期刊大部分回溯至1915年创刊的《清华大学学报（自然科学版）》《中华医学杂志》。读者可直接浏览期刊基本信息，按期查找期刊文章。

（1）专辑导航：按照期刊内容知识进行分类，分为10个专辑，74个专栏；

（2）数据库刊源：按收录到国内外其他数据库情况分类；

（3）刊期：按出版周期分类；

（4）地区：按期刊出版地分类；

（5）主办单位：按期刊主办单位分类；

（6）发行系统：按期刊发行方式分类；

（7）期刊荣誉榜：按期刊获奖情况分类；

（8）世纪期刊：回溯1994年之前出版的期刊；

（9）核心期刊：将中国期刊全文数据库收录的、2004年被"中文核心期刊要目总览"收录期刊，按核心期刊表进行分类排序。

通过西译图书馆主页（http：//library. xafy. edu. cn/或http：//59. 75. 8. 3/）"常用数据库"中"中国知识资源总库——CNKI系列数据库"进入"中国知网"数据库界面首页，有两种方式：一是从登录首页"数据库导航"栏下点击"期刊导航"进入；二是从首页进入"中国期刊全文数据库"后，再点击页面右上方的"期刊导航"进入。

期刊导航中提供了多种导航方式：期刊检索、专辑导航、数据库刊源、刊期、地区、主办单位、发行系统、期刊荣誉榜。期刊导航提供三种信息显示方式——图形、列表、详细；提供拼音正、倒序排序功能。

二、电子报纸导航

通过西译图书馆主页（http：//library. xafy. edu. cn/或http：//59. 75. 8. 3/）"常用数据库"中"中国知识资源总库——CNKI系列数据库"进入"中国知网"数据库界面首页，一是从登录首页"数据库导航"栏下点击"报纸导航"进入；二是从首页进入"中国重要报纸全文数据库"后，再点击页面右上方的"报纸导航"进入。

报纸导航中分为中央级报纸（202 种）和地方级报纸（735 种），共 937 种电子报纸。

▶ 宣传单宣传

图书馆从 2008 年开始印发介绍图书馆文献使用方式的宣传单，部分宣传单如图 4-7 至图 4-9 所示。

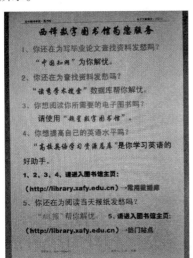 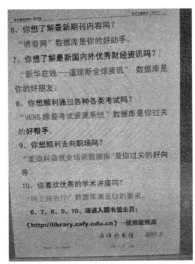

图 4-7　宣传单（2011 年 3 月）

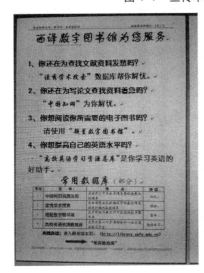 

图 4-8　宣传单（2012 年 9 月）

图 4-9　宣传单（2013 年 2 月）

▶ **宣传册宣传**

　　西译图书馆是从 2006 年开始编印各类宣传册的，部分宣传册如图 4-10 和图 4-11 所示。

图 4-10　宣传册（2009、2013、2015、2016 年）

图 4-11　宣传册（2018 年）

全国民办高校图书馆专家来西译图书馆交流参观
(2005 年 10 月 20 日)

2005 年 10 月 17-20 日由陕西省图书馆学会和陕西省社会科学信息学会联合主办的"全国民办高校图书馆建设与发展学术研讨会"在西安召开。昨日上午，参会的全国 50 多所民办高校的图书馆专家一行近 70 人在陕西省社会科学信息学会副会长杨邦俊的带领下专程参观了西译图书馆。对西译图书馆各方面完善的制度给予了高度评价。

在杨怡凡副院长和图书馆高启秦馆长、赵玉芬副馆长的陪同下，参观团顺电梯而上，在七层自习大厅至一层综合办公室都进行了参观。他们每到一处都表现出极大的好奇并产生了极大的兴趣。对西译图书馆给予高度评价，称在所见到的高校中没有哪一家能达到西安翻译学院的水平。当看到馆内学生自觉有序学习，他们说这才是"学在西译"的见证，这里的学生素质很高。

参观完毕，在外语沙龙内，他们分小组进行了讨论、座谈。杨怡凡副院长谈到了办图书馆要有资金投入和院领导重视，结合实际求真务实，避免贪大求全的三点体会。杨邦俊等诸位专家领导也围绕西译图书馆谈了几点看法和感受。他们认为，西译图书馆内置布局每一处都考虑到"为学生服务，以学生为本"的理念，尽管学院实行封闭管理，从图书馆可以看出西安翻译学是具有开放意识和现代气息的高校，是一所毫不保守的高校。他们一致认为，西译图书馆总体布局合理，领导重视，资金到位，管理有序，与西安翻译学院在民办高校中的地位、规模相一致，并祝愿我院图书馆在今后发展中能提升到一个新的阶段。

同时，参观团成员对西译图书馆全体工作人员的精神风貌、浓厚的爱馆和爱校主人翁意识大加赞赏。通过各小组讨论收集到的意见和建议更为我院图书馆工作的进一步提高提供了宝贵经验。

注重数字图书馆建设
(2006 年 3 月 30 日)

西译图书馆现已开通清华同方全文数据库和超星数字图书馆。清华同方全文数据库，共收录了 1 000 多万篇，包括期刊论文（1994—2005 年）、会议论文（1999—2005 年）、博硕士论文（1999—2005 年）和重要报纸（2000—2005 年）文章，是大家学习和写作论文的好帮手。西译图书馆购买了 7.8 万多册的超星数字图书馆的电子图书，包含有不同类型读者所需的各种专业的参考文献。

以上数据库在校园内都是免费使用，读者只要输入网址（10.10.72.1，超星数字图书馆）和（10.10.72.1/kns50，清华同方数据库），便可以开始使用。

春天的喜讯
（2006 年 3 月 30 日）

热烈祝贺西译图书馆荣获陕西省普通高等学校图书馆 2005 年度先进集体；热烈祝贺西译图书馆高启秦同志荣获陕西省普通高等学校图书馆 2005 年度优秀管理干部。

此次评选是按照省教育厅《关于开展第五次全省普通高校图书馆先进集体和先进个人评选工作的通知》（陕教高办〔2005〕52 号），在各校推荐的基础上，通过组织高校图书馆系统专家及有关人员评审，经省教育厅研究决定，评选出陕西省普通高等学校图书馆、西安交通大学图书馆和西安翻译学院等 18 所高校图书馆为先进集体，西安交通大学图书馆常务副馆长张西亚和西安翻译学院图书馆馆长高启秦等 8 名同志评为图书馆优秀干部，史建荣等 68 名图书馆先进个人。

开启馆内学术交流
（2005 年 9 月）

2005 年 9 月 8 日 19:30 至 22:30，图书馆三楼外语沙龙内掌声阵阵，"西译图书馆首届学术交流研讨会"在这里召开，高启秦和赵玉芬两位馆长及全体馆员到会，并就高校图书馆的变革和创新结合西译图书馆实际进行了学术交流和研讨。

会议由图书馆参考咨询部主任文炜同志主持，最先由高馆长讲话，她说："本次会议开创了西译图书馆学术交流研讨的先河，这次会议的召开对本馆学术理论水平的提高有着巨大的推动作用，并与预祝此次会议圆满成功。"

接下来馆员的发言涉及读者服务、图书馆管理、文献编目、馆藏建设、信息咨询等方面。站在理论的高度，在寻求自我发展的实践中，推动图书馆学术水平，运用现代技术手段与现代管理理念，促进图书馆事业的发展，进而努力为学院教学与科研卓有成效的服务。会议在高馆长的总结发言中圆满结束。

发扬团队精神　明确工作职责
（2005 年 10 月 26 日）

2005 年 10 月 25 日 7:30—9:30，图书馆全体馆员在图书馆四楼社科库召开会议，会上总结了近期工作的情况和提出了自考前各项准备工作的要求。

在近期工作总结中，高馆长特别强调了图书馆的团队精神，她说，馆员们都有一股凝聚力，使馆里的各项工作都得到较好的进行，特别是在两位馆长因公出差的情况下，每位馆员也都能很好地完成各项工作，得到了各级领导和来馆参观专家和人员的赞扬。赵馆长对前一段馆员们积极地在"民办高校建设与发展研讨会"上投稿并获奖提出了表扬，在这次研讨会上，我馆共提交 11 篇稿件，其中 1 人 1 篇获一等奖，5 人 6 篇获二等奖，3 人 3 篇获三等奖，1 人 1 篇获大会交流奖，取得了比较好的成绩。

针对自考临近的情况，赵馆长对未来一段时间内的工作做出了以下安排，为了满足读者考前复习需要，图书馆各个部门都进行了延长开馆时间的安排，其中开馆时间提前到早上 6:30，闭馆时间推迟到晚上 12:00，并因此调整了馆内人员的上班时间，为读者提供自习方便。

另外安排了馆内部分人员自考监考事宜等工作。

这次会议是一次及时地会议，激发了馆员的工作热情，体现了图书馆"一切为了读者，为了读者的一切"的服务宗旨。

西安翻译学院电子文献数据库——"读秀学术搜索"利用效果喜人
（2009 年 12 月 22 日）

西译图书馆电子文献数据库——"读秀学术搜索"读者点击量迅速提高，创历史最高纪录。

9 月以来，为了提高西译图书馆馆藏电子文献的利用率，促进广大学生学习和我院教学、科研工作，图书馆狠抓了读者信息素质教育和馆藏电子资源的宣传工作，在坚持举办每周二、四下午的 1 小时信息素质教育讲座的同时，认真做好扎实细致的文献检索指导，做到了读者信息素质教育经常化、制度化。通过宣传和培训，收到了较为满意的效果。读者使用电子文献的积极性、自觉性有了明显提高，主要数据库的点击量迅速攀升，特别是"读秀学术搜索"数据库的使用，得到了读者普遍的认可。2009 年 6—12 月（截至 12 月 22 日），共点击 25 672 次，其中 6 月为 402 次，9 月为 6 106 次，10 月为 3 152次，11 月超过 10 000 次，达 10 168 次，12 月 1—22 日为 5 844 次。创下了西译图书馆电子文献使用有史以来的最高纪录。其他数据库的点击量也在不断提升。

希望广大读者继续保持这种利用电子文献的积极性，踊跃使用西译图书馆购置和免费试用的各类电子资源，不断增强开发、利用电子文献的自觉性和积极性，熟练掌握电子文献的利用技巧，不断提高利用水平。在使用过程中如有困难，请向图书馆参考咨询部咨询。

图书馆新建成了文献检索咨询台
（2009 年 10 月 16 日）

10 月 16 日，图书馆在六楼西（视听室前）设了文献检索咨询台。目的是帮助读者学会查找资料的方法，学会使用电子文献，查找自己所需有用的文献资料。

文献检索咨询台的设立得到了同学们的赞同，愿同学们常常走进图书馆、了解图书馆、利用图书馆。感受学习的欢愉、享受成功的喜悦吧。

联系方式：

电话：029—85898552

电子邮箱：xfulib@126.com

腾讯 QQ：451309143

咨询时间：7：30—11：30　14：00—17：00（节假日除外）

联系地址：信息情报研究室（图书馆一楼北），文献检索咨询台（六楼西）

图书馆举办了"走进电子文献"板报宣传周活动
（2009 年 4 月 28 日）

2009 年 10 月 26—30 日，图书馆与图书馆学管会，在学院主干道联合举办了以"走进电子文献"为主题的板报宣传周活动，使读者更进一步了解了图书馆馆藏电子文献的功能和使用方法，受到读者的一致好评。

加强学习　提高素质　更好服务
——陕西高校图书馆馆员培训报告会
（2010 年 5 月 4 日）

2010 年 4 月 30 日下午，西译图书馆馆员 50 余人在西安欧亚图书馆参加了由陕西省高校图工委组织的馆员培训报告会。会议由西安欧亚学院图书馆副馆长黎熙主持。黎熙馆长首先对大家的到来表示欢迎，并介绍了西安欧亚学院图书馆基本情况。

会上由西安交通大学图书馆信息咨询部主任、研究馆员强自立博士做了关于《图书馆员的职业技能》和《图书馆员的工作、学习、思考、写作》两个报告。强博士主要从工作的实践和实例说明了图书馆员扎实的业务技能的练就要日积月累，处处留心皆学问。他精彩的演讲不时得到馆员们的阵阵掌声。

会议最后，黎熙馆长做了总结讲话，并希望以后这样的活动在各高校多多举办。

会后，高启秦馆长还带领我馆馆员参观了西安欧亚学院图书馆，进行了交流学习。

与时俱进　方便读者
——图书馆组建了三个院系资料室
（2010 年 2 月）

为了满足读者的需求，图书馆以"读者第一，服务至上"为宗旨，自 2009 年至今，先后为我院经济管理学院、外国语学院和人文艺术学院组建成立了资料室。

高校院系资料室作为教师、学生查阅文献资料、获取情报信息、撰写论文、进行自修和切磋学术的重要园地，是以专业文献为主要典藏范围的小型情报资料机构，所藏图书资料以专业性强、系统性好、藏书质量高、利用方便、服务对口等优点受到广大师生的欢迎。

西安翻译学院各分院所建的资料室主要是对教师开放，集查阅资料、备课、科研、无线上网等多功能服务为一体的资料室，得到各院系领导到和教师的一致好评。三个资料室的资料总量达万余种，包括图书、期刊、报纸、光盘等，且专业性特别强，是进行教学和科研的好去处。

了解　支持　更好地利用
——图书馆与读者面对面交流会召开
（2009 年 11 月 20 日）

11 月 19 日下午，图书馆与读者面对面交流会在图书馆学术报告厅举行。此次活动由图书馆和图书馆学管会联合举办。

首先，图书馆高启秦副馆长介绍了本院图书馆发展史，要求大家珍惜来之不易的良好的学习环境。

接着，康万武馆长就图书馆的现状、工作计划及发展前景做了具体说明，特别强调高校图书馆应将"建设"和"育人"作为主要工作任务，突出抓好文献信息资源建设、自动化、数字化建设、和图书馆专业队伍建设，坚持服务育人、教书（对读者进行信息素质教育）育人，全面做好图书馆各项工作。

根据会议安排，重点进行了图书馆与读者面对面的互动交流活动。与会馆领导和各部室主任就同学们提出的在利用图书馆过程当中遇到的各种问题一一做了解答。会议气氛热烈，发言踊跃，问题中肯，切中主题，达到了预期目的。

方便用户　再创纪录
（2009 年 12 月 22 日）

据悉西安翻译学院图书馆电子文献"读秀学术搜索"读者使用量创历史纪录。

西译图书馆馆藏电子文献的使用，通过多方不同途径的大力宣传，收到了令人较为满意的效果，读者使用电子文献的人次有了明显的提高。特别是"读秀学术搜索"数据库的使用，得到了读者普遍的认可。2009 年 6—12 月（截至 12 月 22 日），共点击量大 2.56 万人次。创下了西译图书馆电子文献使用有史以来的最高。

西译图书馆电子文献，是图书馆馆藏文献的重要组成部分，具有查找快捷、使用方便等许多优点。

我馆电子文献有：中国知网（论文）；读秀学术搜索（图书、论文、全文、视频等）；万方数据库（论文）；超星数字图书馆（图书）；高校英语学习资源总库（英语学习考题、词句分析、词典、学习资料）。另外还有银符模拟题库（各类考题）；博看网（期刊）；新华在线（财经要闻）；世纪期刊（论文）；重庆维普（论文）等。欢迎广大读者踊跃使用我馆电子文献。

图书馆重视馆藏文献的使用，注重读者对数据库的使用，自 2008 年起，就组建了信息素质教育室，开展以数据库为主的文献检索"一小时讲座"。图书馆读者在 2009 年 6—12 月，对"读秀学术搜索"数据库点击高达 25 672 次，如表 4-12 所示。

表 4-12　读秀学术搜索数据库读者访问量情况（2009 年 6—12 月）

时间	访问量/次	访问比率/%
2009 年 6 月	402	1.57
2009 年 9 月	6 106	23.78
2009 年 10 月	3 152	12.28
2009 年 11 月	10 168	39.61
2009 年 12 月	5 844	22.76

电子文献专题讲座开讲了
（2009 年 9 月 24 日）

9 月 24 日下午，图书馆参考咨询部在图书馆三楼外语沙龙厅，举办了"读秀学术搜索"数据库专题讲座。

该讲座是图书馆本学期"文献检索与利用"系列专题讲座的第一讲。由图书馆馆长康万武（研究馆员）主讲，主要介绍了"读秀学术搜索"数据库的构成、功能及其使用方法和检索技巧。

讲座中，康馆长强调了电子文献在学习当中的重要性，他重视举例，讲究技巧，讲求实效，使大家受益匪浅，得到了读者的一致好评。

电子文献是您学习生活的好帮手
（2009 年 12 月 28 日）

近日，在学院领导的亲切关怀下，图书馆在原有电子文献的基础上，购买了"读秀学术搜索"数据库，并已将"中国知网"数据库的使用权延长至 2011 年 3 月。

"读秀学术搜索"是集图书的搜索及全文文献传递两大功能。目前提供 228 万种中文图书书目检索，160 万种图书全文检索与阅读。

中国知网目前已成为世界上全文信息量规模最大的数字图书馆和最有效的知识传播与数字化学习平台，其中包括 8 194 种期刊、937 种报纸。

图书馆馆藏电子文献是您阅读报纸、期刊，查找所需资料的好帮手。欢迎广大师生踊跃使用图书馆馆藏电子文献。

贴近读者　满足需求
（2009 年 4 月 28 日）

4 月 27 日，西安翻译学院经济管理学院资料室成立。4 月中旬以来，为了满足我院经济管理学院的要求，在图书馆高启秦馆长和赵玉芬副馆长的重视下，经高馆长直接与各方协商联系，图书馆参考咨询培训部全体工作人员的辛勤工作下，在西安翻译学院经济管理学二楼院成立了资料室。经管院资料室，目前有图书 1 372 册，期刊 60 多种，过刊 30 多册。主要服务对象为教职工。

至此，经管院资料室是西译图书馆成立了西安翻译学院外国语学院资料室之后的又一个二级分院资料室。图书馆工作"读者第一，服务至上"，为教学和科研服务，最大限度满足读者需求的具体体现。

参与管理　成效显著
——记图书馆学管会开展志愿者服务活动
（2009 年 12 月 11 日）

西译图书馆学管会自 11 月 23 日开展为期一周的"招募志愿者"活动后，于 11 月

30 日开始在图书馆三至七楼内实行"志愿者值班制",值班时间按各楼层老师需要,适时调整(七楼为每天固定的 18:00—19:00)。主要协助各楼层老师整理书籍、维持纪律、制止不文明行为。

志愿者活动开展以来,学生管理委员会(以下简称"学管会")同学认真负责,积极工作态度和颇有成效的工作,使图书馆内的不文明行为大为减少,阅览秩序得到明显改善,得到老师与同学们的一致好评。

志愿者的工作还将继续进行,自 12 月 14 日起,每周一至四由青年志愿者协会负责,周五、周六继续由学管会负责。

愿大家积极参与,使图书馆永远成为大家学习的好去处和学习的第二课堂。

扩大期刊种类　满足读者需求
——图书馆新学期借阅服务更趋向规范化

新学期伊始,为了积极响应丁院长在 2007 年新学期全院教职工动员大会上的讲话精神,最大限度地满足读者的需求,西译图书馆本着"求实创新,文明兴馆"的馆训精神。新学期应广大师生读者的要求、开展了迎新准备工作,努力提高服务质量,强化管理,营造更加优质的读书环境,特将三楼期刊厅的现刊由原来的 700 多种增加至 1 448种,涵盖文学、体育、经济、娱乐等多个方面。原有的过刊统一搬往七楼自习大厅,在图书馆七楼专门设立过刊阅览区,共计 1 000 多种、6 400 余册,最大限度地满足了广大师生的阅读需求。

图书馆参考咨询部竭诚为读者服务
(2007 年 3 月 16 日)

为了满足广大师生对各种学习资料日益增长的需求,帮助大家寻找自己在学习的过程中所需要的资料,也随时发布图书馆的最新信息。西译图书馆参考咨询部积极配合,做好本职工作。参考咨询部主要是解决读者在利用图书馆过程中遇到的疑难问题,如文献咨询,包括提供文献线索和提供原文两种;开展馆藏文献和网上信息资源的开发、整合和导航工作;根据用户特定需要,提供专题文献信息检索、传递服务。参考咨询部主要通过咨询台、腾讯 QQ 在线咨询(451309143)、电话咨询(029—85898552)等方式为大家提供咨询服务;咨询服务时间为每天正常上班时间(8:00—11:00;14:00—17:00)。

参考咨询部的工作需要大家的支持,我们将遵循"读者第一,服务至上"的服务宗旨,随时欢迎大家前来咨询。

读书月的春雨

——图书馆举办数据库培训讲座

（2016 年 4 月 15 日）

2016 年 4 月 14 日下午，西译图书馆与人事处在科技楼教师发展中心，联合举办了一期"专题数据库培训讲座"活动。

本次培训是西译图书馆举办的"终南书香，相约西译"读书月活动的首场讲座，学院专职教师、图书馆、人事处和科研处等 50 多人参加了培训。图书馆裴世荷馆长到会做了简短的介绍说明，强调了数据库培训对广大教师在教学和科研工作中的重要性。

本次讲座共有 3 个专题数据库，包括中国知网数据库、银符数据库和超星发现系统，均由数据库提供单位专业人员主讲。他们各自介绍了数据库的功能和使用方法。并与到会教师进行了讨论，对教师们提出的问题均做了详尽的解答。

这次专题数据库培训讲座针对性强，受到参会教师的赞同和好评，取得了预期的培训效果。

太乙河畔的书香

——西译图书馆举办"2016 年读书月活动"

（2016 年 4 月 26 日）

2016 年 4 月 26 日上午，西译图书馆与图书馆学管会一道，在图书馆二楼大厅，共同举办了"终南书香，相约西译"读书月及"4·23 世界读书日"系列活动启动仪式。

西安翻译学院常务副院长翟振东教授出席启动仪式，图书馆裴世荷馆长，图书馆侯永兴副馆长，图书馆各部门负责人及部分工作人员到会。15 家数据库公司的培训人员以及学生代表共 300 多人参加了活动。

图书馆裴世荷馆长到会做了简短而热情洋溢的致辞，他先介绍了"4·23 世界读书日"的来历，"世界读书日"全称"世界图书与版权日"，又称为"世界图书日"，最初的创意来自国际出版商协会，联合国教科文组织在 1972 年向全世界发出"走向阅读社会"的倡议，要求社会成员人人读书，让读书成为每个人日常生活不可或缺的一部分。1995 年 11 月，联合国教科文组织第二十八次大会通过决议，宣布每年 4 月 23 日为"世界读书日"。鼓励人们积极读书。在 2006 年世界读书日前夕，中宣部、中央文明办、新闻出版总署等 11 个部委联合发出开展全民阅读的倡议。

今年的 4 月 23 日是第 21 个世界读书日，世界上许多其他国家和我国很多文化机构、大学图书馆都举办了形式多样的读书活动，西安翻译学院图书馆也纪念了这个节日。

西译图书馆的这次活动的主题是"终南书香，相约西译"，目的是以"有效利用图书馆"为抓手，宣传西译图书馆丰富的各种不同载体的馆藏文献资源，发挥好图书馆在同学们学习过程中的第二课堂作用。系列活动期间，图书馆将通过开展多种不同形式的阅读和培训活动，营造满院书香和良好的读书氛围。使同学们深入了解图书馆，热爱图书馆，有效利用图书馆。呼吁同学们以书为友，以书为师，以书会友，让浓郁的书香溢满校园，让年轻的心灵徜徉书海，让我们共同努力，共同营造浓厚的校园文化和学习氛围。

图书馆侯永兴副馆长详细介绍了的安排和开展情况，要求大家要善始善终，一鼓作气，办好读书月活动，以此为契机，推动我院师生热爱读书、热爱图书馆的文献资源，渴求利用图书馆资源的浓厚兴趣再上一个台阶。随后翟振东常务副院长宣布"2016年读书月活动"启动，并与图书馆裴世荷馆长为"图书漂流站"揭幕。

最后到会的读者，对自己所感兴趣的数据库积极地进行了具体咨询，数据库提供商耐心、认真回答了师生的咨询问题，场面热烈，达到了预期的目的。

"2016年读书月活动"已经策划举办了数据库培训、英语口语在线竞赛，以及"一站到底"利用图书馆知识竞赛、"阅读之星"图书阅读评比等活动。

通过读书活动的开展，为西安翻译学院营造"让书香溢满校园，让读书成为习惯"。

电子文献展板宣传周活动
（2009 年 10 月 12 日）

金秋十月，万里飘香，收获的西译处处洋溢着丰收的喜悦。

为了帮助读者使用本馆各种不同载体的文献资源，掌握文献检索和利用的基本技能，充分发挥馆藏文献资源的使用效益，促进我院教学、科研工作的顺利进展，图书馆在深入开展读者信息素质教育和文献检索指导的同时，特推出电子文献板报宣传活动。

本次板报宣传活动的主题是"了解电子文献的功用，学会电子文献检索与利用技能，自觉利用电子文献"。展板共分两部分：第一部分为电子文献简介，第二部分为电子文献使用。

未来世界的竞争就是知识的竞争。我们一定要不断增强自己的信息意识，努力掌握电子文献检索与利用技能，在知识的海洋里遨游。

▶ **拓宽宣传**

2009 年 6 月文炜整理的"西译图书馆资料"编入 2009 年出版的《中华人民共和国图书馆博物馆群艺馆文化馆大典：第 1 卷》，西译图书馆在其中的 507~510 页。

图书信息：

书名：《中华人民共和国图书馆博物馆群艺馆文化馆大典：第1卷》

作者：詹福瑞，吕章申

出版社：国家图书馆出版社

ISBN：978-7-5013-4083-8

摘要：本书既是普通读者了解我国60年来图书馆发展历史的文献资料，又是专家学者进行学术研究的必备的工具图典；该书既是各级政府部门作为决策参考时不可或缺的实用典藏，也是世界各国了解中华几千年深厚的文化底蕴在与现代文明的不可多得的图典。

2011年5月文炜整理的"西译图书馆资料"编入2011年出版的《中国高等学校图书馆大全：下卷》，西译图书馆在其中的1826~1828页。

图书信息：

书名：《中国高等学校图书馆大全：下卷》

作者：教育部高等学校图书情报工作指导委员会

出版社：中国画报出版社

ISBN：978-7-8022-0783-7

摘要：本书汇编了全国各类高校图书馆的最新情况，介绍了近2 000所高校图书馆的基本情况，包括普通高校、独立学院、成人高校、军事院校图书馆。

关于编纂《中国高等学校图书馆大全》2011年新版的通知

各有关高等学校图书馆：

随着国家对教育事业投入逐年加大，教育事业不断深入发展；教育事业的重要组成部分——高校图书馆，近几年来发展也很快，人财物等条件变化很大。为及时反映高校图书馆的现状、系统整合图书馆资源，使各高校图书馆准确了解彼此状况，相互借鉴经验，从数据上协助教育主管部门、学校制定合理规章制度；也为给专家、学者、馆员提供翔实准确的参考数据，我处决定修订《中国高等学校图书馆大全》（2008年），推出2011年新版。

《中国高等学校图书馆大全》2011年新版是一部大型资料性、专业性工具书，是向社会展示高校图书馆整体形象的重要窗口，是提高高校图书馆社会认知度的重要途径。

具体出版事宜如下：

一、入编范围

全国各级各类高等学校图书馆，包括普通、成人、民办、独立学院与军事院校（所有提供资料的高校图书馆免费入编并送电子版光盘）。

二、入编内容要求

1. 入编模板　相关数据（截至 2010 年年底）。

地址：图书馆建馆时间

邮编：图书馆建筑面积（平方米）

电话：图书馆藏书（万册）

传真：图书馆职工总数（全时工作者/人）

邮箱：图书馆馆长

网址：图书馆副馆长

正文概述

（1）图书馆历史沿革　　　　（2）图书馆馆藏特色

（3）图书馆读者服务　　　　（4）图书馆发展方向

2. 图书馆风采展示。

图书馆标志性外景、内景、领导照等。

三、资料提供形式

文字材料、照片请以电子文本或以打印稿、清晰原照形式寄至编委会，邮箱：gxtsg-dq2010@ gmail. com

四、编排、印刷规格

该书按教育部公布的普通、成人、民办、军事院校顺序编排，印刷规格为国际大 16 开，彩色插图为 128 克铜版纸，黑白内页为进口胶版纸，豪华精装。

五、发行范围与对象

1. 海内外各级各类高校、教育主管部门及科研机构。

2. 全国各级各类高中、中等职业和初中学校。

3. 全国各大图书馆。

六、出版时间

该书以科学性、准确性、权威性和实用性为编辑准则，并采用图书光盘相结合的跨媒体传播方式，全力打造最有效的宣传方式：①该书信息全部入编《中国高等学校图书馆大全》2011 版多媒体光盘；②《中国高等学校图书馆大全》2011 年版拟于 2011 年 1 月底截稿，于 2011 年 4 月正式出版，并通过新华书店发行到全国各级各类学校、图书馆，请各地高校图工委、各高校图书馆对本次出版《中国高等学校图书馆大全》2011 版给予积极支持，尽快安排专人提供最新资料，以便我们出色地完成出版任务，满足各方面广大读者的需求。

《中国高等学校图书馆大全》编委会

电话：010-64129748　64129013　　　　13681265132

传真：010-64129013

联系人：郭伟

地址：北京市朝阳区北苑路 5 号院 4 区科研楼 304 室

邮编：100012

邮箱：gxtsgdq2010@ gmail. com

七、咨询

如有不明确的地方，请向教育部高等学校图书情报工作指导委员会秘书处咨询

联系人：王波

咨询邮箱：jal@ lib. pku. edu. cn

网址：http：//www. scal. edu. cn/

教育部高等学校图书情报工作指导委员会

2010 年 3 月 4 日

陕西省高校图工委专家来西译图书馆指导工作
（2011 年 12 月）

2011 年 12 月 4 日上午，陕西省高校图工委专家，莅临我校图书馆参观指导工作。其中包括陕西省高校图工委副主任、西北工业大学图书馆馆长苟文选教授，陕西省高校图工委副主任兼秘书长、西安交通大学图书馆副馆长张西亚研究馆员，陕西省高校图工委常委、西安理工大学图书馆副馆长王浩研究馆员，陕西省高校图工委常委、西安工程大学图书馆常务副馆长张大为研究馆员一行四人。他们受到了我院图书馆馆长康万武研究馆员的热情接待。

参观完毕，宾主双方于图书馆贵宾室进行了座谈。座谈会后，学校丁祖诒院长在摇篮楼二楼会议室热情接待了各位图书馆馆长，并与各位嘉宾以及康馆长合影留念（见图4-12、图 4-13）。

图 4-12　专家在图书馆二楼大厅的学校模拟沙盘前

图 4-13　合影留念

（左起：张大为、张西亚、丁祖诒、苟文选、康万武、王浩）

▶ **数据库使用宣传**

全球第一中文报刊网站博看网

——您网上的"报刊阅览室"

（2010 年 3 月 9 日）

博看网是湖北省邮政报刊发行局建设的报刊网络传播平台，已经发展成为全球最大的中文报刊在线阅读网站。网站侧重收录主流畅销报刊，是网上的"报刊阅览室"。

目前，网站已经收录了 3 000 多种报刊，而且仍在逐步增加。其涵盖了时政、财经、文学、管理、体育、健康、情感、汽车、摄影、军事、学术、行业等各个类别。每一种期刊都收录了该刊的全部内容，十分丰富。

新期刊上线时间基本上与纸版杂志上市时间同步。每天新添加 50～100 本杂志，每年可以增加 2 万本以上。

所有的过刊也仍然都保存在网站上，可以采取与现刊同样的方式阅读。

打开图书馆主页（http：//library. xafy. edu. cn/或 http：//59. 75. 8. 3）使用数据库中的博看网畅销期刊数据库，便可在线阅览。

学习考试的助手
——欢迎使用"VERS 维普考试资源系统"
（2010 年 3 月 25 日）

"VERS 维普考试资源系统"（简称"VERS"）是维普资讯专门研发的集日常学习、考前练习、模拟测试等功能于一体的大型教育资源数据库。系统采用开放、动态的系统架构，将传统的考试、练习模式与先进的网络应用相结合，可使同学们完全可以根据自身学习的各种需要来进行有针对性的学习和考前练习。

VERS 的考试题库资源涵盖了英语、计算机、公务员、司法、经济、考研、工程、各种职业资格、医学等领域，时间跨度包含近几年各类考试的全真试卷和模拟试卷。使用者可以定题、定量地进行专项薄弱环节的集中训练，提高学习效率，也可以进行考试前进行专项强化练习和模拟自测。

在西译图书馆主页（http：//59.75.8.3）上进入西译图书馆的"试用数据库"中点击"VERS"进入。

欢迎使用图书馆新开通数据库（试用）
（2012 年 3 月）

西译图书馆现已开通"冰果英语、法律图书馆、公元集成教学图片数据库、皮书数据库、教育文献资源库"五个数据库的试用，欢迎使用。

一、进入方式

图书馆主页（http：//library.xafy.edu.cn）→"试用数据库"→"冰果英语""法律图书馆""公共集成教学图片数据库""皮书数据库""教育文献资源库"。

二、试用数据库介绍

冰果英语是杭州增慧网络科技有限公司携手浙大外国语学院教授团队及中外人工智能专家队伍经过多年研发，推出的个性化智能化互动网络英语学习系统。该系统集教学资源、互动教学、技能训练于一体是目前国内最先进的英语在线学习数据库。

主要特点：①强大词库，让你打下英语的坚实基础；②动态诊断，让你更聪明地学习；③智能口语，让你自信地开口说英语；④作文智能评阅，让你重新产生写作的动力；⑤权威考试模拟，让你轻松考出好成绩。

法律图书馆是法学资料在线检索在线数据库，集理论性、学术性和实践性于一身，可以有效地帮助您了解最新的法律法规，法学动态，法律实务，为您提供深入全面的法律资讯解决方案。

主要特点：①全库数据分为八大专业分库；②法规内容互见关联标注，对法规的延伸信息一目了然；③强大的检索功能，让您直达检索目标；④全文浏览、收藏、打印；⑤快捷务实的"分类索引"；⑥保护私益的"删除记录"；⑦独具特色的用户 DIY 功能，法治动态信息一览无余。

公元集成教学图片数据库是我国首个专业图片数据库，该数据库基于最先进的计算机、数据库和网络技术，为各类图书馆及教育、研究机构提供了一大批可利用的数字化图像资源，并具有强大的检索体系。

皮书数据库是专有的人文社会科学综合学术资源总库，依托中国社会科学院，集中国内一流的专业学术机构和高校科研力量，包含七大子库，涵盖 150 多个主题。每个主题周期性连续出版，具有极强的资料馆藏价值，为您实时呈现中国与世界各主题领域的最新发展状况和未来趋势。

七大子库：①中国经济发展数据库；②中国社会发展数据库；③世界经济与国际政治数据库；④中国区域发展数据库；⑤中国文化传媒数据库；⑥中国竞争力数据库；⑦中国产业企业数据库。

教育文献资源库是专门收集国内外教育文献的数据库，主要包括：①国际技术与职业教育专题全文资源库；②海外中国文化研究专题全文数据库；③国际教育资讯专题全文资源库；④台湾地区重要教育文献资源库；⑤教育名词与哲理库；⑥国际教育专题全文资源库。

"读秀学术搜索"推出暑期漫游服务
（2013 年 6 月 20 日）

为方便读者校外查阅文献资料，"读秀学术搜索"数据库近日推出暑期漫游服务，读者只需在我院校园网 IP 范围内通过认证成功后，暑假期间可在任何地方使用"读秀学术搜索"数据库。

认证步骤：进入"读秀学术搜索"数据库→"暑期漫游开通"通知→点击"点此验证"按钮按要求完成认证。

使用方法：在"读秀学术搜索"登录页面点击"暑期账号登录"链接，先登录"我的图书馆"，再从我的图书馆首页左上角的链接进入"读秀学术搜索"。

▶ 图书馆学生管理委员会

服务民图，情注西译
——记奋进中的图书馆学管会

西译图书馆学管会是在院领导的亲切关怀和支持下成立的一个意在协助图书馆加强图书情报工作的学生组织。它隶属于院图书馆，是图书馆的一个下属服务部门，同时接受党委学工部的领导。自 2004 年 10 月成立以来，它在加强图书馆和学生之间的信息交流，及时反映同学们的各种意见和建议，并传达图书馆的有关信息，开展各种与图书文化有关的活动方面发挥了重要作用，为广大师生营造了良好的学习氛围。

2004 年 10 月，为搭建西安市各民办高校图书馆学管会的交流平台，加强各学管会之间的交流与合作，更好地起到协助管理图书馆的作用。本着"平等互信、互促共进"的宗旨，由我院图书馆高启秦馆长倡议成立西安市民办高校图书馆学馆会联合理事会（library student administration committee society）简称"民图学联会"，并于 2004 年 12 月 18 日在西译图书馆六楼会议室成功召开第一次学管会理事会议，丁祖治院长到会并发表重要讲话（见图 4-14）。

图 4-14　丁祖治院长关心图书馆学管会的工作
（图中含学管会早期三任会长）

2006 年 5 月 31 日，为丰富大学校园文化生活，极力展现大学风貌，我图书馆学管会又成功举办西安翻译学院首届读书节暨"博览群书挑战极限百科知识竞赛"。丁院长和赵玉芬副馆长出席观看并发表了重要讲话，受到全院师生一致好评。

新学期，新起点，我们相信，在新一届负责人白延宏的带领下，图书馆学管会的明天会更好。

纳新通知
（2006 年 9 月 1 日）

值此 2006 级新生开学之际，为更好地发展壮大学管会，使学管会的优良传统得以继承，并使其不断注入新鲜的血液，经图书馆同意，学管会决定面向广大 2006 级新生，选拔 40 名优秀学生加入学管会大家庭。其具体要求如下：

1. 热爱社团工作，有奉献精神；
2. 有集体荣誉感，并在思想上积极向上；
3. 宣传部成员要求其在书法和绘画方面有一定的功底；
4. 外联部成员要求其口齿伶俐，形象气质佳；
5. 编辑部成员必须热爱文学创作，具备深厚文字功底。

你想使你的大学生活过得紧张而充实么，你想在大学找到属于你自己的一方天地吗？如果想的话，那就抓紧时间，赶快报名吧。

报名时间：2006 年 9 月 5 日—9 月 11 日

报名地点：①社团办公楼一楼 115 室学管会办公室；②主干道各大报名咨询台

咨询电话：13468615619，13468626195

参与管理　成效显著
——记图书馆学管会开展志愿者服务活动
（2009 年 12 月 11 日）

西译图书馆学管会自 11 月 23 日开展为期一周的"招募志愿者"活动后，于 11 月 30 日开始在图书馆三至七楼内实行"志愿者值班制"，值班时间按各楼层老师需要，适时调整（七楼为每天 18:00—19:00）。主要协助各楼层老师整理书籍、维持纪律、制止不文明行为。

志愿者活动开展以来，学管会同学认真负责，积极工作态度和颇有成效的工作，使图书馆内的不文明行为大为减少，阅览秩序得到明显改善，得到老师与同学们的一致好评。

志愿者的工作还将继续进行，从 12 月 14 日起，每周一至周四由青年志愿者协会负责，周五、周六继续由学管会负责。

愿大家积极参与，使图书馆永远成为大家学习的好去处和学习的第二课堂。

图书馆重视联合图书馆学生管理委员会，积极开展图书馆宣传和指导使用工作，每年以世界读书日和新生入馆教育为基础，开展多种形式的文献资源与利用宣传、导读活动。例如，2010 年 9 月，图书馆在学校主干道上举办了图书馆电子文献宣传周活动，参加活动的学管会会员如图 4-15 所示。

图 4-15　参加图书馆电子文献宣传周活动的学管会会员

第五章　业务研究

　　图书馆业务研究是运用图书馆学的基础理论和方法对图书馆工作中存在的具体问题进行分析与研究，从而找到解决的办法并提出实施方案，同此用一定的形式将它表述出来。

　　开展业务研究既是图书馆实际工作的需要，又是培养图书馆专业队伍的需要。业务研究是图书馆工作的重要内容，业务研究的开展，促进了图书馆工作的质量，繁荣了学术研究。是促进和推动图书馆事业发展的重要手段。

　　图书馆业务工作是围绕着文献的传递作用展开的。为了传递就必须收集文献，以奠定物质基础。为了深入、准确和广泛地传递，又必须对文献资料的内容与形式进行深入的分析、揭示和综合处理，而为了多次、反复地传递，又必须对文献资料进行管理和典藏。传递的接受者是广大的读者，图书馆必须积极主动地和多途径、多形式地开展流通、宣传、辅导、咨询、报道、检索和研究等各项业务，为读者广泛而有效地利用文献资料提供方便条件。

　　西译图书馆的业务研究伴随着图书馆的建设和发展而发展，从起步到规范化，再到多方式高层次的业务研究。目的是更好地服务读者。

第一节　业务研究概述

　　西译图书馆的业务研究，最初是从图书流通与业务辅导相结合开始的，且以图书流通为主，业务辅导为副。重视业务学习，是自 2002 年发端 2005 年后逐步完善的。

　　1995—2001 年，以图书流通为主。1999 年 5 月，送出 2 名同志（文炜、任涛）在省图书馆举办的《中图法》（第四版）培训班的学习。

　　2002—2005 年，业务辅导，由兼顾逐步转向专业辅导。馆员培训更加重视，馆内培训形成制度。馆员素质不断加强。

　　2002 年 6 月，邀请北京邮电大学图书馆网络技术部的技术人员，对全体馆员进行计算机编目培训。并派出馆员去西安邮电学院和西安交通大学图书馆参观学习。

2003年7月，派出3名馆员，参加省图书馆举办的《主题标引与图书分类》培训班的学习；10月，派出4名馆员，参加省图书馆举办的《文献编目与中国机读目录格式》培训班的学习；11月，起草了编目的各种业务细则。起草的编目工作细则和规定包括《文献类型划分标准》《中外文图书划分标准》《索书号的组成》《中文图书查重细则》《中文图书著录细则》《中文图书著录相关规定》《西文普通图书著录细则》等。2004年、2006年和2013年，三次修订西安翻译学院《图书馆规章制度汇编》，如图5-1所示。

2004年11月，全体馆员参观了西安理工大学、西安外事学院、西京学院的图书馆；2004年开启编印《图书馆业务统计资料汇编》，如图5-2所示。

2004—2005年，馆内先后有9名同志参加电大图书馆专业学习。

2005年6月，成立了信息情报研究室，作为业务研究的专门机构。负责馆内的用户教育、馆员培训、信息咨询、信息研究、信息开发、馆史资料的收集编撰、馆内的宣传报道等工作。9月，信息情报研究室负责馆内馆员业务培训，并形成制度，每学业务学习均在10学时以上（周一、二下午5:00—6:00为业务学习时间）；12月，与中国高校人文社会科学文献中心和中国国家图书馆建立了馆际互借关系。

2006年2月，西安翻译学院《图书馆规章制度汇编》（修订版）编印成册；8月，西译图书馆《读者手册》编印成册；10月，西译图书馆在网上开通腾讯QQ网上咨询服务。

2007年9月，图书馆第二届学术研讨会在外语沙龙召开。

2008年5月，图书馆论文集《在希望中奋斗》编辑完成；6月编辑了《大学生求职技巧系列主题》，共13期；9月，开展二次文献的编辑和推介服务。

2009年3月，阅览部和流通部进行整合，合并成立读者服务部；2009年3月，陕西省高校图工委在我馆举行图书情报学专题培训报告会；6月，更新图书馆主页中的读者服务内容；9月，图书馆印发《读者咨询表》，倡导全馆工作人员积极开展参考咨询工作；10月，图书馆举办以"走进电子文献"为主题的电子文献宣传周活动；12月，图书馆全面修订《西安翻译学院图书馆问责制实施细则（试行）》。

2010年3月，西安翻译学院外国语学院、人文学院资料室建成投入使用。

2011年6月，西译图书馆"双百"人物专题文献数据库建成与读者见面；11月，图书馆增设文学书库，扩大样本书库库区面积。

2013年3月，图书馆随书光盘管理平台（博云非书资料管理系统）开通使用；5月，图书馆修订并印刷了西安翻译学院《图书馆管理制度与业务工作规范汇编》（修订）；6月，编印了《图书馆电子文献资源简介》宣传册；11月，陕西省图书馆学会在西译图书馆举办首届会员日活动，70多位图书馆界同行参观考察图书馆。

2014 年 4 月，图书馆更换双通道图书监测仪 6 台。

2015 年 4 月，图书馆举办首届西译图书馆杯 MyET 英语口语大赛；6 月，修订编印了《图书馆电子文献资源简介》宣传册。

2015 年 6 月，开通了图书馆微信服务和移动图书馆服务。

2018 年 3 月，开通了协助委托开展查收、查引工作。

图 5-1　《图书馆规章制度汇编》三次修订

图 5-2　《图书馆业务统计资料汇编》（2006—2011 年）

▶ **业务工作开展之初**

与时俱进加速西译图书馆的建设进程①
（文炜）

当前，随着我国社会主义市场经济的发展，人民群众对高等教育需求的增加，我国高等教育正处在一个高速发展时期，高校专科型向多科型发展，多科型向综合性发展的

---

① 本文发表于《译苑风采》2003 年第 18 期。

趋势也日益明显，因此读者需求增加与图书馆文献供给矛盾加剧，文献不能自给自足的现象也日趋严重，提高文献保障能力的一条重要途径是文献共建、共知、共享，使高校图书馆的发展与教育教学同步发展，以适应知识时代的发展要求。

西译图书馆，自 1995 年 8 月建立以来，经 8 年的发展，在 2003 年 3 月陕西省高校图工委的新一轮的等级评估中，欣喜地看到它有了全新的发展和进步。编者参与了西译图书馆的常规建设和自动化建设，有幸与评估团同志的交流，多了一次很好的学习机会，从而也受到了很多启发，总体而言，西译图书馆的建设具有以下几大特点和发展优势。

一、从实践"三个代表"重要思想的高度出发加大了投入力度

学院各级有关领导，对图书馆建设的认识和重视程度提到了一个新的高度。馆内把抓好评估定级工作作为推进图书馆建设的重要抓手，看作是实践"三个代表"重要思想的一项重要内容，把它纳入了馆内要事项目，对照标准，认真落实。

进入新世纪的西译图书馆与西译协调发展，馆舍面积从 1998 年的 5 200 平方米增加到 19 500 平方米；购书经费大幅度增加；藏书量从 1998 年的 10 多万册图书增加到 90 多万册图书；更新并规范化报刊阅览厅；完善了工具书阅览厅和过刊阅览厅。2002 年投入了大量资金，购置了图书馆自动化系统，实现了计算机管理。建立了电子阅览厅（数字图书馆）在完备了原有的闭架借阅书库的同时，又新建了开架借阅，计算机检索，计算机借书的新书库；安装了门厅报警仪，规范了管理；加强了采编部和流通部，组建了自动化部、咨询处、办证处、存包处、装订组、期刊组等。逐步完善了馆内组织机构。规范并加强了图书馆基础建设，实现了图书馆自动化，进入了文献资源共享的新阶段。

二、以提高学生的整体素养为目标，服务水平进一步提高

高校图书馆的服务工作与学校精神文明建设的根本目标相适应，把提高学生的思想道德与文化科学素养作为服务工作的目的与重要内容，服务水平有了进一步的提升，具体反映在以下几个方面。

（一）实施规范、优质服务，拓展服务领域

西译图书馆自 2001 年开展规范服务达标活动以来，实行长效管理，又组织创建"优质服务窗口"和"文明行业示范窗口"活动，服务质量提高了。把工作总结成"三心"，即"图书质量让读者放心，服务态度让读者称心，阅读环境让读者舒心"。突出藏书以用为主，方便读者，开架阅览，开架借书。在做好阵地服务、设点服务的同时，又开展不同形式的适时服务，比如，定期不定期向读者介绍新书，馆内，校内等诸多欣喜服务。

（二）营造勤奋学习之风，推进学生学习兴趣和求知欲

开展小型多样的导读活动，激发了学生读书求知的兴趣。

（三）倡导健康、文明、科学的生活方式

在信息时代，文明社会的今天，提高生活素质成为当代大学生的普遍要求。图书馆一贯倡导学生文明、健康、科学生活，推荐并引导学生多读一些生活方面的图书，使学生养成良好的生活习惯，避免在图书馆用餐、乱扔垃圾等不文明、不卫生、不健康的行为和生活方式。

（四）关心学生实际需要，提供有效、方便、周到的服务

图书馆提出"服务至上，读者第一"的服务宗旨，开展灵活多样的方便服务，如资料复印处为学生提供全天服务、指导和帮助学生存包、查找书目、借阅等方便服务。

三、为适应信息时代发展的需要，计算机应用得到充分的加强

计算机技术的应用是这次评估的重点之一。而现在的西译图书馆，实现了计算机管理。从 1998 年的仅 4 台计算机增加到现在的 80 台计算机。电子阅览厅达 60 多台计算机免费为学生提供数字图书馆服务。实现了计算机编目，联机编目，资源共享，计算机检索，计算机流通等，基本上实现了图书馆自动化，在西译网站上设立了图书馆主页包括本馆概括、读者服务、馆藏资源、网上资源、数字服务、网络导航等分页，为读者提供方便服务。计算机在西译图书馆的广泛应用，提升了服务水平，为进一步实现资源共享，奠定了良好的基础。

四、把加强职工队伍建设作为抓手，队伍的整体素质得到提高

一是设法为工作人员解决编制问题；二是选拔工作扎实、经验丰富的长者为馆长，年轻人为业务骨干；三是鼓励工作人员参加学历进修与业务培训，提升文化程度和专业素养。在西译图书馆工作人员 41 人中，83% 的人都掌握了计算机操作技能。66% 的人都掌握了两项专业技能。西译图书馆职工队伍的年龄结构，文化程度都有了可喜的进步。

西译图书馆取得的成绩与进步，先后得到了省图工委评估团及省民办高校图书馆评估专家的好评，被称为陕西民办高校"第一图"的西译图书馆在新的形势下将会创出更好的成绩。

文献建设部工作职责

（2004 年 5 月 1 日）

1. 根据西安翻译学院的性质、担负任务和培养目标，编订文献采集规则，制订采集计划，提出采集预算和决算。

2. 负责各种类型的中外文文献采集、验收、分发、典藏。

3. 接受国内外赠送文献。积极征集本校教职工出版的各种出版物。

4. 使用《中图法》"汉语主题词表"和本馆规定对各类中外文文献进行标引。

5. 使用《中国机读目录格式》（CN-MARC）和美国国家机读目录格式（USMARC）对

中西文文献进行编目。

    6. 按本馆规定对各类中外文文献进行技术加工。

    7. 做好院、系资料室文献调剂分配工作。

    8. 负责本部公务目录管理及全馆目录体系款目配备工作。

文献建设部岗位职责
（2004 年 5 月 1 日）

一、文献采访

    1. 负责中外文文献的采购工作，收集和整理各种载体文献目录；建立书目记录和采购记录；搞好调查研究，掌握读者需求变化和图书市场变化。

    2. 承担各种到馆文献的收登、订单处理及向编目移交等工作；承担馆藏财务的登记、打印和保管工作。

    3. 完成部室主任交办的其他工作。

二、文献分编

    1. 负责中外文图书、期刊、电子等各种文献的套录编目、原始编目及校对等工作。

    2. 负责馆藏数据库的建设、修改、维护与回溯等工作。

    3. 完成部室主任交办的其他工作。

三、文献调度

    1. 负责全馆中外文图书、随书光盘等各种文献编目审校和文献的调度工作。

    2. 分析馆藏量的变化情况，及时提出改进意见。

    3. 根据馆藏情况，提出剔旧意见，承担剔旧图书等文献的注销工作。

四、技术加工

    1. 负责中外文图书等文献的加工，包括盖馆藏章、加磁条、帖书等，并将办理完毕的书等移交流通阅览部。

    2. 协助采购进行验收工作。

    3. 完成部室主任交办的其他工作。

文献建设部工作人员守则
（2004 年 5 月 1 日）

    1. 安岗敬业、明礼诚信、团结友爱、坚持原则、严以律己、努力工作。

    2. 认真履行岗位职责，积极完成本职工作，注意总结工作经验，勇于探索，不断提高工作效率和工作质量。

3. 专心致志、细致耐心地工作，严格执行工作细则和操作规程，及时准确地完成各项任务。

4. 努力学习科学文化知识，刻苦钻研业务，正确处理工作与学习的关系，不断提高文化业务水平和实践能力。

5. 严格考勤，做到不迟到、不早退、有事要请假，服从组织安排，遵守劳动纪律。

6. 坚持定期打扫卫生。保持环境整洁：保持地面干净、无杂物、痰迹、墙面无积尘，门窗洁净，窗台不堆放杂物。禁止向窗外抛物、倒水；禁止向水池倒茶叶。

7. 注意防火，保证安全。馆内严禁吸烟；严禁带火种和易燃物品。

8. 每天闭馆前，值日人员负责切断工作电源，关闭门窗等，防止造成灾害事故。

9. 模范遵守学校及馆内的规章制度和职业道德。提高业务水平，做好本职工作。

第二节 起草和制定业务细则及规定

从 2003 年 11 月到 2004 年 3 月，西译图书馆起草了运用计算机开始编目的各种业务细则、条例和业务规定，为采用计算机进行文献编目提供保障，开启了民办高校图书馆采用机器可读目录查找文献的先河（其中业务细则、条例和业务规定共 13 种，6 400 多字）。

文献建设部业务管理条例
（2004 年 7 月 22 日）

一、采访岗位

1. 经查重后所确定的所有订购文献均须征求有关专家和学科带头人的意见。

2. 根据专家意见修改订单，交院长审批后，根据院长意见修改订购库后方可打印订单发出。

3. 专业文献占进馆文献 80% 以上。

4. 中文图书复本 3~5 册，外文原版图书、外文影印图书复本 1~3 册。

5. 文献订重率范围不超过 0.5% 种。

6. 订购方式以书目订购为主，如有特需，可向院长申请直购。

7. 到馆图书及时验收、登到、打印出财产张，严把图书质量关，退回不需要的重书和错发图书。

8. 验收完毕，及时报账，结清财务手续。

二、图书分编岗位

1. 图书分编严格遵守本馆制定的编目细则及规定。

2. 要求书目数据录入，需录入以下字段：

CNMARK：010（011）、100、102、105、106、200、205、207、210、225、300、314、330、410、517、606、701、711、801、905、999。

USMARK：020（022）、041、044、093、100、110、245、250、260、300、490、500、650、700、710、905、999。

3. 分类标引、主题标引及其他著录的错误须低于4‰。

4. 编目人员每做完一条数据，须字迹工整地将索书号写在图书书页最后一页左上角。

5. 按规定的数量保质保量完成每天的工作任务。

6. 担负书目数据的维护任务。

三、典藏岗位（文献调度）

1. 负责书标及书目移交单的打印。

2. 库位分配错误率须低于0.01%。

3. 负责编目数据的校改任务。

4. 及时解决图书编目过程中出现的各种业务问题。

四、加工岗位

1. 负责按规定的位置盖章（须在题名页中下方）、加磁条（须夹在书页的二分之一处；若厚书须夹两根磁条，且夹在书页的三分之一处和三分之二处，均不得外露）、贴条码（须贴于题名页中上方）和贴标签（第一个贴于书籍下边沿往上3厘米处；若图书太薄，须贴于图书封底右上角，第二个贴于图书书页最后一页右上角）等工作。

2. 加工的错误率须低于1‰。

3. 负责图书的搬运和加工后的移交工作。

在保证工作数量的前提下，为了保证工作质量，文献建设部特规定：违反以上规定的其中一条者，每次罚款5元。

▶ **文献编目**

西安翻译学院图书馆文献编目业务细则和规定
（2003年11月）

中文图书著录规则

中文图书著录参照《国际标准书目著录（ISBD）》《文献编目总则》《中国文献编目规则》《中国机读目录格式》，依据《CALIS联机合作编目手册》，以CNMARC格式著录。

一、编目查重

查重是著录、编目工作的重要组成部分。本馆中文书刊查重遵照以下办法进行：

1. 查重

先使用"题名"查重，通过查重，确认该书刊是复本还是新书，如果题名相同，再考查其著者、出版社等项。

2. 确认图书

（1）复本书：图书的题名、作者、内容、出版者、出版日期、版次、ISBN 等与已有馆藏完全一致，则认为是复本图书，采用已入藏图书的索书号。

（2）新版书：同种图书的不同版本（如第 2 版、新一版、修订版等）按新版书对待。则依本馆已收藏版本的分类号、种次号著录，并在种次号后标引出版年，置于圆括号内。出版年标引采用出版年的后两位阿拉伯数字。若本馆未藏该书的其他版本，则按新书处理，著录其分类号、种次号和版本区分号。

（3）多卷（册）书：一种以多卷（辑）、一次出版或分卷次出版的图书。整套书使用相同的分类号、种次号，并于其后换行标引不同的卷（册）区分号。

（4）丛书：汇集多种独立、完整的但本书为一套出版物，并冠以总名的出版物。如同时到馆，可参照多卷书的著录办法，进行综合著录。整套书使用相同的分类号、种次号；若分散到馆，则按单本图书分散著录。

（5）续集：题名相同，后为续集，或题名有变化，但注明是某图书的续集（如续二），可沿用其正集（第 1 集）的分类号、种次号，并于种次号后加"-x"来区分。

二、著录用文字

1. 题名、副题名、责任者说明项、版本项、出版发行项和丛编项，一般按文献本身的文字著录（版本项、出版发行项的数字除外）。

2. 著录中，无法按文献本身文字著录的图形及符号，可改用相应内容的其他形式著录，并用方括号括起。

3. 若著录的信息源中文字本身出现谬误，应如实著录，同时在附注项说明。

4. 若题名、丛编名出现谬误，除照录外，还须提供正确的题名检索点。

5. 文献著录时，载体形态项、附注项、标准编号与获得方式，除文献原题名及识别题名外，一般用规范化的汉字著录，汉字的古籍可用繁体字。

6. 著录中的版次、出版日期、载体形态项的页数、卷（册）数及其他形态数量、尺寸、价格等数字，一律用阿拉伯数字著录。

7. 各少数民族文字的图书，应按其文字书写规则著录。

三、数据录入原则

1. 使用汉字录入数据的内容，其中标点符号也使用汉字的标点符号，占两个字符。

2. 使用英文或其他外文著录的数据，其中的标点符号也使用英文的标点符号，占一个字符。

3. 在题名和责任者项中，出现数字是汉字与阿拉伯数字混用的，将汉字数字转换为阿拉伯数字，且用半角形式录入。

四、著录信息源

1. 题名与责任者说明项——题名页，若无题名页，则依据版权页、封面所题著录。

2. 版本项、出版发行项、丛书项——版权页，若无版权页，则依据题名页、封面所题著录。

3. 载体形态项——整部图书。

4. 附注项、标准号与获得方式——任何信息源。

5. 取自规定信息源之外的著录信息置于方括号内，并在附注项说明。

五、具体细则

1. 著录文献价格，一律用人民币，采用国际标准 CNY。

（1）图书价格是人民币以外的币种，换算成人民币，按当日人民币对外币汇率折算。

（2）图书价格无法找到的，采用估价的方法。1988 年及以前出版的图书每页按 0.05 元上下估价。1988 年以后出版的图书按每页 0.10 元上下估价。图书尺寸大、纸质好的偏高估价。

2. 分类号著录于机读目录中 690 字段的 $ a 子字段，版次著录于 $ v 子字段。

3. 著录来源字段 801 的特殊设定：

$ a 国别 CN

$ b 编目机构 XFUL

$ c 处理日期

4. 馆藏信息特殊设定：

（1）905 字段：

$ a 馆代码 XFUL

$ b 登录号

$ d 分类号

$ r 价格

$ e 种次号

$ v 卷（册）号

（2）999 字段：

$ a 编目员代码

$ b 册数

$ e 批次

5. CN-MARC 主要著录字段：

200 字段　　＄a 正题名 ＄d 并列正题名 ＄e 副题名 ＄f 主要责任者

205 字段　　＄a 图书版次（如第二版）

210 字段　　＄a 出版地 ＄c 出版社 ＄d 出版日期

215 字段　　＄a 页数或卷册数 ＄c 图及其他细节 ＄d 开本 ＄e 附件

225 字段　　＄a 丛编项（如人文教育系列丛书）

300 字段　　＄a 附注内容（一般性附注，如高等教育教材）

330 字段　　＄a 附注内容（提要或文摘）

606 字段　　＄a 普通主题词

690 字段　　＄a 中图分类号（依据《中图法》第五版）＄v 中图分类版次（5 版）

701 字段　　＄a 责任者（个人）－＄4 著作方式（如编、著）

711 字段　　＄a 责任者（团体）＄4 著作方式（如编、著）

905 字段　　＄a 馆代码 ＄b 登录号

六、索书号的组成

1. 中文图书的索书号由分类号、种次号、卷（册）区分号、出版年组成。

2. 种次号使用"种次号生成程序"产生；不同版本在种次号后加出版版的后两位阿拉伯数字，并置于圆括号内；多卷书在种次号之后且换行标引卷次，用字母 c. p. 表示卷（册）和分卷（册）号。例如：

I 222.742

36（98）

c. 3p. 1

西文图书著录规则

一、相关规定

1. 西文图书的著录，依据《国际标准书目著录（ISBD）》和《CALIS 联机合作编目手册》（北京大学出版社，2000 年版），以 USMARC 格式著录。

2. 西文书著录用语言和文字，用文献本身所使用的语言和文字如实转录。每个著录项目的首字母应大写；著录方式同中文图书。

3. 西文图书分类标引使用《中国图书馆分类法》（第五版），分类原则同中文图书有关规定。

4. 西文复本书、新版书、多卷书等类型的划分依据中文图书的相关标准。

5. 著录取自规定信息源之外的信息时，应将其置于方括号内；需补充、说明的内容，均著录于附注项。

6. 西文图书的价格一律使用人民币，著录采用国际标准代码 CNY。具体参照中文图书的价格相关规定。估价应比中文图书偏高些。

二、一次查重

1. 以"题名"为检索条件进行一次查重，依据查重结果标引图书；复本书的索书号照录。

2. 新版书分类号、著者号照录，在著者号后加圆括号标引出版年。

3. 多卷书分类号照录，著者号后加著作区分号，回行标引卷（册）。

4. 年代连续的会议录，著者号及其后面的著作区分号照录。回行标引会议年份。

三、西文书刊著者号、版本号和卷（册）号取号规则

1. 西文书刊采用著者号码制，依据"克特著者号码表"取号。

2. 无论是一个或多个著者，均取第一著者的姓查著者表。著者无考者，则取题名的第一个词查著者表；多版本著者号，从大写首字母递增分，分尽，则用首字母大写加小写字母从 a 到 z 依次分即可（除去题名开头的冠词、虚词）。

3. 多卷书集中著录，分类号一致，著者号后加著作区分号，回行标引卷册号，并用"v 卷."分册标引。

4. 新版书的版本号标引出版年份，版本号取年份后两位数，并用阿拉伯数字标引。

5. 会议录著者号取号规则

（1）会议录著者号，统一按会议名称中有实际意义的第一个单词取号。若会议名称是大写缩写字母则应按展开单词取著者号。

（2）连续出版的会议录取号必须保持统一，只需变更年份，而分类号、著者号不变。

四、二次查重

文献分类号、著者号标引完成后，进行二次查重，对分类号、著者号相同的文献加著作区分号。

1. 对于普通图书，区分号取题名第一个单词（除去题名开头的冠词、虚词）的首字母，若还相同，取前两字母，依次类推。区分号以大写形式直接跟在著者号后面。

2. 对于不同的会议录，当其分类号、著者号相同时，直接在著者号后加大写的区分号，区分号一般取会议名称中 on 后面的有关实际意义的第一个单词，取号方法同上。

五、馆藏信息设定

905 字段

$ a 馆代码 XFUL

$ p 登录号

$ d 分类号

$ r 价格

$e 著者号

$v 卷（册）号

999 字段

$a 编目员代码

$b 册数

$c 索书号前缀

$e 批次

六、US-MARC 主要著录字段

020　$aISBN $c 书价

041　$a 正文文种代码（英语为 eng）

044　$a 出版发行国代码（美国为 US，英国为 UK）

093　$a 分类号　　$v5（版本）

100 $a　著者姓名　$b 世系　$d 生卒日期　$e 著作形式

245　$a 题名 $b 题名其余部分/责任说明 $c 分册名 $n 分册号

260　$a 出版地　$b 出版者 $c 出版日期

300　$a 资料篇幅　$b 尺寸 $e 附件

700　$a 姓名　$b 世系　$d 生卒日期　$e 著作形式

851　$a 馆藏代码　$d 国家代码

905　$a 馆藏代码　$d 分类号

999　$a 编目员代码　$b 册数　$c 索书号前缀　$e 批号

七、西文图书索书号的组成

西文图书的索书号由分类号、著者号（同著者著作区分号）、出版年、卷（册）区分号组成。例如：

I 546. 3　　　　　I 712. 44

D173（01）　　　F218N（99）

c. 2p. 1　　　　 c. 6. p. 1

外文图书的划分标准

具备下列情况之一的，按照外文图书处理：

1. 题名页和版权页同是外文的图书；

2. 书名页和版权页是中文的（或其中之一是中文的），但正文全部是外文的图书；

3. 以提高外语阅读能力为目的的各科简易读物、中外文对照读物，按中文图书编目规则编目，入相关外国语"读物"类。

中文图书分类标引和主题标引规定

一、分类标引

1. 中外文图书分类标引，均使用《中图法》（第五版）。

2. 分类标引一般不超过六级（不出现第二个小数点）。

4. 以提高外语阅读能力为目的的各科简易读物、中外文对照读物，按中文图书编目规则编目，入相关外国语"读物"类。且均做组配分类，组配号到类目中的字母即可，例如《解剖学（英汉对照）》为 H319.4：R322。

二、主题标引

1. 采用国家标准分面组配公式五因素，即主体因素（＄a）、通用因素（＄x）、位置因素（＄y）、时间因素（＄z）、文献类型因素（＄x或＄j）。

2. 标引主题词，以《中图法》类目的有关词、"汉语主题表"和"中国分类主题词表"中的用词。

3. 标引主题词时，可采用主题词串来标引。

机读书目数据著录规则

1. 中文图书采用 CNMARC 格式进行机读目录著录，西文图书采用 USMARC 格式进行机读目录著录。并严格按照 CALIS 机读目录规则进行录入。

2. 题名与责任者项中，具有检索意义的其他题名信息（＄e）和卷（册）名（＄i），均需在 517 字段（其他题名）著录，作检索点。

3. 题名页的题名与封面题名不一致时，须做 512 字段（封面题名），提供检索点。

4. 题名页的题名有误，须在 540 字段（编目员补充题名）做著录，提供正确的检索点。

5. 题名页标有卷（册）号的图书，需在 905 字段的子字段＄v 中做著录。

6. 再版图书的版本说明文字仅出现在题名页时，只著录于 200 字段的子字段＄e中。若出现在版权页，著录于 205 字段（版本项）中，并在 905 字段的子字段＄e（种次号）后做版年标引。

7. 要充分使用 300 字段（附注项）和 330 字段（提要或文摘附注）。

8. 要正确著录 600、605、607 字段即个人名称主题、题名主题、地理名称主题。

9. 套录数据，要保留原有的 801 字段（记录来源），以便明确数据来源的处所和使用情况。

10. 多卷书的价格整套著录。

（1）首卷书将"套价""全三册""上、中、下"等字样，著录于010字段的＄b子字段。例如：

010## ＄ a7-351-1154-7 ＄ b 全三册 ＄ dCNY48.00

010## ＄ a7-351-1154-7 ＄ b 精装，全三册 ＄ dCNY48.00

（2）除首卷以外的图书，将"套价""全三册""上、中、下"等字样，置于价格后的圆括号内。例如：

010## ＄ a7-351-1154-7 ＄ dCNY48.00（全三册）

010## ＄ a7-351-1154-7 ＄ b 精装 ＄ dCNY48.00（全三册）

西译图书馆机读目录格式规定（CNMARC 格式）

（2004 年 5 月）

西译图书馆原则上采用《中国机读目录通讯格式》，并根据实际情况做个别增删。须著录字段/子字段如下：

0　标识块

　　001　记录标识号

　　005　记录处理时间标识

　　010　（＄a，＄b，＄d）国际标准书号（ISBN）

　　091　（＄a，＄b，＄d）统一书刊号

1　编码信息块

　　100　通用处理数据

　　101　（＄a，＄b，＄c）作品语种

　　102　（＄a，＄b）出版或制作国别

　　105　（＄a）编码数据字段

　　106　（＄a）编码数据字段

2　著录信息块

　　200　（＄a，＄d，＄e，＄f，＄g，＄h，＄I，＄z）题名与责任说明

　　205　（＄a，＄b，＄f）版本说明

　　210　（＄a，＄c，＄d）出版发行项

　　215　（＄a，＄c，＄d，＄e）载体形态项

　　225　（＄a，＄e，＄f，＄h，＄I，＄v，＄x）丛编

3　附注块

　　300　（＄a）一般性附注

　　327　（＄a）内容附注

330 （＄a）提示文摘或全文

4 款目连接块

410 丛编项

5 相关题名块

500 （＄a）统一题名

510 （＄a，＄z）并列正题名

512 （＄a，＄z）题名

513 （＄a，＄z）附加题名页题名

516 （＄a，＄z）书脊题名

517 （＄a，＄z）其他题名

6 主题分析块

600 （＄a，＄b，＄c，＄d，＄f，＄g，＄x，＄y，＄z）个人名称主题

601 （＄a，＄b，＄c，＄d，＄e，＄f，＄g，＄b，＄x，＄y，＄z）团体名称主题

602 （＄a，＄x，＄y，＄z）家族名称主题

605 （＄a，＄h，＄i，＄m，＄n，＄q，＄x，＄y，＄z）题名主题

606 （＄a，＄x，＄y，＄z）学科名称主题

610 （＄a）非控主题词

690 （＄a，＄v）中国图书馆分类法分类号

7 知识责任块

701 （＄a，＄b，＄c，＄d，＄f，＄g，＄4）个人名称——等同知识责任

702 （＄a，＄b，＄c，＄d，＄f，＄g，＄4）个人名称——次要知识责任

711 （＄a，＄b，＄c，＄d，＄e，＄f，＄4）团体名称——等同知识责任

712 （＄a，＄b，＄c，＄d，＄e，＄f，＄4）团体名称——次要知识责任

8 国际使用块

801 （＄a，＄b，＄c，＄8）记录来源

9 国内使用块

905 （＄a，＄b，＄c，＄d，＄e，＄f，＄v，＄y）馆藏信息

西译图书馆不同文献编目模板设置的规定

（2004 年）

中文普通图书："01"模板

英文图书："02"模板

日文图书："03"模板

德文图书："04"模板

世界语图书："05"模板

法文图书："06"模板

西班牙文图书："07"模板

俄文图书："08"模板

阿拉伯语图书："09"模板

中文连续出版物："11"模板

英文连续出版物："12"模板

电子资源："21"模板

西译图书馆编目文献书次号的规定
（2004 年）

1. 英文图书以外的文献的书次号均采用种次号。

2. 英文图书的书次号采用著者号。

西译图书馆编目文献 MARC 格式选用的规定
（2004 年）

1. 英文（外文）采用 US-MARC 编目（见表 5-1）。

2. 中文文献、英文以外的外文文献均采用 CN-MARC 编目。

表 5-1　US—MARC 必备字段表规定（2004 年）

区段	由 MARC 格式定义的必备字段（5 个）	根据 ISBD 规则定义的必备字段（1 个），有则必备字段（10 个）	建议定义的必备字段（1 个），有则必备字段（17 个）
记录头标区	000 记录头标		
0— （标识和代码项）	001　记录控制号 008　定长数据元素 ——一般信息 040　编目源 041　文献语种	020　国际标准书号 022　国际标准连续出版物号	最近一次作业的日期和时间 006　定长数据元素——附件特征 007　载体形态定长字段
1— （主要款目项）		100　主要款目——个人名称 110　主要款目——团体名称 111　主要款目——会议名称 130　主要款目——统一题名	

表5-1(续)

区段	由MARC格式定义的必备字段（5个）	根据ISBD规则定义的必备字段（1个），有则必备字段（10个）	建议定义的必备字段（1个），有则必备字段（17个）
2— （主要著录信息项）	245 题名及责任说明	250 版本说明 260 出版发行项	246 变异题名 256 计算机文件特征
3— （载体形态项）		362 出版日期/卷期标识	300 载体形态 310 当前出版频率 321 先前出版频率
4— （丛编项）			440 丛编说明/附加款目——题名 449 丛编说明
5— （附注项）			500 一般性附注
6— （主题附加款目项）			650 主题附加款目—论题性词语
7— （附加款目及连接款目项）		780 先前款目 781 后续款目	710 附加款目——团体名称 770 补编/特刊款目 772 正编/正刊款目
8— （丛编附加款目项）			800 丛编附加款目 856 电子资源定位与检索
9— （地区使用字段）			920 馆藏信息

西译图书馆不同文献登录号（条码号）的规定
（2004年）

登录号与条码号相同，均为10位阿拉伯数字①。

中文普通图书："3"起头，如3000000001；

中文连续出版物：同中文普通图书

中文合订期刊："0"起头，如0000000001；

英文图书："1"起头，如1000000001；

日文图书："2"起头，如2000000002；

德文图书："4"起头，如4000000001；

世界语图书："5"起头，如5000000001；

---

① 中文普通图书也有8位数字的。

法文图书："6"起头，如 6000000001；

西班牙文图书："7"起头，如 7000000001；

俄文图书："8"起头，如 8000000001；

阿拉伯语图书："9"起头，如 9000000001；

中文光盘："91"起头，如 9100000001；

中文磁带："92"起头，如 9200000002。

西译图书馆排架区分号（图书排架区分号）的规定
（2004 年）

（均著录在 905 字段 $ c 子字段）

英文	E
法文	F
德文	G
西班牙文	S
俄文	R
日文	J
阿拉伯文	A
世界语	ES
中文连续出版物	L
英文连续出版物	Es
电子资源	D

说明：

1. 各种常用外文图书的连续出版物的排架区分号总在原外文排架区分号后加上小写的字母"s"均可。

2. 各种文献的排架区分号均为大写的字母，外文连续出版物为大写字母加小写字母"s"。

3. 中文普通图书不加排架区分号。

以上 13 种编目业务细则、条例和编目业务规定从 2004 年一直沿用至今。

▶ **咨询服务**

西译图书馆定题服务项目
（2006 年）

一、课题跟踪服务

学院升格后，对科研工作更加重视，成立了不少科研机构，也有不少老师申请了各种级别的课题。图书馆将在科研工作中做好服务工作，各科研机构和有课题的老师可以将当前开展课题情况及所需资料类型告知图书馆，图书馆将提供这些课题所需要的现有书目信息、专题书目推荐、专题资料索引，收集最新研究动态，节省有关科研人员查找资料的时间，以便有更多时间投入科研工作当中；同时及时选购没有的资料，并为科研人员送书上门，以保证科研工作顺利进行。

二、为行政领导、学术骨干提供送书上门服务

学院行政领导和学术骨干平时工作很忙，为使这类读者更好地利用图书馆，图书馆拟为有需要的中层以上领导干部和副教授以上职称的老师借书提供送书上门服务，以丰富的文献资源竭诚为领导、专家提供全面、快捷、优质的服务。这些老师如有需要只要通过电话、电子邮件、纸条等方式将所需图书资料告知图书馆，图书馆将派工作人员代为查找，并安排人员将所借图书送上门。以上服务项目具体联系人及其联系方式如表 5-2 所示。

表 5-2　图书馆定题服务联系方式一览

服务项目	联系人	内线电话	外线电话	电子邮件
课题跟踪服务	文炜	85898552	13772036686	xfulib@ 126. com
送书上门服务	陆溯	85898552	13572957571	xfulib@ 126. com
西区、新区	文炜	85898552		xfulib@ 126. com

注：送书上门服务仅限校园范围内。

三、图书馆工作人员与各系部对口联系安排

为了更好地为教学服务，加强与各系部的联系，图书馆安排工作人员对口联系，各系部对图书馆如有什么建议、意见或要求，可直接找对口联系的同事。具体安排和联系方式如表 5-3 所示。

表 5-3　图书馆对口服务联系方式一览

联系人	对口系部	内线电话	外线电话	电子邮箱
文炜	外国语学院	85898552	13772036686	xfulib@ 126. com
陆溯	国际关系学院	85898552	13572957571	xfulib@ 126. com
陈娜	信息工程学院	85898552		xfulib@ 126. com
文炜	翻译研修学院	85898552		xfulib@ 126. com
孔思萌	经济管理学院	85898552		xfulib@ 126. com

四、收费办法与收费标准

1. 服务项目

（1）利用我馆的各种光盘、网络数据库检索相关文献信息，并利用软盘或电子邮件等传送原文。

（2）手工查询或网上检索相关课题的文献目录，用信纸、软盘或电子邮件等传送课题目录。

（3）利用网上免费数据库检索相关信息，并利用软盘或电子邮件等传递结果。

2. 收费项目及细则

（1）免收网络通信和数据库维护费、检索费和记录显示费。

（2）原文下载、传递、拷贝等收费除执行馆际互借方收费标准外，另收取软盘、纸张等耗材费。

（3）摘要/资料汇编、综述、外文文献翻译等二、三次文献服务另外酌情收信息加工费。

3. 校外用户另酌情收取信息服务费①。

五、图书馆委托检索服务收费标准（供参考）

（1）检索费

①查研究课题相关文献：（开题费 10 元+10 元/库+10 元/半小时+1 元/篇+打印费 1 元/页）/题。

②查文献收录引用：（开题费 10 元+10 元/库+10 元/半小时+2 元/篇+打印费 1 元/页）/人 SCI 收录和引用各按 1 库计；SCI 引用 1 次按 1 篇计。

（2）开文献检索证明

①研究课题相关文献检索证明：80 元/课题（国内外），40 元/课题（国内）。

②收录及引用文献检索证明：20 元+10 元/库。

（3）邮寄费、传真费

邮寄费-寄费+手续费 10 元/次；传真费 2 元/页。

---

① 免费服务仅向本校教师用户提供。

西译图书馆开展定题服务资料说明

（2006 年）

一、服务内容

（一）课题检索

其是根据用户的教学、科研需要，定期或不定期对某一特定主题进行跟踪检索，把经过筛选的最新检索结果，以书目、索引、全文等方式提供给用户；或是针对自然科学、社会科学及人文科学各个学科、各种项目的研究课题，经与用户协商从课题前期调研、开题立项、中期成果、直到成果验收，开展整个过程的文献检索服务。

（二）专题检索

其是对用户所委托的各种研究课题（包括研究生的学位论文课题）进行检索，以书目、索引、文摘、全文/汇编等形式提供给用户。

二、服务流程

（一）接受课题

在正式接受课题委托时，课题委托人应按照要求，认真填写"课题定题服务委托单"，提交详细描述课题的背景资料，并且有责任向定题工作人员说明该课题的技术特征，以便工作人员全面了解项目的内容、特点、创新点、要求等。

（二）确定检索范围

根据课题委托人提供的以往掌握的文献情况，确定检索范围，如检索时间段、地域分布、语种分布、文献类型分布、学科分布等，再选定相关的检索工具和数据库。定题服务根据课题委托人查全或查准的具体要求，工作人员可适当扩检或缩检。课题委托人根据情况，也可以推荐或指定检索范围，供工作人员参考。

（三）制定检索策略

在充分理解课题的实质内容和用户的委托要求后，工作人员选择恰当的检索词，根据各个检索词之间的相互关系，制定出准确的检索策略，并根据检索结果和用户的反馈意见不断调整检索策略，直到查到满足需要的相关文献为止。

（四）提供定题服务成果并建立档案

提供题录、文摘、原文等课题服务成果，并将课题服务全过程检索的情报资料和相关工作记录加以归档保存，作为今后开展定题服务的工作基础和参考资料。

第三节　开展多层次的业务工作

高校图书馆是学校的文献信息中心，是服务高校在校师生教育教学和科研的学术性机构，是高校资源信息化的重要基地，其主要职能是教育职能和情报职能，并运用先进的信息技术来充实和强化职能作用。

高校图书馆主要工作任务是通过对建设和维护好的馆藏资源进行加工整序，开展科研情报教育，培养师生的学术信息获取、文献数据库利用能力，组织与协调高校教育资源文献信息建设，实现文献资源的共建、共知、共享，开展如学术座、前沿科技分享等系列学术活动。

▶ 业务工作开展多样化

业务交流学习介绍信

西安理工大学图书馆：

兹介绍我院图书馆文炜等同志前来贵图书馆参观学习，望接洽为盼！

此致

　敬礼

西安翻译学院图书馆

2006 年 11 月 29 日

图书馆编印的第一本馆员论文集《在希望中奋斗》
（2008 年）

2008 年西译图书馆首次编印图书馆馆员论文集《在希望中奋斗》，共收录 73 篇文章，共 231 页。其封面如图 5-3 所示。

图 5-3　西译图书馆论文集《在希望中奋斗》封面

《在希望中奋斗》序

图书馆论文集《在希望中奋斗》终于与大家见面了。我是教师出身，总喜欢举一些与理想有关的例子。取名"在希望中奋斗"，寓意读者是祖国的希望，在图书馆人员辛勤的守望中正在拔节、成长，而我们这些 21 世纪的奋斗者也将在不久得到一个丰收的承诺。

《在希望中奋斗》的完成得到了各方的大力支持。它虽然不是很完美，但毕竟是属于我们自己的成果，就当是孤芳自赏吧。希望大家能够珍惜它。至少可以把它当作自己成长路上的一段风景。

这是一本比较"年轻"的论文集。它的作者大多比较年轻，它的思想或许并不是很成熟，但这并不影响我们对它的喜爱。因为，它有着年轻馆员对图书馆事业的热情与执着，有着中年馆员对图书馆事业的理念与反思，还有着老馆员对图书馆事业的深情与眷恋。透过馆员们的字里行间我们仿佛能够看到西译图书馆一天天的发展壮大，西译图书馆人敬业奉献、孜孜以求为读者服务的情景；能够看到西译图书馆人蓬勃向上的身影；能够看到西译图书馆美好的未来……

这是一本比较"成熟"的论文集。论文集中收录了西译图书馆人多年来在图书馆工作中的所思所想，且第一次对在馆内进行了论文整理。有十多位馆员的论文已获奖或在不同级别的刊物上发表。我们要向他们表示祝贺。

这就是西译图书馆的"学术现象"。既然是一种"现象"，我想，就不是个别情况。大多数馆员对学术的追求也许很快就会展现出来，或许和他们的表现方式各不相同，但有一点是不会变的，那就是对图书馆事业的热情与创新！

光阴荏苒，逝者如斯。

让我们对读者、对自己的未来大声喝彩吧！

西安翻译学院图书馆馆长：高启秦

2008 年 5 月 8 日

《在希望中奋斗》前言

和谐社会必然是一个政治、经济、文化协调发展的社会。图书馆是重要的文化设施，是弘扬优秀民族、建设新文化的社会组织。图书馆又是重要的信息情报搜集、整合、发布机构，在经济建设中发挥着越来越重要的作用。高校图书馆是学校的信息中心和文化中心，是为教学和科研服务的，更是一个国民终身教育的场所，对提高全民族文化素质、促进人的全面发展具有独特的功能和作用。在构建和谐社会的过程中，图书馆正发挥着越来越重要的作用。

《在希望中奋斗》为西译图书馆首本论文集，内容包括图书馆管理、图书馆馆藏建设、图书馆读者服务、采编业务、参考咨询与信息开发等部分。其收集了 73 篇论文，内容涉及图书馆的理论研究、工作研究、服务探索。西译图书馆人从工作实际出发，从不同角度、不同层次进行阐述和论证，提出了不少新的思想和观点，对于提高图书馆管理水平和服务质量，促进图书馆的建设和改革发展有着积极的作用。同时为每位员工不断的学习、不断的研究、不断的进步提供了交流的平台。

《在希望中奋斗》是图书馆全体员工工作、学习、研究和交流的成果，现已汇编成册，供大家共同参考，欢迎大家指导。

文炜

2008 年 4 月 10 日

叙旧话新　再上新台阶
——记图书馆 2009 年新年茶话会
（2009 年 1 月 6 日）

2009 年元月 5 日晚，图书馆全体员工在图书馆外语沙龙召开年终总结茶话会。图书馆高启秦馆长、赵玉芬副馆长参加了会议，丁院长到会祝贺并做了重要讲话。

高馆长讲到：高校图书馆工作是一项层次和要求很高的工作，不仅要有相关的扎实的图书工作专业知识和技能，要有见多识广的知识面和与教育教学相关的宽广视野和丰富经验，还要有积极进取、爱岗敬业、自信自强、务实创新的事业心，以及全心全意为师生服务、引导师生"多读书、读好书、好读书"的责任心。在过去的一年里，图书馆工作人员认真贯彻各级领导关于加强图书馆工作的意见，默默无闻，不辍耕耘，取得了可喜的成绩。在新的一年里，我们要认真贯彻丁院长的"十二字方针"，落实科学发展观，提出了"四个一"的办馆理念，使图书馆的各项工作再上一个新台阶。

"四个一"办馆理念：

一个宗旨——以服务为宗旨；

一个中心——以读者为中心；

一个核心——以建设为核心；

一个重点——以馆员为重点。

1. 一个宗旨：以服务为宗旨，挖掘潜力，提高效益

充分发挥图书馆现有的人、财、物和服务的潜力。做到少花钱多办事，办好事，改善借阅环境，树立图书馆的崭新形象。

2. 一个中心：以读者为中心，读者第一，服务至上

图书馆工作的最高目标是满足读者的需求。从服务环境、服务设施、服务态度诸方面提供人性化服务，使读者有宾至如归的感觉。

3. 一个核心：以建设为核心，教育基地，学校窗口

图书馆是为学院教学和科研服务的教育机构，是学院信息和教育的基地，也是学院的窗口，还是学院、院长办学理念、水平和能力的体现。

4. 一个重点：以馆员为重点，创造一流，追求卓越

图书馆是构建和谐校园、实施素质教育的良好平台。要努力开创科学管理、服务质量、设施布局、功能效益一流业绩。这"四个一"的办馆理念，是图书馆服务最精髓的内容，也是对科学发展观的贯彻和诠释。

在茶话会上，图书馆各部室主任以数字形式汇报了一年来的工作情况。赵玉芬馆长做了简短的总结讲话。大家一致认为，在新的学期里，以高启秦馆长提出的"四个一"的办馆理念为动力，贯彻丁院长的"十二字方针"，充分落实科学发展观，开展图书馆各项工作。

会上丁院长即席首先做了热情洋溢的讲话，对图书馆的工作做了充分的肯定，对图书馆默默无闻、始终如一、认真工作的态度提出了表扬，然后与大家面对面进行了座谈交流，并回答了同志们提出的各种问题，最后和大家进行了合影留念。

高馆长强调要变革创新，做到人尽其才，物尽其用，要坚持"纸质文献和电子文献建设并重，突出特色，合理互补，形成实际资源与虚拟资源相互依存，相互补充的科学馆藏体系"。要十分重视加强图书馆网络建设，加强图书馆网站与校园网、互联网之间

的链接，努力实现网上图书馆的综合服务的新功能，来满足读者网上查询、浏览、阅读的需求，完全使图书馆公开化、社会化，充分发挥网上图书馆的超越时空、超越地界的优势，使图书馆的新功能服务在读者需求之间流动起来，坚持"共知、共建、共享"的原则。她提倡把我馆建成没有围墙的数字图书馆，成为互联网络的一个节点，使读者在宿舍、教室、办公室等地的终端上，获取图书馆的文献信息，享受到方便快捷的服务。

总之，图书馆真正做到"以人为本"，就能充分利用人文内涵优势和丰富的文献信息资源，让形式多样的知识信息成为燎原星火，让图书馆成为点燃知识的火炬，让读者去点燃知识的灯盏，使图书馆真正成为文化的必需品，为培养高素质的现代化新型人才做出应有的贡献。

名师讲座　受益匪浅
（2009 年 4 月 20 日）

4 月 18 日下午，西译图书馆的赵玉芬馆长带领以参考咨询部为主的部分馆员，在陕西省图书馆参加并听取了"网络环境下的信息资源建设"学术专题报告会。本次讲座是由武汉大学信息管理学院图书馆学系主任肖希明教授主讲，主要内容涉及网络环境对信息资源建设的影响；网络环境下信息资源建设的基本理念、主要内容；Web 2.0 环境下的信息资源建设；构建和谐的图书馆服务文化等方面。

大家在听取讲座后，一致认为，讲解精辟、透彻，具有前瞻性，是一次很好的学习和提高的机会，受益匪浅，使图书馆工作人员业务素质进一步提高。

参考咨询部周工作情况（部分）
（2007 年）

第 9 周工作完成情况

1. 编辑好《教育信息参考》第 17 期。

2. 整理准备了部分《书海导航》资料，第 14 期。

3. 彻底完成 2006 年业务统计资料汇编和印刷工作。

4. 完成了参考咨询部部分资料的装订工作。

5. 继续提供了部分专题服务资料。

6. 完成了现刊阅览厅的小架标和部分大架标弥补工作。

7. 准备了图书馆教工参加运动会的报名工作。

8. 咨询台回复读者留言 35 条，发布通知通告 6 条，回答读者口头咨询 186 条，电话咨询 10 次，接待外来参观团 1 次。

9. 现刊厅接受和上架期刊 846 册、修补期刊 154 册，接待读者 54 346 人次。

10. 报刊阅览区登记和上架报纸 607 份、下架报纸 403 份，接待读者5 914人次。

11. 过刊阅览区（含自习厅）接待读者超 1 264 人次。

第 12 周工作完成情况

1. 开展论文写作知识讲座。

2. 编印《教育信息参考》第 9 期。

3. 办好《剪报栏》第 16 期。

4. 计划到兄弟院校参观、学习。

第 11 周工作完成情况

1.《教育信息参考》第 8 期已编印成册。

2. 论文写作指导讲座讲稿和课件修改稿完成。

3.《书海导航》第 11 期资料已编印好。

4. 网上开通腾讯 QQ 信息咨询服务已正常使用。

5. 发放了部分咨询服务宣传资料。

第 15 周工作完成情况

1. 编印《教育信息参考》第 12 期。

2. 整理好部分《书海导航》第 12 期资料。

3. 整理出所确立的服务项目的馆藏电子文献的书目，并发放到服务对象手中。具体包括：①翻译研修学院为英汉对照演讲资料。②信息工程学院为 NXD 数据库系统。③外国语学院：英美文学原著，德、日语原著；英、德、日语翻译著作；英、德、日等语言学方面的著作；英语四、八级考试方面的资料，毕业论文方面的资料。

4. 外出去西安交通大学、西安理工大学参观、学习。

5. 进行了熟练岗位操作规程练习。

6. 协助学管会准备了部分"读者与图书馆面对面交流会"工作。

第 16 周工作完成情况

1. 编印《书海导航》第 12 期。

2. 办好《剪报栏》第 18 期。

3. 整理出所确立的服务项目的网上文献的书目，并发放。具体包括：①翻译研修学院为英汉对照演讲资料。②信息工程学院为 NXD 数据库系统。③外国语学院为英美文学原著，德、日语原著；英、德、日语翻译著作；英、德、日等语言学方面的著作；英语四、八级考试方面的资料；毕业论文方面的资料。

4. 完成各岗位操作规程的考核工作。

▶ 馆际互借关系业务的践行

馆际互借，是对于本馆没有的文献，而在本馆读者需要时，根据馆际互借制度、协议、办法和收费标准，向外馆借入；反之，在外馆向本馆提出馆际互借请求时，借出本馆所拥有的文献，满足外馆的文献需求。适用于返还式文献和复制—非返还式文献。当然对于复制—非返还式文献也可以通过文献传递方式获取。

文献传递是将用户所需的文献复制品，以有效的方式和合理的费用，直接或间接传递给读者的一种非返还式的文献提供服务。它具有快速、高效、简便的特点。现代意义下的文献传递是在信息技术的支撑下由馆际互借发展而来的，但又优于馆际互借的一种服务。开展文献传递服务，不仅缓解了图书馆经费、资源不足与读者日益增长的文献需求之间的矛盾，而且对教学科研起到了很好的支撑作用。

西译图书馆历来重视图书馆多种载体馆藏文献资源的建设和利用，积极为读者排忧解难，急读者所需，从 2003 年就与陕西省各高校建立了馆际互借关系，开始使用陕西省高校图书馆通用借书证为读者服务，如图 5-4 所示。西译图书馆在 2005 年先后与中国国家图书馆、中国高校人文社会科学文献中心建立了馆际互借关系。

图 5-4　陕西省高等学校图书馆通用借书证

与《中国国家图书馆》建立开通馆际互借申请

国家图书馆：

您好！

为了最大限度地满足读者的需求，我们自愿与贵馆建立馆际互借和文献传递服务关系。我馆严格遵循贵馆所制定的馆际互借规则，只作为西安翻译学院师生的教学和科研使用，不做任何商业用途。

谢谢合作！

联系方式：

地址：西安市长安区太乙宫西安翻译学院图书馆

邮编：710105

联系人：文炜

传真：（029）85898513

电话：（029）85898552

电子邮箱：xfulib@126. com

此致

敬礼

西安翻译学院图书馆

2005 年 10 月 21 日

与中国国家图书馆合作开通馆际互借情况说明

为了提高服务水平，更有效地帮助读者获取所需文献信息，我们经过不懈的努力工作，与中国最大的图书馆——中国国家图书馆建立馆际互借关系。至此，西译图书馆是与中国国家图书馆建立馆际互借关系的唯一民办高校图书馆。

一、中国国家图书馆概况

中国国家图书馆坐落于北京市海淀区高粱河畔，紫竹院公园旁。总馆占地 74 200 平方米，建筑面积 14 万平方米，地上书库 19 层，地下书库 3 层，总共可容纳 2 000 万册藏书。该建筑荣膺"80 年代北京十大建筑"榜首，包括北海之滨的文津街分馆，馆舍建筑面积共 17 万平方米。

中国国家图书馆是综合性研究图书馆，是国家总书库。其履行搜集、加工、存储、研究、利用和传播知识信息的职责。中国国家图书馆是全国书目中心、图书馆信息网络中心，研究和采用现代技术，在全国图书馆标准化、规范化、数字化、网络化建设中起骨干作用，承担着为中央国家领导机关，重点科研、教育、生产单位和社会公众服务的任务。国家图书馆负责全国图书馆业务辅导，开展图书馆学研究。代表国家执行有关对外文化协定，开展与国内外图书馆界的交流与合作。

中国国家图书馆馆际互借是为实现其馆藏资源全国共享，满足用户在本地图书馆、文献信息机构无法解决的文献信息需求的机构。目前西译图书馆已与中国国家图书馆建立馆际互借关系。

二、服务内容

馆际互借服务范围包括国家图书馆的中文基藏图书库、外文文献数据总库的所有中外文图书和期刊文章。读者可通过西译图书馆向中国国家图书馆提出借阅要求。

三、服务流程

1. 文献查询

登录国家图书馆网站（www.nlc.gov.cn），点击进入馆藏资源，选择匿名登录进入国家图书馆馆藏检索系统后，即可查找自己所需要的图书。

2. 提交申请

查到自己所需的图书后记录下这本书的详细信息和需求范围后，发送到西译图书馆的邮箱（xfulib@126.com）或通过参考咨询台（图书馆二楼）提交申请。

3. 获取文献

读者所需文献到达西译图书馆后，西译图书馆将通过电子邮件、电话方式予以通知，读者在参考咨询台领取图书或文献复印件，同时交纳馆际互借费用。

四、收费标准

中文图书 10 元/本外文图书 10 元/本（含邮寄费）如逾期使用费外文图书每本 0.5 元/天，中文图书每本 0.3 元/天。

五、其他服务

中国国家图书馆同样也提供文献代查代检服务并通过电子邮件、网上传递等方式传递到读者手中。文献代查代检服务的费用为：凡属中国国家图书馆馆藏，每条收资料检索费 5.00 元；中国国家图书馆缺藏需要到外馆查印文献的，每条收资料检索费 10.00 元；专利文献每条收资料检索费 15.00 元。

与中国高校人文社会科学文献中心建立馆际互借预付款申请

尊敬的院领导：

为了最大限度地满足读者查阅外文期刊资料的需求，我馆已与中国高校人文社会科学文献中心（CASHL）建立了文献传递服务关系。

我馆建立了保障文献传递服务及时的措施，根据 CASHL 文献传递收费标准，需要一定的预付资金。现申请 500 元的预付款，望批准为盼。

此致

敬礼

西译图书馆

2008 年 10 月 20 日

与《中国高校人文社会科学文献中心》
合作开通的馆际互借的情况说明

一、什么是 CASHL

CASHL 是中国高校人文社会科学文献中心（China Academic Humanities and Social Sciences Library）。该项目引进专项经费，是教育部根据高校人文社会科学的发展和文献资源建设的需要而设立的。其宗旨是组织若干所具有学科优势、文献资源优势和服务条件优势的高等学校图书馆，有计划、有系统地引进国外人文社会科学期刊，借助现代化的服务手段，为全国高校的人文社会科学教学和科研提供高水平的文献保障。

这是全国性唯一的人文社会科学外文期刊保障体系，不仅可以为高校教学科研服务，也成为全国其他科研单位获取文献的基地。与科技部建设的"国家科技图书文献中心"互为补充，珠联璧合，其影响将十分深远，其巨大的社会效益将非常明显。

二、CASHL 的服务内容

可为用户提供的服务内容有：高校人文社科外文期刊目次数据库查询、高校人文社科外文图书联合目录查询、高校人文社科核心期刊总览、国外人文社科重点期刊订购推荐、文献传递服务以及专家咨询服务等。

1. 高校人文社科外文期刊目次数据库查询：收录了 CASHL 4 000 多种人文社会科学外文期刊，可提供目次的分类浏览和检索查询，以及基于目次的文献原文传递服务。其中带有"核心"标识的期刊为核心期刊。

2. 高校人文社科外文图书联合目录查询：提供北京大学、复旦大学、武汉大学、南京大学、吉林大学、中山大学、四川大学 7 所高校图书馆的人文社科外文图书的联合目录查询。可按照书名进行检索，或按照书名首字母进行排序浏览，还可以按照学科分类进行浏览。

3. 高校人文社科核心期刊总览：包含两大序列——由北京大学图书馆主持编纂的《国外人文社会科学核心期刊总览》、被 SSCI 和 A&HCI 收录的核心期刊。带有"馆藏"标识的可以提供文献传递服务，带有"推荐"标识的可以推荐订购。

4. 国外人文社科重点期刊订购推荐：提供 9 000 多种国外人文社科重点期刊的目录供用户推荐订购，用户的推荐意见将作为 CASHL 订购期刊的重要依据。

5. 文献传递服务：注册用户可在目次浏览或检索的基础上请求原文，如不知文献来源，也可以直接提交原文传递请求。通常情况下，用户发送文献传递请求后，可在 3~5 个工作日得到所需原文。

三、主题活动的参与开展

图书馆主题活动，指围绕某个主题开展的相关活动，包括文献的收藏和利用两个方面，以文献的利用为主、多种方式阅读为出发点来开展活动。

图书馆馆员参加学校"读书做人"主题征文活动名单
（2008 年 4 月 11 日）

1. 品"读书做人"（史延玲）
2. 浅谈书文化与图书馆员读书的必要性（何珣利）
3. 读书是成就做人的捷径（文炜）
4. 试探民办高校图书馆网络环境下在线参考咨询服务模式（文炜）
5. 浅谈读书（卫蕊红）
6. "读书"之我见（赵菊玲）
7. 关于"读书做人"的一点心得（杨岁红）
8. 读《假如给我三天光明》有感（张丽芳）
9. 读书可创造美（万永利）
10. 读书之我见（陈晓花）
11. 学习《图书馆杂志》读后感（高春玲）
12. 关注文学的命运（王红利）
13. 读《图书馆》之《精心营造高校图书馆的文化氛围》有感（罗伟）
14. 学习《图书馆知识管理》读后感（冯淑芳）
15. 读《全体育》封面故事有感（高玉梅）
16. 立志——读《游向高层的鱼》有感（杨晓艳）
17. 读模棱两可博客上的《〈中外教育格言名言解读〉——与几百个伟大灵魂交流》有感（王冬花）
18. 读明史有感（何立军）
19. 定位自己的目标——《定位决定地位》读后有感（王冬花）
20. 女人的尊严与爱——《简·爱》读后感（胡玲）
21. 对建设高校外语图书馆的几点建设（沙治鹏）
22. 学习《图书馆论坛》杂志有感（边冬玲）
23. 论读书、做人、工作、学习四者之间关系（凌欢）

关于在全院师生中开展"读书做人"征文活动的通知
（2008 年 3 月 7 日）

为了响应中宣部、新闻出版总署关于进一步推动全民阅读活动，在全社会形成多读书、读好书的文明风尚和良好舆论氛围的号召，同时也为了进一步落实丁院长"读书、做人、文明、亲情、变革、奋进"的十二字方针，经研究我们与陕西省社会科学信息学会联合举办"读书做人"征文活动，现将有关事宜通知如下：

一、参加人员：全院师生

二、征文宗旨：交流读书体会、探讨人生真谛、倾注人文关怀、传承文明薪火

三、征文内容

1. 有关书籍阅读的感悟和体会；

2. 有关哲学、艺术的深层次思考；

3. 有关学术、文化的评论；

4. 有关丁院长"读书、做人，文明、亲情，变革、奋进"12 字方针的解读。

四、征文要求

1. 征文内容要求导向正确、格调高雅，有益身心健康。

2. 保证征文原创性，文字简洁、朴实、自然生动，文体不限，字数以 2 000～3 000 字为宜。

3. 征文稿件要求用 A4 纸打印，并注明姓名、班级（单位）及联系方式，同时请将文字电子版发至学院官方网站（http：//www. xfuedu. org/newssite/）西译论坛"文学天地"版块《关于在全院师生中开展"读书做人"征文活动的通知》主题帖后。

4. 来稿请交学院宣传部张峰，电话：85891104。

5. 来稿截止时间：2008 年 4 月 10 日

五、奖励办法

征文结束后我们将组织专家评委对来稿进行评审，征文设一等奖 1 名；二等奖 2 名；三等奖 3 名；优秀奖若干名。所有获奖者均颁发获奖证书（加盖陕西省社会科学信息学会印章）并给予物质奖励。获奖结果将在 4 月 23 日世界读书日前夕公布，并在当日举行隆重颁奖仪式。同时，优秀文章将向有关媒体推荐发表。

征文期间我们还将举办多场学术讲座，欢迎大家关注。

图书馆举办书香校园活动
（2010 年 5 月 25 日）

阅读改变人生，在这红花五月到来之际，图书馆举办了以"我与图书馆"为主题的宣传周活动，开展"书香校园"活动内容如下：

一、图书馆主页宣传

图书馆主页作为图书馆的宣传口也越来越受到广大读者的关注，为了方便读者查找资源，有效利用图书馆主页进行文献资源检索，图书馆开展了解、使用图书馆主页的宣传活动。

二、主题演讲报告

图书是人类进步的阶梯，为倡导大家多读书、读好书、热爱读书，更好地进行阅读，图书馆举办"阅读的智慧"（图书馆学术报告厅）的专题讲座。

三、图书馆不文明行为展示

图书馆的不文明行为是不容我们忽视的。部分同学还没有意识到保护我们馆内环境的重要性。通过此次照片展，我们希望让更多的同学看到图书馆内存在的不文明行为，以身作则，改掉不文明行为，给大家留下一个真正的学习天堂。

四、文学常识有奖竞答

为了让同学们更好地利用图书馆丰富的文献资源，激发同学们的阅读兴趣，提高自身素质，图书馆开展了文学常识有奖竞答。

五、"我最喜爱的中外名著"调查

调查我院学生喜爱的图书，同时推荐给全院师生，使广大热爱读书的学子，更方便地找到自己感兴趣的名著。

六、"我最想看到的外语电影"调查

图书馆外语沙龙是我们学习外语的好地方，为了吸引广大学生前来观看，我们通过此次调查，整理出学生最想看的日、德、英语电影，让同学们在观看最新电影的同时也能学好外语。

以上 6 个活动，除主题演讲报告（阅读的智慧），在西译图书馆学术报告厅举行，其余 5 个活动均在学院主干道（校园）举办。

图书馆召开第二次业务培训会

（2010 年 11 月）

11 月 10 日，图书馆在外语沙龙召开了本学期第二次业务培训会。会议由高启秦副馆长主持。

康万武馆长先阐述了图书馆专业人员应具备的业务素质，并重点对西译图书馆 10 月进行的"《文献检索》与《参考咨询》岗位业务测试"的试题进行了讲评，传授了《文献检索》与《参考咨询》方面的专业知识和业务技能，强调了提高馆员的业务素质，是满足读者信息需求的重要保证。

高副馆长对本次培训活动做了总结，通报了学院调整工资的基本方案。她要求大家努力学习业务知识，不断地提高工作能力和业务水平，更好地为读者服务。

图书馆自 2004 年 3 月搬入新馆后，就开始重视图书馆内部业务工作的量化管理。图 5-4 为文献建设部量化管理表（2004—2005 年），图 5-5 为期刊阅览厅量化管理表（2005—2009 年）。

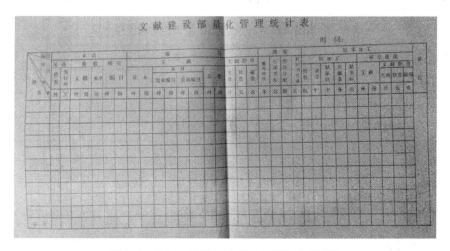

图 5-4　2004—2005 年文献建设部量化管理表

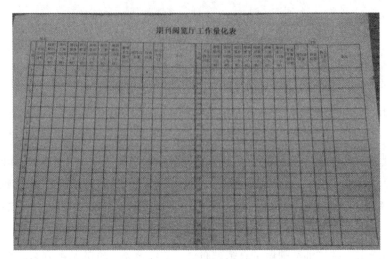

图 5-5　2005—2009 年期刊阅览厅量化管理表

▶ 业务工作表格汇总（部分）

西译图书馆重视内部业务工作的开展，许多工作的开展从 2005 年起以表格的形式来做计划安排和实施，下面分别用 11 张表格（见表 5-4 至表 5-14）来展示。

表 5-4　情报研究室 2005 年下半年工作活动安排一览

周次	时间	活动内容	备注
1	8 月 16 日—22 日	打扫卫生整理图书	开学
2	8 月 23 日—29 日	整理图书	
3	8 月 30 日—9 月 5 日	修订工作计划	
4	9 月 6 日—12 日	准备馆史撰写工作和办《书海导航》小报	教师节
		新生入学教育（陆溯主讲）	
5	9 月 13 日—19 日	举办两次文献资源的开发与利用知识讲座（文炜主讲）	
6	9 月 20 日—26 日	图书馆基础知识讲座Ⅰ（陆溯主讲）	
		计算机基础知识培训（陆溯主讲）	
7	9 月 27 日—10 月 3 日	图书馆基础知识讲座Ⅱ（陆溯主讲）	国庆节
		讨论并安排信息研究课题（文炜主持）	
8	10 月 4 日—10 日		
9	10 月 11 日—17 日	图书馆基础知识讲座Ⅲ（陆溯主讲）	
10	10 月 18 日—24 日	图书馆基础知识讲座Ⅳ（陆溯主讲）	全国翻译证书考试
11	10 月 25 日—31 日	邀请相关人士对馆员做礼仪和职业道德知识报告	自考

表 5-4（续）

周次	时间	活动内容	备注
12	11 月 1 日—7 日	办《书海导航》小报	
13	11 月 8 日—14 日	邀请有关知名人士对读者做相关报告	
14	11 月 15 日—21 日		
15	11 月 22 日—28 日	讨论课题研究情况（文炜主持）	
16	11 月 29 日—12 月 5 日		
17	12 月 6 日—12 日		
18	12 月 13 日—19 日	收集探讨并整理本学期论文（文炜主持）	
19	12 月 20 日—26 日	办《书海导航》小报	学历校考
20	12 月 27 日—1 月 2 日	馆史撰写初稿完成（截至 2005 年 12 月 31 日）	
21	1 月 3 日—9 日		英语四、六、A 级考试
22	1 月 10 日—16 日		学历文凭考试/自考加考
23	1 月 17 日—23 日		放寒假

表 5-5 西译图书馆装订报纸一览（2006 年）

架	排	报纸名称			备注
		A	B	C	
一	1	21 世纪英文报	21 世纪经济报道	21 世纪英语教育	
	2	北京周末（英文版）	参考消息	财经时报	
	3	大众证券	电脑报	法制日报	
	4	法制文萃报	光明日报	国际商报	
	5	环球时报	海峡导报	IT 时报	
二	1	计算机世界	教育信息报	教师报	
	2	经济日报	经济参考报	经济导报	
	3	解放日报	交通旅游导报	金融时报	
	4	人民日报	上海英文星报	商业周刊	
	5	深圳日报（英文版）	时代周刊	世界新闻报	
三	1	通讯产业报	体坛周报	文汇报	
	2	网络世界	现代物流报	现代教育报	
	3	新华日报	新华每日电讯	西安晚报	
	4	扬子晚报	远东经贸导报	英语周报	
	5	英语周报（英文版）	英语辅导报	英语学习辅导报	

表5-5（续）

架	排	报纸名称			备注
		A	B	C	
四	1	中国财经报	中国妇女报	中国计算机报	
	2	中国教师报	中国教育报	中国经济导报	
	3	中国经营报	中国劳动保障报	中国旅游报	
	4	中国贸易报	中国青年报	中国消费报	
	5	中国商报	中国体育报	中国文化报	

表 5-6　参考咨询部工作量统计（2006 年 10 月）

部门	工作项目						备注
信息情报研究室	教育信息参考（3 期）						
	编辑馆员培训资料（1 份 23 页）						
	撰写论文（1 篇 8 000 多字）						
	整理毕业论文知识讲座讲稿和课件						
	去各院系发放文献咨询宣传资料 2 次						
咨询台	回答留言/条	上架工具书/本	发布信息/本	口头咨询/次	参观接待/次	门厅咨询/小时	
	182	175	35	257	9	26 小时	
期刊阅览室	登到期刊/册	上架期刊/册	整架/册	阅览人数/人	期刊修补/册		
	701	701	1 109	114 512	479		
阅报区	登到报纸/份	上架报纸/份	整架/份	接待读者/个	报纸修补/张	剪报栏/期	
	2 598	2 598	3 011	14 826	711	2	

表 5-7 参考咨询部月工作情况统计一览（2009 年 3 月）

序号	工作项目			完成情况
1		文献检索课		进行"文献检索讲座"（人文艺术学院学生代表）1 次
2		馆员培训		完成"图书馆实务及电子文献的使用方法"培训 1 次（读者服务部部分同志）
3	文献信息咨询	读者咨询工作	面对面咨询	口头咨询 16 条
4			电话咨询	电话咨询 7 条
5			腾讯 QQ 和电子邮件咨询	腾讯 QQ 咨询 10 条
6			论坛	发布信息 4 次
7			常见问题	常见问题解答 8 次
8		馆际互借和文献传递服务		启动新学年专题服务工作，并整理"专题服务"项关资料
9		专题和定题服务		外出各学院各教研室进行电子文献使用培训宣传 24 次
10		文献推介服务		发布学术交流信息 5 次（包括征稿通知）
11		文献信息开发		整理推荐优秀图书、期刊和百科全书等重要文献（31 条）
12				期刊教育类文摘 28 条；期刊外语学习类文摘 7 条；期刊外语学习类篇名索引 32；期刊计算机学习类文摘 26 条；经管学习类文摘 25 条
13				整理相关专业学科带头人的成就及出版著作（72 条）
14		文献信息研究		讨论安排新学年课题研究工作
15		文献信息宣传		《教育信息参考》资料总第 32、33 期，并向外发送
16				开展系列就业推荐和宣传工作 2 次
17		其他工作		制订了本学期各种活动安排表格、计划等
18				整理丁院长言论录
19				整理制定工作职责、工作细则、工作要求
20				发放 2008 年业务统计资料标准
21				编辑 2008 年业务统计资料
22				开展日常参考咨询工作
23				安排读者培训工作

表 5-8 参考咨询部工作活动安排一览（2007 年上半年部分）

周次	时间	活动内容	备注
1	3 月 1 日—3 日	打扫卫生、整理图书、订计划	开学
2	3 月 6 日—10 日	修订工作计划/整理过刊架标/"剪报栏"第 20 期	"三八"妇女节
3	3 月 13 日—17 日	确定专题服务项目	
		《教育信息参考》资料第 14 期	
4	3 月 20 日—24 日	"剪报栏"第 21 期	
		整理 2006 年馆内业务统计资料汇编	
5	3 月 27 日—31 日	《教育信息参考》资料第 15 期	
		《书海导航》小报第 13 期/索引的编制方法讲座	
6	4 月 3 日—7 日	"剪报栏"第 22 期	计算机等级考试
7	4 月 10 日—14 日	《教育信息参考》资料第 16 期	
8	4 月 17 日—21 日	《书海导航》小报第 14 期	自考
		"剪报栏"第 23 期	
9	4 月 24 日—28 日	现代文献类型概述讲座	
		《教育信息参考》资料第 17 期	
10	5 月 1 日—5 日		"五一"劳动节
11	5 月 8 日—12 日	《教育信息参考》资料第 18 期	
12	5 月 15 日—19 日	"剪报栏"第 24 期	
13	5 月 22 日—26 日	《书海导航》小报第 15 期	
		《教育信息参考》资料第 19 期/中图分类法讲座	
14	5 月 29 日—6 月 2 日	"剪报栏"第 25 期	
15	6 月 5 日—9 日	去兄弟院校参观学习	
16	6 月 12 日—16 日	"剪报栏"第 26 期	
17	6 月 19 日—23 日	编印读者手册（修订版）	四、六、A 级考试
		图书馆论文集编印成册	
18	6 月 26 日—30 日	"剪报栏"第 27 期	
		馆史撰写修改稿完成（文炜）	
19	7 月 3 日—7 日		期末考试 自考学历考
20	7 月 10 日—14 日		放暑假

表5-9 参考咨询部工作活动安排一览（2008年上半年部分）

周次	时间	活动内容	备注
1	2月21日—25日	打扫卫生、整理图书、订计划	开学
2	2月26日—3月3日	"剪报栏"第36期；编辑2007年业务统计资料	
3	3月4日—10日	《教育信息参考》第24期；电子图书、"CASHL""国图"使用方法宣传	"三八"妇女节
		讨论并安排课题研究情况（文炜主持）	
4	3月11日—17日	办《书海导航》小报第19期	
		图书馆论文集审稿	
5	3月18日—24日	《教育信息参考》第25期	
		《剪报栏》第37期	
6	3月25日—31日	图书馆与读者面对面交流会	
		去兄弟院校参观学习	
7	4月1日—7日	《教育信息参考》第26期	清明节
		图书馆论文集定稿	计算机等级考试
8	4月8日—14日	办《书海导航》小报第20期	
		"剪报栏"第38期	
9	4月15日—21日	《教育信息参考》第27期	自考
10	4月22日—28日	请有关知名人士对读者做相关报告	
11	4月29日—5月5日	"剪报栏"第39期	"五一"劳动节
12	5月6日—12日	《教育信息参考》第28期	
13	5月13日—19日	办《书海导航》小报第21期	
14	5月20日—26日	《教育信息参考》第29期	
		"剪报栏"第40期	
15	5月27日—6月2日	馆史撰写定稿完成（文炜）	
16	6月3日—9日	召开图书馆学术研讨会（文炜主持）	
17	6月10日—16日	收集探讨并整理本学期论文（文炜主持）	
		"剪报栏"第41期	
18	6月17日—23日	《剪报复印资料》第2册装订成册	英语四、六、A级考试

表5-9（续）

周次	时间	活动内容	备注
19	6月24日—30日		
20	7月1日—7日		期末考试
21	7月8日—14日		放暑假

表 5-10　西译图书馆二次文献开发范围要求一览（2008 年部分）

部门	岗位	文献类型		内容范围	项目要求	备注
		一次文献类型	二次文献类型			
流通部	语言库		题名索引	英语四、六级词汇、写作、翻译、听力	题名、作者、出版社、出版年、索书号、库位	按年份
	社科库		题名索引	教育、心理学、股票		
	自然库		题名索引	医疗保健；计算机办公自动化、等级考试		
	文艺库		题名索引	散文、英美文学、摄影		
	还书台		文摘	语言类工具书	题名、文摘、作者、出版社、出版年、索书号、库位	按语种、年份
阅览部	样本库		题名索引	工具书	题名、作者、出版社、出版年、索书号、库位	按检索工具书和参考工具书、再按年份顺序
	英语厅		文摘	文学类	题名、文摘、作者、出版社、出版年、索书号、库位	按年份
	德日厅		文摘	文学类		按语种、年份
	期刊厅		篇名索引	民办教育	篇名、作者、刊名、卷期号、页码、排架号、库位	2008 年期刊

表 5-11　参考咨询部专题服务主要项目一览（2009 年）

序号	内容	对象	部门	联系方式	电子邮箱	负责人
1	西安翻译学院办学经验诠释	赖伯年	科研处		laibnl@ 126. com	文炜
2	丁祖诒教育言论录	史飞翔	科研处	85891589	shifeixiang1977@ yahoo. com. cn	
3	民办高校图书馆专题咨询服务研究	文炜	图书馆	85898552	wwxful@ 126. com	
4	我院管理制度改革研究	李虹	院办			杨琦
5	人文素质与人才培养研究	李志慧	人文院	85892570	wkitt_ 1980@ 126. com	
6	网络文学与传统文学比较研究	骆欣	人文院	13772116989	luoxin811229@ yahoo. com. cn	
7	本科应用型广告人才培养模式研究	董千	人文院	13991903217	dongqianma@ 163. com	
8	校园卡数据安全的探索	王洪军	一卡通中心	13488150427	whjun80@ 126. com	张琨
9	我院课外体育活动的现状及对策研究	王金贵	体育部			
10	教学、实训校园网建设方案研究	任小琦	信工院	85893429	rxq450913@ yahoo. com. cn	
11	精品课程管理平台建设方案研究	王振辉	信工院	13629274825	9502wzh@ 163. com	
12	《英语国家概况》课程建设与研究	张睿	国关院	85891169	61663111@ qq. com	陆溯
13	民办本科院校图书馆藏书结构研究	何立军	图书馆	85892560	helijun2007@ 126. com	
14	"人才培养工作状态数据采集平台"建设研究	王水全	评建办			
15	民办本科院校建设的研究与实践	张杨萍	评建办			
16	"体验式"旅游人才培养模式研究	王毅菲	经管院	13720425810	effie_ 007@ 163. com	郝秀珍
17	民办高校大学生自我管理研究—给予学习观视角	李娟	经管院	15029559835	yuzhu_ 123456789@ sina. com	
18	民办高等教育滚动发展模式研究	刘红	经管院	13279321870	liuhong918@ yahoo. com. cn	
19	民办高校教师激励机制研究	袁燕	经管院			
20	"90后"大学生学习激励机制研究	刘俊霞	经管院	13720404215	pylxljx@ 163. com	

表5-11(续)

序号	内容	对象	部门	联系方式	电子邮箱	负责人
21	影音素材辅助大学英语教学的研究	李婧娟	外国语学院	85898987	zixuan0044@sina.com	
22	翻译课程教学改革研究	富娅琳	外国语学院	85898987	fulin1003@163.com	
23	课堂教学中的情感交流研究	陈婷	外国语学院	13572171499	jojochanting@hotmail.com	
24	全外语氛围的探索与实践	沈久福	外国语学院	85891537	shen_jiufu@yahoo.com.cn	
25	日语口译技能在教学中的应用研究	牛立宝	外国语学院	13659199467	niulibao2006@yahoo.com.cn	
26	大学本科基础英语教学中的文化导入研究	陈跃	外国语学院	13088961506	chenyue_1230@yahoo.com.cn	
27	专门用途英语在英语泛读教学中的应用研究	李然	外国语学院	13572874001	flunder@163.com	
28	我院德语专业改革与建设策略研究	刘景样	外国语学院	13571971115		
29	二级学院本科教学质量监控研究	徐鲁昳	外国语学院	85891543	125198442@qq.com	
30	提高我院英语专四通过率对策研究	李鲜花	外国语学院	15091630484		
31	实用科技英语翻译教学的实践研究	秦晓梅	外国语学院	13572235477	yimei170980@126.com	
32	大学英语口语教程（二）教材	赵宏	外国语学院			马楠
33	英语专业课程建设——《致用英语》系列教材	闫福祥	外国语学院	13389257321		
34	英语专业本科论文管理研究	赵列平	外国语学院	15902960786	tinna19780401@163.com	

表 5-12　《参考咨询部业务工作量化管理实施办法》一览（2013 年 3 月）

岗位		工作内容	实施办法	标准		奖惩办法	备注
文献信息咨询与信息开发	信息咨询	面对面咨询	礼貌、热情、负责任地回答读者所提出的每个问题（一线咨询人员，咨询辅导每人每周不少于10人次，且需有详细的咨询记录）		15	未完成任务或读者意见每次扣2分	①参考咨询部业务工作以《参考咨询部业务工作量化管理实施办法》为依据，以具体岗位工作要求为准。②业务工作标准总分100分，具体分配到各项，每月一总结。③工作质量不合格，按数量的扣分的2倍扣分；工作完成出色受到领导好评每次奖3分。④每季度浮动绩效工资发放，按扣分多少为主要依据
		电话咨询	认真、负责、耐心解答读者咨询，做到读者满意为原则		5	不及时回复读者问题或引起读者不满意每次扣1分	
		腾讯QQ和电子邮件咨询	及时、准确的回复读者所提问的问题		3		
		其它网络咨询(含图书馆主页、校园网)	回复读者留言要讲究语言方式，正确、详实、耐心，尊重读者，以读者第一为宗旨	40	2		
		馆际互借和文献传递服务	认真负责、不厌其烦、及时为读者提供所需资料，充分起到桥梁纽带作用。		5	工作不负责任或引读者不满意每次扣1分	
		代查代检和专题服务	每学期根据计划确定重点学科中的项目3~4个，为读者随时提供所需资料（每人每周不少于1条）		5	不及时开展工作，读者有意见每次扣2分	
	信息开发	二次文献开发（纸质、电子）	为方便读者查阅馆藏文献和网上信息资源，有目的的制定书目、索引、文摘等二次文献的开发（每人每周不少于3条）有重点的开展剪辑资料等一次文献的开发，每学期末装订专题剪报复印资料一册。明确计划，落实责任到人		3	未完成任务每次扣1分	
		文献推介服务	根据计划和读者实际需求，定量专人负责开展文献推荐介绍服务（每人每周发布信息不少于2条）		2	不定时定量完成任务每次扣1分	
读者教育与馆员培训	读者教育	新生入馆教育	每学年初，即9月中下旬，举办新生入馆教育，采取图文并茂课件形式的讲座为主的方式进行。专人负责，准备好所需材料，具体按计划完成		3	因主观原因未完成每次扣1分	
		文献检索课	每学期有计划的以"一小时讲座"形式进行文献检索课的教育，以馆藏文献的使用，特别是以馆藏电子文献的使用为主，以具体操作为重点，按本学期计划进行，讲求实效，达到预期目的		10	因主观原因未按计划完成每次扣2分	
		专题讲座	根据学院和馆内的实际情况及读者的需求，每学期邀请相关人员为读者做专题讲座2~3次，急读者所急，想读者所需	35	2	未按计划完成每次扣1分	
		读者信息素质教育	开展经常性的面对面的辅导培训；引导读者使用图书馆主页及图书馆电子文献；指导读者使用网上文献资源		15	引起读者不满意每次扣1分；未按计划完成每次扣2分	
	馆员培训	业务讲座	有计划地开展不同形式的馆员培训，包括讲座和印发学习资料等学习方式，每学期根据情况开展2~3次业务培训学习和职业道德教育培训学习		5	按计划未完成每次扣2分	
		印发资料					
文献信息宣传与信息研究	信息宣传	馆刊与馆报	努力开展多种形式的文献信息宣传工作，坚持办好图书馆馆报《图书馆与读者》、馆刊《教育信息参考资料》，编印各种宣传单、引导资料，张贴、发布不同形式的布告、通告和新闻等（包括图书馆主页、校园网论坛、图书馆电子屏幕）。按工作计划，各负其责，切实做好各项工作		10	未按时、保质保量完成工作每次扣1分	
		板报与传单					
		海报与公告		15			
		图书馆主页					
		校园网					
	信息研究	课题研究	负责全馆工作人员论文的撰写和向社推荐工作以及本馆的学术研讨会的筹备等工作，承担或参与相关研究项目，做好本馆学术资源的积累工作		5	未及时开展工作每次扣2分	
		学术资源积累					

表 5-13　参考咨询部业务工作统计一览（2013 年 1-12 月）

服务类别	服务项目	次数/次	人数/人	人次	其他
信息咨询	电话咨询			102	
	电子邮件咨询			34	
	腾讯 QQ 咨询			206	
	馆际互借和文献传递服务				26 项
	论文写作指导	64			
信息开发	二次文献开发（文摘）				120 条
	电子剪报资料				121 页
	文献推介服务（电子）				3 个专题
读者教育	新生入馆教育	25	3 651	9 761	
	文献检索讲座（一小时讲座）	46	775		
	专题讲座	8			
	辅导培训			1 850	
	"信息素质教育室"接待读者			6 233	
馆员培训	馆员培训讲座	5			
	发放培训资料	4			
信息宣传	电子文献宣传活动	2			
	网上宣传	42			
	制作单页广告	6			
	发布通知、公告	46			
	编辑《教育信息参考》				6 期
	编辑《图书馆与读者》				6 期
	参与修订《图书馆读者手册》				1 册
	新闻早浏览	188 次			
信息研究	帮助完成课题				4 个
	学术资源积累				3 份
其他工作	编辑 2012 年业务统计资料				1 份
	图书馆主页内容修改				6 部分

表 5-14 参考咨询部文献传递服务主要情况一览（2013 年 1-12 月）

时间	服务项目	服务过程	服务效果
3 月	新日本语能力考试 N2/N4 听解	为外国语学院陈海笑日语老师查找所需资料	传递给读者 2 册电子文献
	协助课题申报	协助学院体育部韩长荣教授完成教育教学改革研究项目——"民族化、个性化、多元化新体育课程探索"的立项申报工作	完成立项申报工作
4 月	"人力资源测评"相关调查问卷和分析	帮助湖南溧水集团谢菁收集"人力资源测评"相关调查问卷和分析	收集相关资料 13 篇
	《红字》相关资料	为翻译研修学院叶蓓蓓学生查找所需资料	查找图书 1 册和资料 3 篇
	西译院校歌	为学院档案馆侯红萍查找了校歌的原文和出处	传递给读者
	查找养老保障制度	为基建处孔思萌查找有关养老保障制度方面的文章	传递给读者
5 月	西译图书馆勤工助学情况探析	为学院学生资助管理中心提供给了图书馆勤工助学情况探析资料	传递资料（约 9 000 字）
	西译校徽相关资料	为学院学生处马海洋查找所需资料	传递给读者 10 多篇资料
	终南地域民族传统体育文化研究	为学院体育部韩昌荣老师查找了所需资料	传递给读者 12 篇资料
	协助项目的申请	协助学院体育部韩长荣教授完成西安社会科学规划课题——"民俗体育艺术在全民健身运动中的实践与创新"项目的申请工作	完成项目的申请工作
9 月	"社会网络与图书馆"调查问卷	帮助西北大学公共管理学院杨九龙副教授收集、整理"社会网络与图书馆"方面相关调查问卷 30 余份	收集、整理相关调查问卷 30 余份
	学生管理方面的资料	为学院诒华学院张亚玲老师查找所需资料	传递给读者 16 篇
	"国学大数据"报纸文章	帮助人文院老师查找一篇关于"国学大数据"的报纸文章	传递给读者
	数据库使用说明书	给胡海云传递超星、独秀数据库使用说明书	传递给读者

表5-14(续)

时间	服务项目	服务过程	服务效果
10月	会计方面学习资料	为学院外国语学院葛峰老师查找所需资料	传递给读者300多页
	"城市地下管道建设"等方面的文章	帮助西安高科技集团高工收集"城市地下管道建设"等方面的文章7篇	收集相关文章7篇
	早教资料	张荣娟下载传递早教书3册	传递给读者3册电子图书
11月	耿国华主编两本电子图书	为工程技术学院张敏老师查找了所需资料	传递给读者电子全文
	《教育信息参考》西译87校庆专版	为山西省朔州市教育局原研究人员牛泉查找了所需资料,并邮寄	邮寄纸质资料给读者

第六章 队伍建设

图书馆人才队伍的建设是一个长期而艰巨的任务。管理者应立足科学发展观，把图书馆的长远发展与眼前发展有机地结合起来，建立一套科学合理的人力资源管理方案，以促使图书馆事业可持续和与时俱进的发展。

图书馆一直重视队伍建设，采取进修、馆员馆内培训和引进的方式加强队伍建设，特别重视馆员的学历进修和业务学习，坚持馆内的业务培训活动不间断，积极开展多种形式的业务学习培训。

第一节 馆员培训

培训是为学习者提供目前工作所需的知识和技能所设计的活动。对图书馆来说，培训是可持续发展的核心，能够不断提高馆员业务水平和服务能力，促进图书馆事业的健康发展。西译图书馆的馆员馆内培训，最初是以简单的图书馆文献分类、图书索书号的组成等为培训内容，2005年开始以讲座的形式进行馆员培训，特别是到2007年基本形成了以培训讲座和发放培训资料两种形式为主的馆内馆员培训形式。馆员培训起步于2004年3月搬入新建的图书馆，随着图书馆逐步的规范化建设的发展而发展，图书馆积极鼓励工作人员参与学历提升和相关业务在职培训学习。

在图书馆如何寻找所需图书
——图书分类简介（2008年10月20日）

图书馆的藏书真可谓是百科俱全，浩如烟海。怎样才能知道图书馆里有哪些藏书？如何迅速、准确地找到所需的图书呢？要找到答案，就必须先了解并掌握图书分类知识。

一、图书分类的含义与作用

图书分类就是根据图书的学科内容或其他特征的异同，按照一定的体系，将图书馆藏书分门别类，并据此系统地把它们组织起来的一种方法。图书分类的含义有广义和狭义之分，广义的图书分类是指一切知识载体的分类，狭义的图书分类则单指图书馆所收藏的文献资料的分类。图书分类的作用体现在以下三个方面：第一，编制分类目录，便于读者按知识门类查找所需图书资料；第二，组织分类排架，便于管理员从书架上取书和上架图书；第三，进行分类统计，反映各类图书的采购与流通情况，为图书馆的各项工作提供可靠的数据。

二、图书分类法简介

类是具有某种共同属性的事物的集合，其相应的名称就是类名，类名的作用在于表达类目的含义及范围。而决定划分为类所采用的某种属性或特征就称为分类标准。将图书按照一定的分类标准和原则组织起来的分类体系就是图书分类法。它通常以表的形式体现出来，因此也称为图书分类表。

图书分类在我国有着悠久的历史，早在公元前6年，我国古代最早的目录学家刘向、刘歆父子就编制完成了我国最早的一部图书分类法——《七略》。此后又陆续出现了反映历代藏书的分类目录，较有代表性的有唐代孙无忌编制并奠定四分法基础的《隋书·经籍志》、清代的《四库全书总目》等。直至辛亥革命前后，我国才出现具有现代特征的分类法，较有影响的是：冲破四部体系而编制新分类体系的《古越藏书楼书目》，第一个仿美国"杜威十进分类法"运用标记符号代表类目的《仿杜威书目分类法》，刘国钧编制的新中国成立初期普遍使用的《中国图书分类法》，等等。

新中国成立后，一些代表新知识新文化的各类型分类法不断编制出来，主要有《中国人民大学图书馆分类法》（简称《人大法》）、《中小型图书馆分类法》（简称中《小型法》）、《中国科学院图书馆图书分类法》（简称《科图法》）以及《中国图书馆图书分类法》（简称《中图法》）。

《中图法》已被推荐为国家标准的分类法，英文译名为 Chinese library classification，英文缩写为 CLC。《中图法》的编制始于1971年，先后出版了五版，即1975年出版了第一版，1980年出版了第二版，1990年出版了第三版，1999年出版了第四版，2010年出版了第五版。1973年还出版了试用版。《中图法》与国内其他分类法相比，编制产生年代较晚，但发展很快，它不仅系统地总结了我国分类法的编制经验，而且还吸取了国外分类法的编制理论和技术。《中图法》是新中国成立后编制出版的一部具有代表性的大型综合性分类法。

目前在国外通行的图书分类法主要有：流行最广、影响最大、已出版第十九版的《杜威十进分类法》，以及《国际十进分类法》《美国国会图书分类法》《冒号分类法》等。

三、图书分类法的结构

现代图书分类法尽管各有特色，但其体系结构基本相同。大都由类目表、标记符号、类目注释、类目索引四个部分组成。后两部分是对类名的补充注释与对类目的相关索引，是专业的分类人员必须掌握的。而前两部分是图书分类法的主要构成，读者应该有所了解，才能更好地了解馆藏。下面以《中图法》为例简要介绍图书分类法的类目表与标记符号，使读者对其略有了解，知有所用。

类目表是根据类目之间的关系，按一定的原则组织起来的，是整个分类法的主体，用以类分图书的依据。它由基本部类、基本大类、简表、详表和复分表组成。《中图法》分为5个基本部类——"马克思主义、列宁主义、毛泽东思想、邓小平理论""哲学""社会科学""自然科学"和"综合性图书"。在此基础上扩展为22个基本大类。基本大类是分类法中的第一级类目，也是类目表的纲目，简表是整个分类法中的基本类目表，是由基本大类进一步区分的类目组成，是分类法的骨架，并担负着承上启下的作用。详表则是整个分类法的正文，是类分图书的实际依据，分类法的所有编制原则都贯穿于详表之中，它由各级类目组成。复分表是具有共性区分作用的一组规范化的子目表，用于对类目表中的所有或部分类目做进一步细分使用。《中图法》中有两种复分表：一是通用复分表，如"总论复分表、世界地区表、中国地区表、国际时代表、中国时代表和中国民族表"；二是专用复分表，如"各国政治、中国中长篇小说、各国文学及世界各国历史"等专用复分表。

图书分类表是由多级类目组成，并通过隶属、并列等方式来显示类目之间关系的一览表，是根据科学知识内容上的关系，按照从总体到部分，从一般到特殊，从抽象到具体的原则组成的。分类表是集各学科之专家所列出的最完整，最科学的体系，且各知识体系间的关系最明晰。因此，爱好科学，爱好知识的读者应该通过认识分类表，从中可以增长自己的知识，可以发现许多不知道的十分有趣的项目。

四、图书分类号

图书分类是根据图书的内容特征把图书归列分类体系中的具体类目里，通过给定的分类号码来区别性质不同的图书，从而使无数的图书按各自的分类号组成一个有条理的体系，在书架上形成相对固定的位置，使读者知道在哪里找书又归还到何处。这个给定的分类号码就是分类表中类目的标记符号。

《中图法》中的标记符号由分类号码与辅助符号组成。分类号码是代表各级类目的标记，是由汉语拼音字母和阿拉伯数字相结合而成的混合号码，基本上采用的是层累制的编号制度，即根据类目的不同等级给予相应的不同位数的号码。用一个字母代表一个大类，以字母顺序反映大类的次序，大类下细分的学科门类用阿拉伯数字组成。也就是一级类目用字母表示，二级以上类目用数字代表，同位类再以不同数字顺序相配（有个别类目以两位字母或数字代表，如为适应工业技术发展及该类文献的分类，对工业技术二级类目，采用双字母）。

以小说《围城》的分类号 I246.5 为例。字母 I 表示一级类目"文学"，数字 2 表示"中国文学"，数字 4 表示"小说"，数字 6 表示"五四以后作品"，数字 5 表示"新体长篇中篇小说"。此书只有五级类目，而有的分类号可能达到八九级类目，《中图法》还规定，当数字符号超过三位数时，用小数点"."加以分隔。另外《中图法》还采用了几种辅助符号标识于分类号后面，比如"A"为推荐符号，"一"为总论复分符号，"（）"为国家区分号，"＝"为时代区分号，等等。

图书分类的作用之一是组织分类排架，有了分类号我们就可以区别不同性质的图书，但对于同一种类的图书又该如何识别（相同类目下如何区别同种图书）？一个完整的图书分类号应该由分类号与书次号两部分组成。目前书次号主要有种次号与著者号两种，种次号是以图书进馆的先后顺序给号，而较常见的著者号则是以作者姓名的汉语拼音的特定顺序进行排列。此外，在某种图书是多卷书或存在着不同版本时，我们还可以在书次号后面加上卷册号或版次号（仅为再版标识）。仍以《围城》为例，它的完整分类号码为"I246.5/66/（2006）/c.1"。其中"I246.5"为分类号，"66"为种次号，"c.1"表示第一卷，"（2006）"为版次号（仅为再版标识）。若书次号用著者号，则为"I246.5/Q848/（2006）/c.1"。其中"Q848"为作者钱仲书的著者号。这样的一个完整的图书分类号，不仅提示了图书的科学属性、作者、卷次与版次，还构成了这本书在图书馆内的独有的"身份证"号码。

世界三大检索工具（SCI、ISTP、EI）简介
（2009 年 5 月 12 日）

图书情报界常说的国外三大检索工具包括《科学引文索引》（SCI）、《科学技术会议录索引》（ISTP）和《工程索引》（EI），它们是国际公认的进行科学统计与科学评价的主要检索工具，我国科技部下属的"中国科学技术信息研究所"每年都以这三大检索工具为数据源进行学术排行。

一、科学引文索引（SCI）

1. SCI

SCI（*Science Citation Index*，《科学引文索引》），是美国科学情报研究所（institute for scientific information，ISI）出版的一部自然科学领域基础理论学科方面的重要的期刊文献检索工具。SCI 收录全世界出版的数、理、化、农、林、医、生命科学、天文、地理、环境、材料、工程技术等自然科学各学科的核心期刊约 3 500 种。ISI 通过它严格的选刊标准和评估程序挑选刊源，而且每年略有增减，从而做到 SCI 收录的文献能全面覆盖全世界最重要和最有影响力的研究成果。目前，它已成为国内外学术界制定学科发展

规划和进行学术排名的重要依据。

SCI 设置了独特的"引文索引（Citation Index）"，即通过先期的文献被当前文献的引用，来说明文献之间的相关性及先前文献对当前文献的影响力。这种做法使得 SCI 不仅作为一部文献检索工具使用，而且成为科研评价的一种依据。科研机构被 SCI 收录的论文总量，反映整个机构的科研，尤其是基础研究的水平；个人的论文被 SCI 收录的数量及被引用次数，反映他的研究能力与学术水平。

此外，ISI 每年还出版 JCR（*Journal Citation Reports*，《期刊引用报告》）。JCR 对包括 SCI 收录的 3 500 种期刊在内的 4 700 种期刊之间的引用和被引用数据进行统计、运算，并针对每种期刊定义了影响因子（impact factor）等指数加以报道。一种期刊的影响因子，指的是该刊前两年发表的文献在当前年的平均被引用次数。一种刊物的影响因子越高，其刊载的文献被引用率越高，这一方面说明这些文献报道的研究成果影响力大，另一方面也反映该刊物的学术水平高。因此，JCR 以其大量的期刊统计数据及计算的影响因子等指数，而成为一种期刊评价工具。图书馆可根据 JCR 提供的数据制定期刊引进政策；论文作者可根据期刊的影响因子排名决定投稿方向。

2. SCI 与 SSCI

SSCI（social sciences citation index，《社会科学引文索引》），为 SCI 的姊妹篇，亦由美国科学信息研究所创建，是目前世界上可以用来对不同国家和地区的社会科学论文的数量进行统计分析的大型检索工具。1999 年 SSCI 全文收录 1 809 种世界最重要的社会科学期刊，内容覆盖包括人类学、法律、经济、历史、地理、心理学等 55 个领域。收录文献类型包括研究论文、书评、专题讨论、社论、人物自传、书信等。选择收录（selectively covered）期刊 1 300 多种。

SSCI 对其收录期刊范围的说明中明确告知该数据库中有一部分内容与 SCI 重复，这是因为学科之间本身有交叉，是社会科学与自然科学相结合的跨学科的研究在文献中的自然反映。另外，SSCI 从 3 400 余种自然科学期刊中，通过计算机检索文章主题和引文后，生成一个与社会科学有关的文献目录，此目录再经 ISI 编委会审核，选择与社会科学密切相关的文献加入 SSCI。因此 SSCI 也收录了相当数量的自然科学文献，两者的交叉关系更为密切。

二、科学技术会议录索引（ISTP）

ISTP（*Index to Scientific & Technical Proceedings*，《科学技术会议录索引》），创刊于 1978 年，是美国科学情报研究所的网络数据库 web of science proceedings 中两个数据库（ISTP 和 ISSHP）之一，负责专门收录世界各种重要的自然科学及技术方面的会议，包括一般性会议、座谈会、研究会、讨论会、发表会等的会议文献，涉及学科基本与 SCI 相同。

ISTP 收录论文的多少与科技人员参加的重要国际学术会议多少或提交、发表论文的多少有关。我国科技人员在国外举办的国际会议上发表的论文占被收录论文总数的 64.44%。

三、工程索引（EI）

EI（*The Engineering Index*，《工程索引》），创刊于 1884 年，是全世界最早的工程文摘来源，由美国工程情报公司（Elsevier Engineering Information Inc.）编辑出版。它是工程技术领域内的一部综合性检索工具，主要收录工程技术领域的论文（主要为科技期刊和会议录论文），其数据覆盖了核技术、生物工程、交通运输、化学和工艺工程、照明和光学技术、农业工程和食品技术、计算机和数据处理、应用物理、电子和通信、控制工程、土木工程、机械工程、材料工程、石油、宇航、汽车工程等学科领域，其中大约 22% 为会议文献，90% 的文献语种是英文。EI 在 1992 年开始收录中国期刊。1998 年 EI 在清华大学图书馆建立了 EI 中国镜像站。

总之，在 SCI、ISTP、EI 这三大检索系统中，SCI 最能反映基础学科研究水平和论文质量，该检索系统收录的科技期刊比较全面，可以说它是集中各个学科高质是优秀论文的精粹，该检索系统历来是世界科技界密切注视的中心和焦点；ISTP、EI 这两个检索系统评定科技论文和科技期刊的质量标准相比之下较为宽松。

我国四大主要网络
（2010 年 11 月）

在我国，中国教育科研网（CERNET），中国计算机互联网络（CHINANET），中国科学技术网（CSNET），金桥信息网（CHINAGBN）四个互联网络以及各种专用信息网络的开通，标志着我国已进入网络时代。

图书馆统计分析及其方法
（2009 年 5 月）

一、图书馆统计分析的内容

图书馆统计分析，就是对统计数字根据一定的要求进行比较分析和综合研究，从而掌握反映图书馆各项工作特点、联系与规律的统计比率，形成智力型统计产品，以总结经验、指导和改进工作的一种方法。这些比率，最基本的有六种，即文献利用率、文献流通率、用户到馆率、用户阅读率、文献拒接率和文献保障率。它们反映了图书馆工作的实际状况和业务水平。在图书馆管理的过程中，一定要掌握这些比率的数据，从中研究提高或降低这些比率的措施，以便加强管理，提高服务水平。

二、六种比率及其计算方法

（一）文献利用率

文献利用率指馆藏中被用户借阅的文献数量占全部馆藏文献总数的百分比。其计算方法是，用一定时间内用户借阅的总数除以馆藏总数。公式为

$$文献利用率 = \frac{用户借阅文献总件数}{全馆馆藏文献总件数} \times 100\%$$

（二）文献流通率

文献流通率指用于公开借阅的书库和阅览室的文献被用户借阅的数量所占的百分比。其计算方法是：用某库、某室在一定时间内用户借阅文献的总件数除以该库、该室所藏文献总件数。公式为

$$文献流通率 = \frac{某库、某室在一定时间内用户借阅文献总件数}{某库、某室所藏文献总件数} \times 100\%$$

（三）用户到馆率

用户到馆率指平均一个用户全年到馆的次数。其计算方法是：用全年到馆的用户人次除以用户的实际人数。公式为

$$用户到馆率 = \frac{全年到馆用户人次}{用户实际人数} \times 100\%$$

（四）用户阅读率

用户阅读率指平均每个用户所借的文献资料的数量。其计算方法是：用全年文献资料借阅总件数除以实际借阅的用户人数。公式为

$$用户阅读率 = \frac{全年文献资料借阅件数}{实际借阅的用户人数} \times 100\%$$

（五）文献拒借率

文献拒借率指用户在图书馆未借到的文献的数量占用户所要借的文献数量的百分比。其计算方法是：将一定时间内用户未借到的文献总数除以用户所要借的文献总数。公式为

$$文献拒借率 = \frac{未借到的文献总数}{用户所要借的文献总数} \times 100\%$$

（六）文献保障率

文献保障率指图书馆的馆藏文献量对居民需要保障程度的指标。这种指标，主要说明馆藏文献量与居民人数之间的比例关系及馆藏文献量与用户人数之间的比例关系，馆藏量越大，对居民需要的保障程度就越高。其计算方法有两种：一是用馆藏文献总件数除以学龄以上的居民总人数。公式为

$$文献保障率 = \frac{馆藏文献总件数}{学龄以上的居民总人数} \times 100\%$$

另一种计算方法是用馆藏文献总件数除以用户人数。公式为

$$文献保障率 = \frac{馆藏文献总件数}{用户人数} \times 100\%$$

三、图书馆统计分析的方法与步骤

统计分析要求通过因果性的途径对统计资料进行分析研究，掌握引起数量变化的条件原因，掌握数量变化带来的影响和效果。

图书馆统计分析的方法，常用的主要有以下几种：

（一）分类分析法

分类分析法指经过统计，在获得大量资料和数据以后，根据统计分析的目的、要求，把统计资料按某些变动标志进行分类（分组），再对各类进行分析、比较，掌握它们之间的内在联系。

（二）对比分析法

对比分析法主要通过纵向对比、横向对比来研究事物发展的规律。纵向对比主要是对研究对象在不同时间的数量关系的对比；横向对比主要是部门之间、馆与馆之间、系统与系统之间、地区与地区之间，以及一国与他国之间的对比。对比分析对数学的要求不高，且属静态的简单比较，因而适用面广，为研究者所常用。

（三）动态分析法

动态分析法反映图书馆某种现象在时间上变化与发展的一系列指标数值，按时间先后顺序排列，形成一个动态数列（时间序列），分析动态数列的发展速度和增减速度，研究图书馆工作的发展变化，以及这种变化的趋势。它是建立在定量基础上的一种统计方法，常用方法有移动平均法、指数平滑法、季节系数法等。

（四）相关分析法

相关分析法是一种处理变量和变量之间的数学方法，即运用数学方法来分析图书馆活动中的各种统计之间以及各统计量与某一外部指标之间的相关性，从而确定各种统计量之间的相互作用的程度。该方法的核心是寻求两个或多个变量的内在联系，常用方法有一元线性回归、多元线性回归、非线性回归等。

（五）结构分析法

结构分析法是计算某一事物的各部分在总体中所占比重的分析方法。该方法以分组法为基础，要求首先掌握总体事物的基本统计数据，然后对总体中各个部分的数据进行分解分析，从而计算出各个部分的数值与总体数值的百分比。图书馆统计分析的步骤：

1. 确定分析的目的，弄清楚统计所要解决的问题。

2. 收集统计数据。统计分析是建立在大量统计资料基础之上的。没有大量的、典型的统计资料，统计分析是不可能的。

3. 审查统计资料。

4. 建立数学模型。

5. 进行分析与预测。

6. 提出分析意见和改进工作的方法和措施。

在采用自动化管理集成系统的图书馆，可以利用系统和子系统自动采集动态数据，并利用统计软件自动生成统计分析结果，以辅助决策。现存的问题是，很多图书馆自动化管理集成系统对于统计分析功能的设计考虑不够充分。

图书馆在职职工进修学习情况如表6-1所示。

表6-1　图书馆在职职工进修学习情况一览（2005年9月）

姓名	学习方式	学习专业	达到学历	学习时间	考试时间	原有学历	原有专业
陈以鸿	自考	英语	大专	业余	10月29日、30日	大专（西译）	英语
姬伟	函授	教育经济管理	研究生	周六、周日	周六、周日	大专（自考）	会计
李艳	自考	餐饮管理	本科	业余	10月29日、30日	大专（统招）	计算机与信息管理
米鹏	自考	网络管理	大专	业余	10月29日、30日	大专	计算机管理
刘正兰	自考	计算机	本科	业余	10月29日、30日	本科（西译）	英语
孙玉珍	自考	计算机	本科	业余	10月29日、30日	大专（自考）	英语
刘林林	自考	计算机	大专	业余	10月29日、30日	大专（西译）	通信
刘美麟	自考	英语	大专	业余	10月29日、30日	大专（学历）	国贸
凌欢	函授	汉语言文学	本科	业余	12月	大专（西译）	国际旅游
张荣娟	函授	英语	本科	业余	10月中旬	专科	英语
许阳荣	函授	汉语言文学	大专	业余	2006年1月	中专	护理
杜桂平	电大	图书馆学	大专	12月	10月15-16日，2006年1月	高中	

《中图法》简介

（2010 年 10 月 26 日）

图书分类法又叫图书分类词表，是按照图书的内容、形式、体裁和读者用途等，在一定的哲学思想指导下，运用知识分类的原理，采用逻辑方法，将所有学科的图书按其学科内容分成几大类，每一大类下分许多小类，每一小类下再分子小类。每一种书都可以分到某一个类目下，每一个类目都有一个类号。分类词表是层次结构的类号和类目的集合。

《中图法》已为中国多数图书馆和信息部门采用，是当今国内图书馆使用最广泛的分类法体系，自 1988 年起，中国出版图书的标准书号中采用《中图法》的大类号。《中图法》与国内其他分类法相比，编制产生年代较晚，但发展很快，它不仅系统地总结了我国分类法的编制经验，而且还吸取了国外分类法的编制理论和技术。

《中图法》的发展历史就是从第一版到第五版不断更新、不断完善的发展过程史，每出一版都有一个质的飞跃。截至第五版，《中图法》包含 5 大部类，22 个大类，51 881 个类目（包括通用类目）。

为了各图书情报单位深入学习、掌握和使用《中图法》，在文献分类工作中做到认识统一、归类准确、避免分歧，提高分类标引的质量，《中图法》编委会在每一新版本出版后，都编制了相应的使用手册。其中第一、二版称《〈中国图书馆图书分类法〉使用说明》，较为简略；第三版更名为《〈中国图书馆图书分类法〉〈中国图书资料分类法〉使用手册》，增加了《中图法》编制理论的说明、版本介绍和有关的附录；第四版更名为《〈中国图书馆分类法〉使用手册》，编写的内容比以往各版本更加充实，增加了新版修订要点、机读数据标引等新内容；第五版使用手册正在编撰中，将在第四版的基础上进行更新、完善、补充。

该手册将对《中图法》编制理论、结构体系和使用方法的权威说明，也将是使用《中图法》最重要的工具书。它不仅对一般分类方法进行阐述，还对各大类的分类要点作较详细的说明，对分类法本身没有说明的分类规则、细分方法进行解释。《中国法》（第四版）简表（二级类目查询）如表 6-2 所示。

表 6-2 《中国法》（第四版）简表（二级类目查询）

A	马克思主义、列宁主义、毛泽东思想、邓小平理论	TD	矿业工程
B	哲学、宗教	TE	石油、天然气工业
C	社会科学总论	TF	冶金工业

表6-2（续）

D	政治、法律	TG	金属学与金属工艺
E	军事	TH	机械、仪表工业
F	经济	TJ	武器工业
G	文化、科学、教育、体育	TK	能源与动力工程
H	语言、文字	TL	原子能技术
I	文学	TM	电工技术
J	艺术	TN	无线电电子学、电信技术
K	历史、地理	TP	自动化技术、计算机技术
N	自然科学总论	TQ	化学工业
O	数理科学和化学	TS	轻工业、手工业
P	天文学、地球科学	TU	建筑科学
Q	生物科学	TV	水利工程
R	医药、卫生	U	交通运输
S	农业科学	V	航空、航天
T	工业技术	X	环境科学、安全科学
TB	一般工业技术	Z	综合性图书

国际标准书号

（2010 年 10 月 26 日）

国际标准书号（international standard book number，ISBN），是国际通用的图书或独立的出版物（除定期出版的期刊）代码。出版社可以通过国际标准书号清晰地辨认所有非期刊书籍。一个国际标准书号只有一个或一份相应的出版物与之对应。新版本如果在原来旧版的基础上没有内容上太大的变动，在出版时也不会得到新的国际标准书号。当平装本改为精装本出版时，原来相应的国际标准书号也应当收回。

国际标准书号由 13 位数字组成。前三个数字代表图书，中间的 9 个数字分为三组，分别表示组号、出版社号和书序号，最后一个数字是校验码。

第一组号码段是地区号，又叫组号（group identifier），最短的是一位数字，最长的达五位数字，大体上兼顾文种、国别和地区。把全世界自愿申请参加国际标准书号体系的国家和地区，划分成若干地区，各有固定的编码：0 是美国出版物的国家代码；1 代表英语，使用这一代码的国家有澳大利亚、加拿大、爱尔兰、新西兰、波多黎各、南非、英国、美国、津巴布韦等；2 代表法语，法国、卢森堡以及比利时、加拿大和瑞士的法语区使用该代码；3 代表德语，德国、奥地利和瑞士德语区使用该代码；4 是日本出版物的代码；5 是俄语系国家出版物的代码；7 为中国大陆出版物使用的代码；等等。国家领域最长可为五位数字，如不丹为 99936。

第二组号码是出版社代码（publisher identifier），由其隶属的国家或地区 ISBN 中心分配，允许取值范围为 2~5 位数字。出版社的规模越大，出书越多，其号码就越短。

第三组号码段是书序码（title identifier），由出版社自己给出，而且每个出版社的书序号是定长的（数字 9，减去组号、出版社代码所占的位数，就是书序码的位数）。最短的一位，最长的六位。出版社的规模越大，出书越多，序号越长。

第四组号码段是计算机校验码（check digit），只有一位，从 0 到 9。

四组数字之间应该用连字符"－"连接（如 2－02－033598－0）。但是，有些图书馆集成系统不能自动分配连字符，图书馆编目人员也对 ISBN 的分段方式不甚了解，所以他们经常在书目记录中省略连字符，如 2020335980。

《中图法》第五版正式出版发行

（2010 年 10 月 26 日）

由国家图书馆《中图法》编辑委员会编辑的《中图法》（第五版）（见图 6-1）已于 2010 年 8 月由国家图书馆出版社正式出版发行。这是图书馆界和情报学界的一件盛事，对我国图书馆及有关信息机构的文献、信息、知识组织和检索具有重大意义。

《中图法》是以科学分类和知识分类为基础，并结合文献内容特点及形式特征进行逻辑划分和系统排列的类目表，是类分文献、组织文献分类排架、编制分类检索系统的工具。它不仅为我国各级各类型图书馆、信息部门广泛使用，而且在各类数据库乃至互联网中也得到了广泛应用，是目前我国影响最大、使用最广泛的一部综合性分类法。

图 6-1 　《中图法》（第五版）

但自第四版出版以来，信息环境、技术环境、社会环境都发生了很大的变化，其所包罗的知识内容和知识体系已经与文献信息资源的内容有较大差距，一些大类必须彻底修订，才能解决知识结构、类目体系的问题。因此按照与知识发展保持同步原则以及国际分类法修订周期惯例，修订第四版，出版第五版已成为历史发展的必然。

国家图书馆《中图法》编委会自 2005 年 9 月开始组织修订《中图法》（第四版），

期间在编委会的全国各委员、学科专家、编委会办公室及用户等各方力量的参与和努力下，经过修订调研、分工修订、综合审定及用户试用反馈意见等修订阶段，并在计算机修订系统中，建设《中图法》（第五版）机读数据库和完成排版初稿，历经近五年的时间，《中图法》（第五版）已由国家图书馆出版社正式出版。修订后的《中图法》更具有时代特征，更能满足综合性文献、信息资源的标引和检索要求，整个修订达到了预期效果。

《中图法》（第五版）是全国同行共同的工作成果和智慧结晶，来自 26 个单位的 34 位委员和顾问承担了修订任务，58 个单位的近百名专家参与了修订工作。

《中图法》（第五版）出版后，主要有以下特点：

1. 以知识、科学技术发展水平和文献出版的实际为基础，将分类法科学性、实用性有机统一，强调《中图法》的实用性和工具性。

2. 在兼顾文献分类排架需要的前提下，也能满足分类检索工具和分类检索系统的需求；在贯彻《中图法》连续性和稳定性的前提下，又充分反映学科专业的发展带来的类目以及类目体系的变化。

3. 在保证综合性分类法的基本前提下，照顾到专业图书馆文献分类和网络信息组织的需要，处理好集中与分散的关系以及各学科专业类目深度。

4. 标记系统在满足分类法类目体系编制和发展需要的基础上，保持较好的结构性，并力求简明、易懂、易记、易用、易于扩充。

5. 保持《中图法》作为列举式分类法基本属性不变，保持《中图法》的基本部类和基本大类设置以及序列基本不变，保持《中图法》字母——数字混合制的标记符号与层累小数制的标记制度基本不变。在此前提下，有选择地对《中图法》个别大类的体系作较大幅度的调整完善，其他大类重点补充新学科、新事物、新主题；并在保持《中图法》类目细分程度的同时，视文献保障程度，适当调整类目划分详略程度。

6. 对《中图法》（第四版）修订时，考虑尽量减少对文献改编的影响，保障用户从旧版平稳过渡到新版。

总之，《中图法》是一部既可以组织藏书排架又可以分类检索的列举式等级式体系组配分类法，该分类法主要供大型综合性图书馆及情报机构对文献分类、编制分类检索工具、组织文献分类排架使用，同时也可供其他不同规模和类型的图书情报单位根据自己的需要调整使用。目前，《中图法》已普遍应用于全国各类型的图书馆，国内主要大型书目、检索刊物的及各类型机读数据库等都著录《中图法》分类号。

参考咨询工作

（2010 年 11 月 11 日）

参考咨询工作是图书馆的核心业务之一，它体现了图书馆的整体服务水平，为用户提供高质量的服务是参考咨询精神的重要内涵。

图书馆员向读者在利用文献和寻求知识、情报方面提供帮助。以协助检索、解答咨询和专题文献报道等方式向读者提供事实、数据和文献线索。有些国家的图书馆参考咨询工作甚至还包括解答读者生活问题。参考咨询工作是发挥图书馆情报职能、开发文献资源、提高文献利用率的重要手段。许多图书馆设有专门的参考咨询部门，集中参考工具书和检索工具书等建立参考馆藏，配备具有一定专业知识和熟悉检索工具的专职参考馆员开展此项工作。

参考咨询工作的实质是以文献为根据，通过个别解答的方式，有针对性地向读者提供具体文献、文献知识和文献途径的一项服务工作。它具有服务性、针对性、多样性、实用性、社会性的特点。

参考咨询工作是图书馆服务的重要组成部分，是读者向图书馆工作人员或其他专家提问并获得解答的一种信息服务方式。它最早出现于 1876 年的美国，迄今已有 100 多年的历史。作为"图书馆的心脏"，参考咨询工作在开发和报道文献资源、为读者提供信息服务、充分利用智力资源、宣传和扩大图书馆的影响等方面一直发挥着至关重要的作用，占据着不可或缺的地位。随着网络技术和信息科学的飞速发展，参考咨询的形式和内容都发生了根本性的改变，在线咨询、实时咨询、互动咨询、可视咨询等各种方式纷纷涌现，为读者提供网络时代实时、动态、便捷、高效的信息服务。

参考咨询工作主要负责解答读者在利用图书馆过程中产生的各种问题，内容涉及馆藏资源及其利用、文献查找途径及查找中遇到的问题等，目的在于帮助读者更有效地利用图书馆。

图书馆服务礼仪与职业形象

（2010 年 12 月）

礼仪，是人际交往的基本规则，是人际交往的行为秩序。随着时代的发展，社会的进步，人们对图书馆服务礼仪的要求越来越高，馆员与读者的交往，不讲礼仪是行不通的。学习礼仪可以内强素质、外塑形象。倡导图书馆礼仪有助于增强馆员自信，提高图书馆员素质，加强馆员与读者之间的沟通，有利于塑造图书馆整体形象，提高图书馆服务质量。基于此，明确图书馆礼仪的内涵和如何做好图书馆服务礼仪显得尤为重要。

一、礼仪的定义

礼仪是在人际交往中，以约定俗成的程序方式来表现律己敬人的过程，涉及服饰、交往、沟通等内容。

从个人修养的角度来看，礼仪可以说是一个人内在修养和素质的外在表现。从交际的角度来看，礼仪可以说是人际交往中适用的一种艺术、一种交际方式或交际方法，是人际交往中约定俗成的示人以尊重、友好的习惯做法。从传播的角度来看，礼仪可以说是在人际交往中进行相互沟通的技巧，可以大致分为政务礼仪、商务礼仪、服务礼仪、社交礼仪、涉外礼仪五大分支。

二、礼仪的作用

礼仪是人们生活和社会交往中约定俗成的，人们可以根据各式各样的礼仪规范，正确把握与外界的人及交往尺度，合理地处理好人与人的关系。

礼仪是塑造形象的重要手段。在社会活动中，交谈讲究礼仪，可以变得文明；举止讲究礼仪可以变得高雅；穿着讲究礼仪，可以变得大方；行为讲究礼仪，可以变得美好……只要讲究礼仪，事情都会做得恰到好处。总之一个人讲究礼仪，就可以变得充满魅力。

三、图书馆服务礼仪的本质

在内涵方面，礼仪是指人们在社会活动和人际交往中的规范、准则、方式、形式或程序；在外延方面，礼仪包括礼节、礼貌、仪表、仪式、器物、标志、象征等。简而言之，礼仪就是礼节和仪式。

四、图书馆服务礼仪的意义

1. 礼仪是提高服务质量的保证；

2. 礼仪是图书馆服务的形象；

3. 图书馆服务礼仪是构建和谐校园的重要组成部分。

五、图书馆服务礼仪

1. 图书馆员的形象问题

（1）仪容与仪表

图书馆工作的起点和终点都离不开"读者服务"，读者对图书馆的第一印象来源于图书馆馆员的仪容仪表。良好的仪表仪容是馆员基本素质的体现，它是一个人精神面貌的外观体现。图书馆的团队形象就体现在馆员的整体形象中，体现在馆员的仪表中，仪表即人的外表，也就是馆员的举止礼仪，体现了气质美的心理因素。馆员端庄大方的仪容，既是馆员自尊自爱的体现，又是对读者及同事的尊重，也是对岗位工作高度的责任感与事业心的反映。馆员中女性较多，她们都是职业女性，上班时要体现职业女性的端庄大方，穿着要整洁、大方、高雅。

（2）表情与姿态

热情亲切的表情不仅表现出对读者到来由衷的欢迎，也显现了馆员为读者服务内心的快乐。微笑是照进读者心里的一束阳光，让读者感觉到亲近温暖的同时，也感觉到我们在用心善待他们，用热情感染他们，不仅可缩短馆员与读者间的心理距离，而且又能增进双方的友谊，重要的是能换来读者对图书馆员的信任和尊重。

姿态作为一种体态语言，展现着人的外在美，表现出来的是馆员自身的内在气质和文化修养，传递着精神面貌。接受美的感受是人的天性，馆员姿态要能够从视觉上符合读者的审美观念，在大庭广众之下，馆员的体态是受到读者注意和内心评价的，这些姿态包括站立、走、就座、做手势的姿势，所以我们强调馆员姿态要端庄大方，动静相宜，坐有坐态，站有站相，举手投足文明、优美、文雅。

（3）服饰

图书馆馆员是图书馆形象代言人。高校图书馆工作人员的着装，不仅代表着自己的形象，也代表着整个图书馆的形象，因此，图书馆馆员身穿统一馆服，以群体形象展示图书馆，不仅能产生对工作的责任感，也是对礼仪规范、自身行为规范的体现，更体现出对读者的尊重。这既方便读者，又利于加深读者与馆员之间的沟通，以利于读者的监督。这不仅使工作人员有一种职业的自豪感、责任感和可信度，也是敬业、乐业在服饰上的具体表现，更是提醒工作人员是代表整个图书馆，而不是某个人，这样自然会对工作认真负责，以积极向上心态为读者服务，提高服务质量。

①穿制服应注意的几点

整齐：制服必须合身；

清洁：做到服装整洁；

挺括：衣裤要求不起皱；

美观大方：制服线条自然流畅；

讲究文明：主要是指衣着文明。

②着装的六戒

脏：在工作岗位上，没有任何理由让你的着装看着脏兮兮的；

乱：在工作时间，通常应力求庄重、素雅而大方；

奇：绝对不应当在款式上过分奇特；

短：避免着装过短的情况；

紧：女性避免使自己的着装过于紧身；

露：工作场合着装不允许过分暴露。

2. 图书馆员的语言问题

（1）语言的规范性

①语言要标准；②语言要准确；③称谓要恰当。

（2）语言的原则性

①适度性；②真诚性；③严肃性。

（3）语言的礼貌性

①语言要文明；②语言要礼貌；③语言有情感。

3. 图书馆员的行为举止

①树立为读者服务的思想；②从自我做起，与读者沟通；③关注读者，尊重读者。

六、图书馆员职业形象

1. 加强职业道德教育；

2. 改善知识结构；

3. 提高综合素质，做好优质服务工作。

总之，馆员的礼仪要作为图书馆馆员工作考评的规章制度，因为礼仪不仅是我们现实生活中每个人的个性特征，而且是图书馆团队形象的具体体现，它可以比作馆员之间心心相印的导线，团结合作、众志成城的纽带。加强馆员素质，提高馆员的服务质量，完善馆员的自身素质，创造一个和谐的图书馆环境，塑造良好的图书馆整体形象。

《中国图书馆员职业道德准则（试行）》
（2010 年馆员培训资料）

《中国图书馆员职业道德准则（试行）》[①] 是以中共中央颁布的《公民道德建设实施纲要》为指导，总结我国图书馆活动的实践经验，为履行图书馆承担的社会职责而制定的行业自律规范。准则的贯彻落实，有赖于图书馆员的自觉行动、图书馆馆长的具体指导、图书馆组织的引导激励、图书馆间的积极合作，以及全社会的支持与监督。

本准则所言图书馆，指各种类型的图书馆和信息服务机构。本准则所言图书馆员，指所有从事图书馆和信息服务工作的人员。

确立职业观念，履行社会职责。

适应时代需求，勇于开拓创新。

真诚服务读者，文明热情便捷。

维护读者权益，保守读者秘密。

尊重知识产权，促进信息传播。

爱护文献资源，规范职业行为。

努力钻研业务，提高专业素养。

发扬团队精神，树立职业形象。

实践馆际合作，推进资源共享。

拓展社会协作，共建社会文明。

---

① 2002 年 11 月 15 日中国图书馆学会六届四次理事会审议通过。

图书馆服务宣言[①]
（2010 年馆员培训资料）

图书馆是通向知识之门，它通过系统收集、保存与组织文献信息，实现传播知识，传承文明的社会功能。现代图书馆秉承对全社会开放的理念，承担起实现和保障公民基本阅读权利、缩小社会信息鸿沟的神圣使命。中国图书馆人经过不懈的追求与努力，逐步确立了对社会普遍开放、平等服务、以人为本的基本原则。为此，我们郑重承诺：

一、图书馆是一个开放的知识与信息中心

图书馆以公益性服务为基本原则，以实现和保障公民基本阅读权利为职责，以读者为一切工作的出发点。

二、图书馆向所有读者提供平等服务

图书馆，特别是公共图书馆，必须坚持对全社会成员提供一视同仁的服务，保障公民平等享有图书馆服务。

三、图书馆在管理与服务中体现人文关怀

图书馆致力于消除弱势群体利用图书馆的困难，为全体读者提供人性化、便利化的服务。

四、图书馆以服务创新应对时代的挑战

图书馆充分利用现代信息技术，特别是数字图书馆技术，为读者提供优质、高效、专业的知识与信息服务。

五、图书馆开展文献信息资源共建与共享

各地区、各类型图书馆之间要加强协调与协作，促进全社会文献信息资源的有效利用。

六、图书馆以建设学习型社会为己任，努力促进全民阅读

图书馆是公民终身学习的没有围墙的学校，图书馆资源为全民阅读提供最有力的保障。

七、图书馆人与一切关心图书馆事业的组织和个人真诚合作

图书馆鼓励社会各界通过投资、捐赠、媒体宣传、志愿者活动等，促进中国图书馆事业的发展。

[①] 2008 年 3 月 21 日中国图书馆学会审议通过。

常用文献检索方法

（2009 年 11 月）

文献检索的方法可分为如下三种：

一、直接法

直接法是指直接利用检索工具（系统）检索文献信息的方法，这是文献检索中最常用的一种方法。它又分为顺查法、倒查法和抽查法。

（一）顺查法

顺查法是指按照时间的顺序，由远及近地利用检索系统进行文献信息检索的方法。这种方法能收集到某一课题的系统文献，它适用于较大课题的文献检索。例如，已知某课题的起始年代，现在需要了解其发展的全过程，就可以用顺查法从最初的年代开始，逐渐向近期查找。

（二）倒查法

倒查法是由近及远，从新到旧，逆着时间的顺序利用检索工具进行文献检索的方法。此方法的重点是放在近期文献上。使用这种方法可以最快地获得最新资料。

（三）抽查法

抽查法是指针对项目的特点，选择有关该项目的文献信息最可能出现或最多出现的时间段，利用检索工具进行重点检索的方法。

二、追溯法

追溯法是指不利用一般的检索工具，而是利用已经掌握的文献末尾所列的参考文献，进行逐一地追溯查找"引文"的一种最简便的扩大情报来源的方法。它还可以从查到的"引文"中再追溯查找"引文"，像滚雪球一样，依据文献间的引用关系，获得越来越多的内容相关文献。

三、综合法

综合法又称为循环法，是把上述两种方法加以综合运用的方法。综合法既要利用检索工具进行常规检索，又要利用文献后所附参考文献进行追溯检索，分期分段地交替使用这两种方法，即先利用检索工具（系统）检索一批文献，再以这些文献末尾的参考目录为线索进行查找，如此循环进行，直到满足要求时为止。综合法兼有常用法和追溯法的优点，可以查得较为全面而准确的文献，是实际中采用较多的方法。对于查新工作中的文献检索，可以根据查新项目的性质和检索要求将上述检索方法融汇在一起，灵活处理。

期刊分类解释

（2009 年 11 月）

一、什么是中文核心期刊

对中国（不含港、澳、台地区）出版的期刊中核心期刊的认定，目前国内比较权威的有两种版本：一是中国科技信息研究所（简称"中信所"）每年出一次的《中国科技期刊引证报告》（以下简称《引证报告》）；二是由北京大学图书馆与北京高校图书馆期刊工作研究会联合编辑出版的《中文核心期刊要目总览》（以下简称《要目总览》）。《要目总览》不定期出版，1996 年出版了第二版，其后还有 2000 版、2004 年版、2008 年版、2011 年版、2014 年版、2017 年版、2020 年版。《要目总览》收编包括社会科学和自然科学等各种学科类别的中文期刊。其中对核心期刊的认定通过五项指标综合评估。《引证报告》统计源期刊的选取原则和《要目总览》核心期刊的认定各依据了不同的方法体系，所以两者界定的核心期刊（指科技类）不完全一致。

二、什么是核心期刊

简单地说，核心期刊是学术界通过一整套科学的方法，对于期刊质量进行跟踪评价，并以情报学理论为基础，将期刊进行分类定级，我们把最为重要的一级期刊称之为核心期刊。

三、什么是国家级期刊

一般说来，国家级期刊，即由党中央、国务院及所属各部门或中国科学院、中国社会科学院、各民主党派和全国性人民团体主办的期刊及国家一级专业学会主办的会刊。另外，刊物上明确标有"全国性期刊""核心期刊"字样的刊物也可视为国家级刊物。

四、什么是省级期刊

省级期刊即由各省、自治区、直辖市及其所属部、委、厅、局主办的期刊以及由各本、专科院校主办的学报（刊）。

五、什么是学术期刊

学术期刊刊发的文献以学术论文为主，而非学术期刊刊发的文献则以文件、报道、讲话、体会、知识等只能作为学术研究的资料而不是论文的文章为主。由于《要目总览》选刊的依据是载文量多、收录量大和被引次数多，并不强调学术期刊与非学术期刊的界线，对此自然也就没有进行严格区分。具体说来，《要目总览》期刊学术与非学术的界线不明显，主要表现在两个方面：一是期刊的定性，二是期刊的宗旨。

六、什么是 CN 类刊物

所谓 CN 类刊物是指在我国境内注册、国内公开发行的刊物。该类刊物的刊号均标注有 CN 字母，人们习惯称之为 CN 类刊物。

七、什么是 ISSN 类刊

现在许多杂志则同时具有 CN 和 ISSN 两种刊号。所谓 ISSN 类刊物是指在我国境外注册，国内外公开发行的刊物。该类刊物的刊号前标注有 ISSN 字母。

八、什么是 CSCD 期刊

中国科学引文数据库（Chinese science citation database）来源期刊简称"CSCD 期刊"。中国科学引文数据库分为核心库和扩展库。核心库的来源期刊经过严格的评选，是各学科领域中具有权威性和代表性的核心期刊。扩展库的来源期刊也经过大范围的遴选，是我国各学科领域较优秀的期刊。核心库期刊有 669 种（以 * 号为标记）；扩展库期刊有 378 种（动态）。

九、什么是科技论文统计源期刊

科技论文统计源期刊又称为中国科技核心期刊，是由中国科学技术信息研究所经过严格的定量和定性分析选取的各个学科的重要科技期刊。2005 年中国科技论文统计源期刊共 1 608 种。

十、什么是 SCI 期刊

SCI（科学引文索引，science citation index）是美国科学情报研究所出版的一部世界著名的期刊文献检索工具。它收录全世界出版的数、理、化、农、林、医、生命科学、天文、地理、环境、材料、工程技术等自然科学各学科的核心期刊 3 700 多种。通过其严格的选刊标准和评估程序来挑选刊源，使得 SCI 收录的文献能够全面覆盖全世界最重要和最有影响力的研究成果。

SCI 从来源期刊数量划分为 SCI 和 SCI-E。SCI 指来源刊为 3 500 多种的 SCI 印刷版和 SCI 光盘版（SCI compact disc edition，SCI CDE），SCI-E（SCI expanded）是 SCI 的扩展库，收录了 5 600 多种来源期刊，可通过国际联机或因特网进行检索。SCI 涵盖学科超过 100 个，主要涉及农业、生物及环境科学；工程技术及应用科学；医学与生命科学；物理及化学；行为科学。

十一、什么是 SSCI 期刊

SSCI（social sciences citation index）即社会科学引文索引，是 SCI 的姊妹篇，亦由美国科学信息研究所创建，是目前世界上可以用来对不同国家和地区的社会科学论文的数量进行统计分析的大型检索工具。1999 年 SSCI 全文收录 1 809 种世界最重要的社会科学期刊，内容覆盖包括人类学、法律、经济、历史、地理、心理学等 55 个领域。收录文献类型包括研究论文、书评、专题讨论、社论、人物自传、书信等。选择收录（selectively covered）期刊为 1 300 多种。

SCI 和 SCI-E 的区别主要有以下几点：

（1）SCI-E 是 SCI 的扩展版，目前前者收录期刊 3 600 多种，后者收录期刊 6 000 多种，被 SCI 收录的期刊应该都被 SCI-E 收录，但反之不成立。

（2）通常情况下，SCI 收录的期刊档次更高一些，但有时候也会发现 SCIE 收录期刊的影响因子可能比 SCI 还高，可能跟学科不同有关系。

（3）SCI 是核心刊，全刊文章都被 SCI 收录；SCI-E 是扩展版的期刊，并非所有文章被 SCI 收录.

期刊评价常用名词解释
（2009 年 11 月）

为方便读者查阅和使用，现将《中国学术期刊综合引证年度报告》（CAJCES）中所使用的期刊评价指标的理论意义和具体算法简要解释如下：

总被引频次：该期刊自创刊以来所登载的全部论文在统计当年被引用的总次数。这是一个非常客观实际的评价指标，可以显示该期刊被使用和受重视的程度，以及在科学交流中的作用和地位。

影响因子：这是一个国际上通行的期刊评价指标，由 E. 加菲尔德于 1972 年提出的。因为它是一个相对统计量，所以可公平地评价和处理各类期刊。通常，期刊影响因子越大，它的学术影响力和作用也越大。

即年指标：这是一个表征期刊即时反应速率的指标，主要描述期刊当年发表的论文在当年被引用的情况。

被引半衰期：该期刊在统计当年被引用的全部次数中，较新的一半是在多长一段时间内发表的。引用半衰期和被引半衰期都是测度期刊老化速度的一种指标。这两种半衰期通常不是针对个别文献或某一组文献，而是指某一学科或专业领域的文献总和而言的。

来源文献量：来源期刊在统计当年的全部论文数，它们是统计期刊引用数据的来源。

搜索引擎的检索方式及检索技术
（2009 年 11 月）

搜索引擎一般设有简单检索与高级检索两种检索方式。简单检索就是根据你输入的关键词或查询语句不加限制地进行查询，这样得到的查询结果非常全，但是不一定准。高级检索有时也称为复杂查询。复杂查询就是根据我们给出一些搜索引擎支持的查询各件，让搜索引擎查询出符合查询条件的信息，这样的查询结果一般很准确，如想查网址得到的是网址索引，而想查网页，得到的是网页索引，复杂条件查询，有时也称为高级查询，英文为 advanced search。

简单检索的结果往往不尽如人意，因为如果这些单词的使用频率较高，则反馈的信息就有可能多得让人无法应付；而如果这些单词过于"冷僻"，则反馈的信息又往往令人大失所望。

因此，各个搜索引擎，包括分类查询和全文查询的搜索引擎，通常都提供一些来限定查询的内容的控制选项和一些逻辑算符，使查询结果更精确地符合我们的要求。现在的搜索引擎一般都提供两种查询方法，即简单查询和复杂查询。

不同的搜索引擎，提供的复杂查询的功能和实现的方法各有不同，网站中一般都有"帮助"或"说明"解释各自的功能和方法。以下是一些常见的功能：

1. 模糊查询与精确查询

模糊查询又称为智能查询。当我们输入一个关键词时，搜索引擎不但查出包括了关键词的网址，同时也发来与关键词意义相近的内容。比如，我们查找"查询"一词时，模糊查询会反馈回来包含了"查询""查找""查一查""寻找""搜索"等内容的网址；查询"计算机"时，会连带"电脑"一同反馈。查询结果的排列，一般按查询语句和查询结果的相关度排列，相关度越高的排在最前边，其次是相近的。一般的搜索引擎都有这一功能，只是模糊的程度不同。

模糊查询没有特殊的方法，只要在文字框中输入关键词即可。而在英文的查询中，还可以使用通配符星号（＊）和问号（？），使关键词更为模糊。但查询中文时这一应用较少。模糊查询往往会反馈来大量不需要的信息，如果只想精确地查某一个关键词，则可以使用精确查询功能。精确查询一般是在文字框中输入关键词时，在词组或语句的两边加上双引号，这样得到的查询结果更精确。

2. 逻辑查询

由于模糊查询会将符合一个查询语句中的每一个查询词的信息资源都查询出来，查询结果相当庞大，而且含有许多我们不需要的内容。精确查询将引号内的词作为一个词组来处理，这样结果虽然准确，但却容易漏掉一些内容。如果我们需要的每一条信息是包含我们输入的多个关键词，但关键词不必以词组形式出现在篇名或内容中时，精确查询就显得无能为力了。为了满足这种查询需求，搜索引擎大都设置逻辑查询功能。这一功能允许我们输入多处关键词，而且，各关键词之间的关系可以是"与（and）""或（or）""非（not）"的关系。逻辑检索又称布尔检索。常用的逻辑检索有"AND""OR"和"NOT"。

"AND"表示逻辑"与"，有的搜索引擎也常用"&""+"","和空格来表示。"AND"用于检索两个以上关键词的情形，检索的结果应该与这几个关键词都有关系。如"经济 AND 文化"，就表示既包括经济又包括文化。

"OR"表示逻辑"或"，有的搜索引擎用"｜"来表示。检索的结果只要求与若干个关键词中的一个有关系即可，如"体操 OR 游泳"，就表示可以包括体操，也可以包括游泳。使用"OR"通常会得到许多无关紧要的信息，一般应慎重使用。

"NOT"表示逻辑"非"，有的搜索引擎用"！"表示。"NOT"检索的结果将完全排除与"NOT"后面的关键词有关的信息，如"水果 NOT 苹果"，就表示可以包括水果但其中不能有苹果。

一般能提供高级检索的搜索引擎，都支持逻辑检索，但有的是"完全支持"，如 Excite，Infoseek 等；有的则是"部分支持"，如 Yahoo 就只支持"AND"和"OR"；有的在其高级检索中"完全支持"而在其简单检索中则"部分支持"，如"HotBot""Lycos"等。中文搜索引擎一般不直接支持"AND""OR"和"NO"而是通过使用特殊的操作符如"+""—""｜""！"等来达到同样的目的（注意在输入代表逻辑关系的字符时，一定要用半角）。各搜索引擎实现这种查询的方式不尽相同，可以通过查阅其帮助文档来了解。

下边所列的例子，可以帮助你更好地理解什么是逻辑查询，同时也是一些较常见的用法。

（1）"与"，在关键词之间使用半角的加号（+）

例1：查询网上关于法国足球、英国足球、巴西足球比较资料。

从查询要求表明有查询的内容必须同时包括"法国足球、英国足球，巴西足球"3个关键词，输入的查询式应为"英国足球+法国足球+巴西足球"。逻辑"与"的代表符号，有的搜索引擎不用"+"号，而用"&"号，还有用其他符号的，请注意查看说明。

（2）"或"，使用半角的逗号把关键词分开

例2：查询网上关于法国足球、英国足球和巴西足球的资料。

这个例子表示，查询的内容不必同时包括3个关键词，而只要包括其中任何一个即可，因此查询式应为"法国足球，英国足球，巴西足球"，有的搜索引擎使用空格，而非半角逗号。

（3）"非"，将要排除的关键词前加半角的减号

例3：查询除世界杯以外的有关足球的资料。

这一例子表示，查询的内容应包括"足球"，但必须没有"世界杯"字样。检索式应为"足球—世界杯"。

3. 查询范围限制

范围限制的功能，可以使我们在某一范围中查询和搜索指定的关键词。范围限制的能力越强，越能使我们更准确地找到需要的信息。搜索引擎提供的范围限制类型大体有以下几个方面：

（1）分类范围：在某一类别中查询，如自然科学、教育、商务等。

（2）地域范围：在某一地区中查询。

（3）时间范围：查询某一时间范围内建立的网站或编写的网页。

（4）信息来源限制：在某一类型的网站中查询，如 WWW、Ftp、Gopher、BBS、新闻组等。

（5）查询词位置限制：提供查询词必须出现在网址或是网页或其他位置的限制。这些范围限制，实现的方法各不相同，有些是通过关键词前加特殊的字符。

（6）其他特殊范围：一些搜索引擎，提供了许多特殊范围的限定，如域名后缀（com、gov、org 等）、文件类型（文本、图形、声音等）。

查询范围的限制以限制符来实现。例如在关键词前加上"t:"，搜索引擎将只检索网站或网页名称，如"t：数学"，则搜索引擎将只检索网站或网页名称中含有"数学"字样的对象。在关键词前加上"u:"，搜索引擎将只检索网址（URL），如"u：intel"，则搜索引擎将只检索网址中含有"intel"字样的对象。有些是通过下拉式菜单。我们需要查看所用引擎的帮助，详细了解。当然，不是每一个搜索引擎都同时具备这些功能，有的具备这些，有的具备那些，而优秀的引擎，功能会更多一些。

以上检索技术可组合使用。现有的搜索引擎大都采用自然语言与布尔语言查询并用的查询方法。用自然语言查询一般只能实现简单查询，查准率较低；用布尔语言查询采用"and""or""not"等算符，以及截词、邻近、括号嵌套表达式等限定方法，查准率较高。由于搜索引擎没有统一的建站标准，所以各家所用的查询方式及查询限制都各有不同，请在使用时先查看每个引擎的帮助文件或有关资料。

图书馆主页简介
（2010 年 4 月 14 日）

图书馆主页是图书馆的门户，是图书馆与读者交流的桥梁，是图书馆开展网上信息服务的前提条件，是图书馆信息服务的直接载体和表现形式，是图书馆与用户联系的窗口。

图书馆作为学院的信息资源中心，担负着学院的日常教学和科研提供信息资源保障的责任。随着科学技术的迅速发展，计算机网络技术在高校图书馆中的应用越来越广，越来越多的读者更加倾向于在网络上查找资源。也越来越多的读者的关注图书馆主页。

一、图书馆主页的功能

1. 信息发布功能：包括图书馆介绍、新闻和通知等。

2. 信息服务功能：通过网站上的应用程序直接向读者提供服务，如书目检索、推荐书目、在线读者教育等。

3. 资源导航功能：提供本馆网络数据库、网络公共资源的入口等。

二、西译图书馆主页网址

网址为 http：//59.75.8.3 或 http：//library. xafy. edu. cn。

三、西译图书馆主页主要栏目

本馆概况、公共检索、信息服务、读者服务、常用数据库、试用数据库、图书推荐等。

浅说文献检索
（2010 年 5 月 31 日）

文献信息检索，是指将文献信息按一定的方式组织和储存起来，并能根据用户的需要取出所需特定信息的整个过程。

一、文献的类型

1. 零次文献

零次文献指未经正式发表或未形成正规载体的一种文献形式，如书信、手稿、会议记录、笔记等。其特点是客观性、零散性、不成熟性，一般是通过口头交谈、参观展览、参加报告会等途径获取，不仅在内容上有一定的价值，而且能弥补一般公开文献从信息的客观形成到公开传播之间费时甚多的弊病。

2. 一次文献

一次文献（primary document）是指作者以本人的研究成果为基本素材而创作或撰写的文献，不管创作时是否参考或引用了他人的著作，也不管该文献以何种物质形式出现，均属一次文献。大部分期刊上发表的文章和在科技会议上发表的论文均属一次文献。

3. 二次文献

二次文献（secondary document）是指文献工作者对一次文献进行加工、提炼和压缩之后所得到的产物，是为了便于管理和利用一次文献而编辑、出版和累积起来的工具性文献。检索工具书和网上检索引擎是典型的二次文献。

4. 三次文献

三次文献（tertiary document）是指对有关的一次文献和二次文献进行广泛深入的分析研究综合概括而成的产物，如大百科全书、辞典等。

二、文献检索类型

1. 数据检索

数据检索是以文献中的数据为对象的一种检索，检索如某公式、某化学分子式等。

2. 事实检索

事实检索以文献中的事实为对象，检索某一事物发生的时间、地点或过程。

3. 文献检索

文献检索是以文献为对象，查找某个课题的有关文献的一种检索。

三、文献检索途径

1. 著者

许多检索系统备有著者索引、机构（机构著者或著者所在机构）索引，专利文献检索系统有专利权人索引，利用这些索引从著者、编者、译者、专利权人的姓名或机关团体名称字顺进行检索的途径统称为著者途径。

2. 题名

在包括书名、刊名等途径，一些检索系统中提供按题名字顺检索的途径，如书名目录和刊名目录。

3. 分类

按学科分类体系来检索文献。这一途径是以知识体系为中心分类排检的，因此，比较能体现学科系统性，反映学科与事物的隶属、派生与平行的关系，便于我们从学科所属范围来查找文献资料，并且可以起到"触类旁通"的作用。从分类途经检索文献资料，主要是利用分类目录和分类索引。

4. 主题

通过反映文献资料内容的主题词来检索文献。由于主题法能集中反映一个主题的各方面文献资料，因而便于读者对某一问题、某一事物和对象做全面系统的专题性研究。我们通过主题目录或索引，即可查到同一主题的各方面文献资料。

5. 引文

文献所附参考文献或引用文献，是文献的外表特征之一。利用这种引文而编制的索引系统，称为引文索引系统，它提供从被引论文去检索引用论文的一种途径，称为引文途径。

6. 序号

有些文献有特定的序号，如专利号、报告号、合同号、标准号、国际标准书号和刊号等。文献序号对于识别一定的文献，具有明确、简短、唯一性特点。依此编成的各种序号索引可以提供按序号自身顺序检索文献信息的途径。

7. 代码

利用事物的某种代码编成的索引，如分子式索引、环系索引等，可以从特定代码顺序进行检索。

8. 专门项目

从文献信息所包含的或有关的名词术语、地名、人名、机构名、商品名、生物属名、年代等的特定顺序进行检索，可以解决某些特别的问题。

四、文献检索方法

1. 直接法

直接法又称常用法，是指直接利用检索系统（工具）检索文献信息的方法。它又分为顺查法、倒查法和抽查法。

3. 倒查法

倒查法是由近及远，从新到旧，逆着时间的顺序利用检索工具进行文献检索的方法。此法的重点是放在近期文献上。使用这种方法可以最快地获得最新资料。

4. 抽查法

抽查法是指针对项目的特点，选择有关该项目的文献信息最可能出现或最多出现的时间段，利用检索工具进行重点检索的方法。

5. 追溯法

追溯法是指不利用一般的检索系统，而是利用文献后面所列的参考文献，逐一追查原文（被引用文献），再从这些原文后所列的参考文献目录逐一扩大文献信息范围，一环扣一环地追查下去的方法。它可以像滚雪球一样，依据文献间的引用关系，获得更好的检索结果。

6. 顺查法

顺查法是指按照时间的顺序，由远及近地利用检索系统进行文献信息检索的方法。这种方法能收集到某一课题的系统文献，它适用于较大课题的文献检索。例如，已知某课题的起始年代，现在需要了解其发展的全过程，就可以用顺查法从最初的年代开始，逐渐向近期查找。

7. 循环法

循环法又称分段法或综合法。它是分期交替使用直接法和追溯法，以期取长补短，相互配合，获得更好的检索结果。

五、文献检索步骤

文献检索是一项实践性很强的活动，它要求我们善于思考，并通过经常性的实践，逐步掌握文献检索的规律，从而迅速、准确地获得所需文献。一般来说，文献检索可分为以下步骤：①明确查找目的与要求；②选择检索工具；③确定检索途径和方法；④根据文献线索，查阅原始文献。

六、文献检索的手段

①手工检索；②计算机检索。

七、文献信息概论

1. 什么是核心文献、相关文献和边缘文献？

答：核心文献通常是指与本学科发展水平、发展动向密切相关的一些文献，如核心期刊等。相关文献和边缘文献是指内容与学科的关系相对疏远一些的文献。相关文献和边缘文献是本学科和其他学科相互渗透、互相结合的结果。

2. 什么是文献？构成文献的有哪四个要素？

答：文献的定义是记录有知识的一切载体称为文献。构成文献的四要素是：知识内容，信息符号，载体材料，记录方式。

3. 文献的载体类型有几种？印刷型文献和电子文献的关系如何？

答：文献依据载体不同可以分为：印刷型、缩微型、声像型和电子型文献四种类型。印刷型文献是当前和今后相当长的时间内的文献主体，而电子文献是今后文献的发展方向。一般而言，20 世纪 90 年代之后的一些文献可以在网络上获得原文，但是绝大多数的文献还是要通过印刷型文献获取。

八、文献信息收集分析

图书在文后参考文献中的著录格式为：［序号］主要责任者. 书名［文献类型标识］（供选择）. 版本（第一版不做著录）. 出版地：出版者，出版年：页码。

期刊在文后参考文献中的著录格式为：［序号］析出责任者. 析出题名［文献类型标识］（供选择）. 刊名，出版年，卷号（期号）：页码。

报纸在文后参考文献中著录格式为：［序号］析出责任者. 析出题名［文献类型标识］（供选择）. 报纸名称，年–月–日（版次）。

立体阅读面面观

（2013 年 9 月）

立体阅读是指从多方面、多角度、多层次理解书面材料的阅读。是阅读类型之一。它要求把阅读的材料作为一个多要素、多属性、多层次的具有一定结构和功能的整体来把握，阅读时不能只看到一堆散乱的、没有联系的具体细节和具体论点，而必须从水平结构探索其要素。从垂直结构弄清其层次，从动态发展看其对研究对象运动变化规律的揭示。

立体阅读需要我们具有多维立体的系统思维方式，这也是时代发展的要求。在新技术革命的浪潮中，科学研究正在从孤立的局部向综合的整体转变，从点状、线性的研究向多维立体的研究转变，从静态的研究向动态研究转变。这不仅带来知识的更新，而且带来思维方式的变革，也必然促使阅读方式不断发展。

加里宁说："当你们独自阅读时，你们只了解到一面，即令了解到三面，还是没有了解到第四面。最后把四面全都了解了。可是哪知这东西不是平面，而是一个立方体，总共有六面。"这段话集中强调了立体阅读的重要性。立体阅读法包括：从历史角度读，从结构角度读，从技法角度读，从语言风格角度读，等等。

文献标志码

（2014 年 2 月）

国家新闻出版广电总局 1992 年发布并试行了《中国学术期刊（光盘版）检索与评价数据规范》，对入编《中国学术期刊（光盘版）专题文献数据库》的期刊提出了要求，每篇文章或资料应有一个文献标志码（document code），并且规定了与每种文献标志码相对应的文献应有的数据项，即格式。

一、作用

它的作用在于对文章按其内容进行归类，以便于文献的统计、期刊评价、确定文献的检索范围，提高检索结果的适用性等。具体如下：

A——理论与应用研究学术论文（包括综述报告）

B——实用性技术成果报告（科技）、理论学习与社会实践总结（社科）

C——业务指导与技术管理性文章（包括领导讲话、特约评论等）

D——一般动态性信息（通讯、报道、会议活动、专访等）

E——文件、资料（包括历史资料、统计资料、机构、人物、书刊、知识介绍等）

二、说明

1. 不属于上述各类的文章以及文摘、零讯、补白、广告、启事等不加文献标志码。

2. 中文文章的文献标志码以"文献标志码"或"［文献标志码］"作为标志，如"文献标志码：A"。

3. 英文文章的文献标志码以"document code"作为标志。

规范对各类文章格式的要求有所不同。A 类文章要求有中英文题名、工作单位、摘要、关键词，还要有汉语拼音的作者姓名；B 类和 C 类文章要求有中文题名及作者姓名。

A 类文献是期刊质量的一个标志。医学期刊中论著是期刊的核心部分，学术价值较高，一般都被定为 A 类文献；综述性文章一般篇幅较长，以汇集文献资料为主，或着重评述，具有权威性，对学科的进一步发展有引导作用定为 A 类。论著摘要、病例报告、经验交流等类文章，文章标志码的统一存在一定困难，有的定为 B，有的定为其他，须根据文章的具体情况分别对待。述评、专题讨论等一般标志定为 C；简短的病历报告、短篇报道一般定为 D。

三、问题

文献标志码一般不需要作者标注，而是由期刊专职人员根据文章内容划分。因医学期刊有时很难绝对区分各类文献的差异，所以不同时期期刊同样文章格式的标志码有所不同，这与编辑人员对上述规范的理解程度不同有一定的关系；同一种期刊同类文章的标志码也有不同，这与文章的篇幅及论述的详尽程度有关。如同一期的《临床内科杂志》中，病例报告有的标志为 B，有的标志为 D。

总之，文献标志码还存在一定的问题，还有待进一步的规范和统一。

第二节　馆员结构

图书馆被誉为人类的"文明宝库"，肩负着传播人类文明成果的重要责任，高素质的图书馆人才队伍是展开知识服务的重要保证，也是知识服务活动有效进行的前提条件。因此，图书馆只有培养一批具有"超前意识、广博知识、创新能力"的真正意义上的知识人才，组成一支强有力的知识服务领域的生力军，才能为知识服务的发展提供人力和智力的支持与保障。西安翻译学院图书馆一直重视队伍建设，图书馆队伍的知识水平、结构也在不断优化。图书馆工作人员学历和职称结构如表 6-3 所示。

表 6-3　图书馆工作人员学历和职称结构一览（1987—2018 年）

单位:%

时段	学历				职称				备注
	研究生	本科	大专	中专及以下	研究馆员	副研究馆员	馆员	助理馆员	
初建时期（1987 年 8 月—1998 年 3 月）	0	20	20	60	0	0	0	0	
平稳过渡时期（1998 年 3 月—2002 年 5 月）	0	20	55	25	0	0	0	0	
转型发展时期（2002 年 5 月—2004 年 3 月）	0	4	54	42	0	0	0	0	
健全发展时期（2004 年 3 月—2006 年 2 月）	0	6	74	20	0	0	0	0	
完善发展时期（2006 年 2 月—2010 年 3 月）	0	31	57	12	3	0	0	22	
稳步发展时期（2010 年 3 月—2018 年 12 月）	5	72	16	7	1	0	30	20	

关于王刚等 1104 位同志专业技术职务任职资格的通知（部分）

陕教师〔2014〕14 号

各有关高等学校、中等专业学校，厅属有关单位：

根据陕西省人力资源和社会保障厅及有关职称系列省级主管部门文件，经研究，同意下列同志分别取得相应系列专业技术职务任职资格。

……

六、具有图书资料系列职称任职资格（102 人）

……

（三）具有馆员任职资格（53 人）。

文件依据：陕西省文化厅《关于王凤平等 48 位同志专业技术职务任职资格的函》（陕文函〔2014〕48 号）、《关于杨焕玲等 5 位同志职称转换的函》（陕文函〔2014〕55 号）。资格起算时间：2013 年 12 月 17 日。

西安电子科技大学：云广平、关芳、杨焕玲（转评）。

西安航空学院：刘锋、张兴。

宝鸡文理学院：高燕、寸开、江娜、张惠芳、权梨舟、刘淑娟、俎宾、杨淑捷。

西安科技大学：贾靓、马丽飞、夏昭星。

西安财经学院：苏小舰、姬敏康。

渭南师范学院：许艳。

西安理工大学：李婷婷、毛海连、宋纬华。

西安工业大学：马征亚。

西安音乐学院：张鲲。

陕西学前师范学院：李虹。

安康学院：卢欣。

西安工程大学：马冲、刘志群。

咸阳师范学院：李义彤。

西北政法大学：张剑锋、王辉、李进武、蔡珺、白苏红（转评）、田苗（转评）、崔小宜（转评）。

西安医学院：马丽。

西安翻译学院：张丽芳、赵菊玲、陆溯。

西安外事学院：白小丽、吴娟。

西京学院：王凤平。

陕西国际商贸学院：张茜、刘建华。

西安航空职业技术学院：陈慧、姜灵芝、彭洁、张成萍、柴荣。

陕西工业职业技术学院：陈翔川。

陕西广播电视大学：朱雅捷、赵纲（转评）。

（四）具有助理馆员任职资格（25人）。

文件依据：陕西省文化厅《关于朱红等24位同志专业技术职务任职资格的函》（陕文函〔2014〕41号）、《关于何立军同志职称转换的函》（陕文函〔2014〕43号）。资格起算时间：2013年12月31日。

西京学院：朱红、答东梅、李惠淼、直磊、赵燕方、雷奔、乐军敏、白小英、郝利霞、崔晓红、杜艳丽、高蕾、刘馨、吴佰侠、赵瑞妮、张海英、崔平丽、杨海鹏、任慧萍。

西安翻译学院：高玉梅、凌欢、何立军（转评）。

陕西国际商贸学院：孙国华、任娜。

西安科技大学高新学院：宋靖波。

陕西省教育厅
2014年5月12日

《关于高珊等328位同志专业技术职务任职资格的通知》
陕教师〔2015〕25号

各有关高等学校、中等专业学校，厅属有关单位：

根据陕西省人力资源和社会保障厅及有关职称系列省级主管部门文件，经研究，同意西安医学院高珊等328位同志分别取得相应系列专业技术职务任职资格。

一、统计系列高级统计师任职资格

根据陕西省人力资源和社会保障厅《关于高珊同志高级职称任职资格的批复》（陕人社职字〔2015〕452号），西安医学院高珊同志从2014年12月28日起具有高级统计师任职资格。

二、新闻系列高级职称任职资格

根据陕西省人力资源和社会保障厅《关于严琳、尚莹同志高级职称任职资格的批复》（陕人社职字〔2015〕63号），西安财经学院严琳同志从2014年12月19日起具有高级编辑任职资格，榆林学院尚莹同志从2014年12月19日起具有主任编辑任职资格。

三、出版系列高级职称任职资格

根据陕西省人力资源和社会保障厅《关于陈萍等12位同志高级职称任职资格的批复》（陕人社职字〔2015〕40号），西北大学陈萍等12位同志从2014年12月30日起具有出版系列高级职称任职资格，具体名单和相应职称资格见附件 1。

四、社会科学研究系列高级职称任职资格

根据陕西省人力资源和社会保障厅《关于胡景乾等 21 位同志高级职称任职资格的批复》（陕人社职字〔2015〕263 号），安康学院胡景乾等 21 位同志从 2014 年 12 月 28 日起具有社会科学研究系列高级职称任职资格，名单和相应职称资格见附件 2。

五、会计系列正高级会计师任职资格

根据陕西省人力资源和社会保障厅《关于贾少玲等 3 位同志正高级会计师任职资格的批复》（陕人社职字〔2015〕330 号），陕西学前师范学院贾少玲、西安工程大学褚琳、西安工程大学田靖鹏 3 位同志从 2014 年 11 月 16 日起具有正高级会计师任职资格。

六、会计系列高级会计师任职资格

根据陕西省人力资源和社会保障厅《关于肖蠡等 8 位同志高级职称任职资格的批复》（陕人社职字〔2015〕355 号），西北大学强影、西安工业大学党江艳、陕西中医药大学杨超、榆林学院肖蠡、宝鸡文理学院钱秀峰、西安外事学院刘亚杰 6 位同志从 2015 年 1 月 25 日起具有高级会计师任职资格。

七、经济系列高级经济师任职资格

根据陕西省人力资源和社会保障厅《关于田群利等 8 位同志高级职称任职资格的批复》（陕人社职字〔2015〕491 号），杨凌职业技术学院陈娟利、杨凌职业技术学院高峰、陕西学前师范学院田群利、西安医学院杨珺、西安医学院张峰、陕西国际商贸学院冯明 6 位同志从 2015 年 1 月 25 日起具有高级经济师任职资格。

八、自然科学研究系列高级职称任职资格

根据陕西省人力资源和社会保障厅《关于韩健等 3 位同志高级职称任职资格的批复》（陕人社职字〔2015〕259 号），西北大学韩健、安康学院王代钢 2 位同志从 2014 年 12 月 18 日起具有研究员任职资格，安康学院孔卫青同志从 2014 年 12 月 18 日起同级转评为副研究员任职资格。

九、图书资料系列高级职称任职资格

根据陕西省人力资源和社会保障厅《关于袁红梅等 16 位同志高级职称任职资格的批复》（陕人社职字〔2015〕396 号），渭南师范学院袁红梅等 16 位同志从 2014 年 12 月 19 日起具有图书资料系列高级职称任职资格，具体名单和相应职称资格见附件 3。

十、图书资料系列馆员任职资格

根据陕西省文化厅《关于张瑜等 56 位同志专业技术职务任职资格的函》（陕文函〔2015〕21 号），陕西银行学校张瑜等 56 位同志从 2014 年 12 月 19 日起具有馆员任职资格，具体名单和相应职称资格见附件 4；根据陕西省文化厅《关于刘艳春等 6 位同志专业技术职务任职资格转换的函》（陕文函〔2015〕23 号），陕西科技大学刘艳春、西安科技大学唐美荣、西安医学院王燚、西安财经学院胡斌、西安财经学院吴淼、陕西学前师范学院邓淙文 6 位同志从 2014 年 12 月 19 日起同级转评为馆员任职资格。

十一、图书资料系列助理馆员任职资格

根据陕西省文化厅《关于张双双等 8 位同志专业技术职务任职资格的函》（陕文函〔2015〕17 号），陕西国际商贸学院张双双、西安翻译学院万永利、西安翻译学院李燕子、西京学院王兴兴、西京学院李天祥、西京学院苏旋芝、西京学院刘婷、西京学院王丽霞 8 位同志从 2014 年 12 月 29 日起具有助理馆员任职资格；根据陕西省文化厅《关于肖燕同志专业技术职务任职资格转换的函》（陕文函〔2015〕25 号），陕西省建筑材料工业学校肖燕同志从 2015 年 1 月 23 日起同级转评为助理馆员任职资格。

十二、群众文化系列馆员任职资格

根据陕西省文化厅《关于钟梅同志专业技术职务任职资格的函》（陕文函〔2015〕18 号），榆林学院钟梅同志从 2014 年 12 月 12 日起具有馆员任职资格。

十三、卫生技术系列高级职称任职资格

根据陕西省人力资源和社会保障厅《关于李天浩等 184 位同志高级职称任职资格的批复》（陕人社职字〔2015〕297 号），陕西中医药大学李天浩等 184 位同志从 2015 年 1 月 24 日起具有卫生技术系列高级职称任职资格，具体名单和相应职称资格见附件 5。

十四、自然科学研究系列助理研究员任职资格

根据陕西省科学院《关于包立军、杨金宏同志转换系列的通知》（陕科院发〔2015〕14 号），安康学院包立军、杨金宏 2 位同志从 2014 年 12 月 23 日起同级转评为助理研究员任职资格。

陕西省教育厅

2015 年 6 月 26 日

上述通知的附件如表 6-4 所示。

表 6-4　具有图书资料系列馆员任职资格人员名单

序号	所在单位	姓名	职称资格	备注
1	陕西银行学校	张瑜	馆员	
2	陕西科技大学	皇甫晶	馆员	
3	陕西科技大学	刘丹	馆员	
4	西安航空学院	杨琳	馆员	
5	西安美术学院	陶艳	馆员	
6	西安翻译学院	边冬玲	馆员	
7	西安翻译学院	杨晓燕	馆员	
8	西安翻译学院	卫蕊红	馆员	
9	西安翻译学院	孙桂梅	馆员	

表6-4（续表）

序号	所在单位	姓名	职称资格	备注
10	西安翻译学院	文炜	馆员	
11	西安翻译学院	胡书靖	馆员	
12	西安翻译学院	范萌	馆员	
13	西安翻译学院	张小鸽	馆员	
14	西安翻译学院	梁娟	馆员	
15	西安翻译学院	陈晓花	馆员	
16	西安翻译学院	何立军	馆员	
17	西安翻译学院	何珣利	馆员	
18	陕西交通职业技术学院	马洁	馆员	
19	陕西中医药大学	张伟红	馆员	
20	西安科技大学	吕亚娟	馆员	
21	西安科技大学	高建明	馆员	
22	西安科技大学	焦娜	馆员	
23	西安科技大学	古江华	馆员	
24	宝鸡文理学院	党隆溪	馆员	
25	宝鸡文理学院	李梅	馆员	
26	宝鸡文理学院	李燕	馆员	
27	西安培华学院	陈彦海	馆员	
28	西安培华学院	赵峰涛	馆员	
29	西安航空职业技术学院	刘华	馆员	
30	西安航空职业技术学院	周亮	馆员	
31	西安航空职业技术学院	郭力	馆员	
32	延安大学	成敏	馆员	
33	西安医学院	李淑敏	馆员	
34	西安医学院	库睿	馆员	
35	西安医学院	巨佳	馆员	
36	西安工业大学	周秦	馆员	
37	西安工业大学	赵琳	馆员	
38	西北政法大学	李牧泽	馆员	
39	西北政法大学	张毓慧	馆员	
40	西北政法大学	徐文如	馆员	
41	西北政法大学	何小杨	馆员	

表6-4（续表）

序号	所在单位	姓名	职称资格	备注
42	西北政法大学	王菡之	馆员	
43	西北政法大学	苏娜	馆员	
44	陕西铁路工程职业技术学院	孟庆兰	馆员	
45	陕西铁路工程职业技术学院	刘竹叶	馆员	
46	西安音乐学院	杨国栋	馆员	
47	西安音乐学院	杨婷婷	馆员	
48	陕西国际商贸学院	周敏	馆员	
49	陕西国际商贸学院	范春梅	馆员	
50	陕西国际商贸学院	鲜杨	馆员	
51	杨凌职业技术学院	阎蓉	馆员	
52	咸阳师范学院	徐变云	馆员	
53	咸阳师范学院	翟小静	馆员	
54	西京学院	类成伟	馆员	
55	西京学院	李良艳	馆员	
56	陕西理工学院	段锐超	馆员	

注：资格起算时间为2014年12月19日。

《关于李明海等89位同志专业技术职务任职资格的通知》

各有关单位：

根据陕西省人力资源和社会保障厅及有关职称系列省级主管部门文件，经研究，同意西安建筑科技大学李明海等89位同志分别取得相应系列专业技术职务任职资格。

一、工程技术系列正高级工程师任职资格

根据陕西省人力资源和社会保障厅《关于李明海等10位同志正高级工程师任职资格的通知》（陕人社职字〔2017〕35号），李明海等10位同志从2016年12月4日起具有正高级工程师任职资格，具体名单和相应职称资格见附件1。

二、审计系列高级审计师任职资格

根据陕西省人力资源和社会保障厅《关于陈萍同志高级职称任职资格的批复》（陕人社职字〔2017〕81号），陕西中医药大学陈萍同志从2016年12月18日起具有审计系列高级审计师任职资格。

三、社会科学研究系列助理研究员任职资格

根据陕西省社会科学院《关于2016年陕西省社会科学研究系列中级专业技术职务

任职资格评审结果的通知》（陕社科〔2016〕67 号），谢军等 12 位同志从 2016 年 12 月 11 日起具有社会科学研究系列助理研究员任职资格，具体名单见附件 2。

四、群众文化系列馆员任职资格

根据陕西省文化厅《关于王颖如同志专业技术职务任职资格的函》（陕文函〔2017〕9 号），陕西广播电视大学王颖如同志从 2016 年 12 月 5 日起具有群众文化系列馆员任职资格。

五、图书资料系列馆员任职资格

根据陕西省文化厅《关于唐维等 21 位同志专业技术职务任职资格的函》（陕文函〔2017〕12 号）《关于蒋金艳等 5 位同志专业技术职务任职资格转换的函》（陕文函〔2017〕7 号），唐维等 26 位同志从 2016 年 12 月 8 日起具有图书资料系列馆员任职资格，具体名单见附件 3。

六、图书资料系列助理馆员任职资格

根据陕西省文化厅《关于胡彬等 8 位同志专业技术职务任职资格的函》（陕文函〔2017〕10 号），胡彬等 8 位同志从 2016 年 12 月 30 日起具有图书资料系列助理馆员任职资格，具体名单见附件 4。

七、艺术系列三级美术师任职资格

根据陕西省文化厅《关于刘慧敏同志专业技术职务任职资格转换的函》（陕文函〔2017〕11 号），陕西艺术职业学院刘慧敏同志专业技术职务任职资格由讲师同级转评为三级美术师，时间从 2016 年 12 月 11 日算起。

八、会计系列高级会计师任职资格

根据陕西省人力资源和社会保障厅《关于韩丹丹等 18 位同志高级职称任职资格的批复》（陕人社职字〔2017〕149 号），韩丹丹等 18 位同志从 2016 年 12 月 17 日起具有高级会计师任职资格，具体名单见附件 5。

九、会计系列正高级会计师任职资格

根据陕西省人力资源和社会保障厅《关于陈梦涛同志高级职称任职资格的批复》（陕人社职字〔2017〕142 号），榆林学院陈梦涛同志从 2016 年 12 月 24 日起具有正高级会计师任职资格。

十、经济系列高级经济师任职资格

根据陕西省人力资源和社会保障厅《关于高立平等 11 位同志高级职称任职资格的批复》（陕人社职字〔2017〕128 号），高立平等 11 位同志从 2017 年 2 月 19 日起具有高级经济师任职资格，具体名单见附件 6。

陕西省教育厅
2017 年 6 月 22 日

上述通知的附件如表6-5所示。

表6-5 具有图书资料系列馆员任职资格人员名单

序号	所在单位	姓名	职称资格	备注
1	安康学院	唐维	馆员	
2	西安科技大学	侯东萍	馆员	
3	陕西国际商贸学院	周小敏	馆员	
4	陕西国际商贸学院	杨雪	馆员	
5	陕西国际商贸学院	杨伟健	馆员	
6	陕西国际商贸学院	郝亚朋	馆员	
7	商洛学院	葛建平	馆员	
8	西安翻译学院	侯永兴	馆员	
9	西安翻译学院	许娟丽	馆员	
10	西安翻译学院	张宝鸽	馆员	
11	西安培华学院	王亚棉	馆员	
12	陕西能源职业技术学院	李文婷	馆员	
13	陕西中医药大学	程璇	馆员	
14	陕西服装工程学院	李伟	馆员	
15	西安航空职业技术学院	高丽红	馆员	
16	陕西学前师范学院	罗亚萍	馆员	
17	榆林学院	杨月	馆员	
18	榆林学院	乔秀珍	馆员	
19	榆林学院	艾文慧	馆员	
20	咸阳师范学院	程耘	馆员	
21	咸阳师范学院	刘结实	馆员	
22	安康学院	蒋金艳	馆员	转评
23	商洛学院	金晓红	馆员	转评
24	商洛学院	李火苗	馆员	转评
25	西安财经学院	闫毅	馆员	转评
26	西安音乐学院	马波	馆员	转评

注：资格起算时间为2016年12月8日。

第七章 历任馆长与主要馆员

历任馆长：

贾西山：馆长 1995 年 7 月—1996 年 7 月

史长春：馆长 1996 年 7 月—1998 年 10 月

王新民：馆长 1999 年 2 月—2001 年 4 月

刘怡兰（女）：副馆长 2000 年 3 月—2001 年 9 月

高启秦（女）：馆长 2001 年 10 月—2009 年 6 月

　　　　　　　副馆长 2009 年 6 月—2012 年 8 月

李道仁：副馆长 2002 年 6 月—8 月

赵玉芬（女）：副馆长 2003 年 10 月—2009 年 10 月

康万武：馆长 2009 年 6 月—2014 年 6 月

裴世荷：副馆长 2012 年 8 月—2014 年 6 月

裴世荷：馆长 2014 年 6 月至今

侯永兴：副馆长 2014 年 9 月至今

主要馆员：

邓伟 主管采编和图书馆业务（1997 年 10 月—2001 年 10 月）。

任涛 主管办公室工作和日常事务（1997 年 6 月—2003 年 2 月）。

文炜 先后任图书馆采编部主任、参考咨询部主任，兼任图书馆党支部书记（1999 年 2 月至今）

个人简介：

贾西山，男，任西安翻译学院图书馆馆长期间，完成了图书室更名为图书馆等工作。

史长春，男，陕西渭南市华县（今华州区）人，任西安翻译学院图书馆馆长期间，完成了图书馆的搬迁工作，即由现在的科技楼北侧原有平房的位置搬至现在的文渊楼的二层楼房。

王新民，男，江苏南京人，任西安翻译学院图书馆馆长期间，重视图书馆读者服务等方面的管理。

刘怡兰，女，陕西西安人，任西安翻译学院图书馆副馆长期间，加强了图书馆日常服务与管理工作。

高启秦，女，陕西西安人，1941年生，任西安翻译学院图书馆馆长十余年间，图书馆处在由卡片式目录的手工操作检索到机读目录的计算机检索信息化转型期，她主导完成了图书馆的自动化管理系统，并完成了图书馆新馆的搬迁工作，组建和完善了图书馆各项组织机构和规章制度，奠定了图书馆走向规范化的基础。

李道仁，男，西安交通大学图书馆原副馆长。在任西安翻译学院图书馆副馆长期间，主持组建了图书馆计算机管理的现代化管理系统，管理系统为北京邮电大学开发的图书馆管理系统。

赵玉芬，女，河北人，在任西安翻译学院图书馆副馆长期间，主持图书馆业务工作进入正常化。她还组建了图书馆党支部，任支部书记，积极开展党的各项工作。

康万武，男，陕西省蓝田县人，1949年7月生。陕西师范大学图书馆原副馆长，研究馆员。毕业于武汉大学图书馆学专业，毕业后先后从事图书馆读者工作、古籍整理工作。为本科生、研究生开设《中文工具书》《古籍版本学》《社会科学文献检索与利用》等课程，以及负责图书馆行政、业务的管理工作。主编《中国名书画选》《中国七大古都研究论著索引》《陕西师范大学第七届图书馆学情报学学术研讨会议文选》；参与编撰《三秦历史文化辞典》《中小学图书馆概论》《陕宁青高校图书馆学术会议论文集》，合作点校《雍录》；并有多篇论文在书刊上发表。他的《谈谈我馆古籍的收藏整理和利用》一文获陕西省哲学社会科学优秀成果奖；《理学后秀晚清名儒贺瑞麟》一文，收录在《陕西历代教育家评传》一书中，该书获陕西省教委人文社会科学研究优秀成果三等奖；《论图书馆古文献开发》一文，获陕西省图书馆学会1994—1995年学术成果一等奖、陕西省第5次哲学社会科学优秀成果三等奖；《关于校内文献资源共享问题的思考》一文获陕西省图书馆协作委员会论文一等奖。曾获陕西师范大学1996—1997年优秀教学成果奖。其任西安翻译学院图书馆馆长期间，重视图书馆业务和内涵建设，使图书馆各项工作进入了高校图书馆发展的正常轨道。

裴世荷，男，1953年1月生，西安建筑科技大学材料工程专业本科毕业，兰州大学图书馆学专业结业，香港公开大学教育学研究生毕业，教育硕士学位，研究馆员职称。历任西安建筑科技大学图书馆副馆长、常务副馆长（主持工作），西安翻译学院图书馆馆长。陕西省图书馆学会理事，陕西省社科信息学会常务理事，陕西省高校图书情报委员会常务委员，中国科学技术学会情报分会委员。完成教育部科研课题3项，学会课题6项，出版著作和发表科研论文40余（部）篇。在任西安翻译学院图书馆馆长期间，主持完成省图书馆学会科研课题 1 项，参与省教育厅和学院研究课题各 1 项。完成《图书馆管理制度与业务工作规范汇编》制定；完成图书馆岗位设置与岗位职责的制定；完成学院"图书，教材和电子资源招标采购办法"的制定并组织实施。重视图书馆专业人员队伍培养，五年多来图书馆通过省评中级馆员职称 25 人。狠抓馆藏建设，图书馆文献资源在质量和数量上达到评估指标要求，文献信息服务的现代化水平不断提升，为教学科研提供了有力支撑和服务保障。重视图书馆信息化、自动化建设和发展，使图书馆的整体建设水平不断提高，影响力不断扩大。使图书馆各项工作进入了与时俱进的稳步发展时期。

侯永兴，男，1970 年生，任西安翻译学院图书馆副馆长期间，主管图书馆日常管理和学校教材的征订管理等工作。

邓伟，陕西礼泉人，在西安翻译学院图书馆工作期间，主管业务，完成了我校图书馆初期业务建设等工作。

任涛，陕西商洛人，1976 年生，在西安翻译学院图书馆工作期间，协助李道仁和高启秦馆长完成了图书馆的自动化管理系统建设。

文炜，男，汉族，1966 年 7 月生，陕西旬邑人，本科（毕业于福建师范大学教育管理专业，曾进修英语专业和图书档案管理专业），馆员，中共党员，1988 年 8 月参加工作。2002 年 12 月加入中国共产党。曾从事中学与大学英语教学、大学政治和文献检索教学，高校图书馆文献标引、分类、编目，信息咨询、文献编辑等工作。曾任英语教研组长、图书馆文献建设部主任、参考咨询部主任等，现任图书馆党支部书记。主持完成省校级科研课题 6 项，发表论文 30 余篇，诗文多篇；编著图书 2 部，参编著作 2 部。主要研究方向为文献标引和信息咨询。其在西安翻译学院图书馆工作期间，主管图书馆文献建设、参考咨询工作和图书馆党支部工作，负责图书馆的馆员培训和读者培训。起草了《文献编目的各种业务细则和规定》（总共 13 个）；编辑了《图书馆规章制度汇编》并进行 4 次修订；曾主编《书海导航》小报；创办和主编了《图书馆与读者》（馆报）和《教育信息参考》（馆刊）；主编了《文献检索使用手册》《在希望中奋斗》（图书馆论文集）、西安翻译学院《图书馆读者手册》（每学年修订）和《图书馆电子文献资源简介》及《图书馆自助服务简介》，并历时 15 年搜集整理撰写西译图书馆馆史。

第八章　党的组织工作

党的组织工作是党的全部工作的基础，是实现党的领导的重要途径。科学有效地加强图书馆基层党组织建设，必将对深化读者服务内涵、促进图书馆发展及校园文化建设起到重要的推动作用。

西译图书馆党支部成立于 2004 年 12 月，归属机关党总支。2008 年，西译图书馆党支部归属机关第二党总支。2015 年，西译图书馆党支部更名为"机关第八党支部"归属机关党总支。2018 年学校成立机关分党委，图书馆党支部即机关第八党支部归属于机关分党委。

历史回顾：

2004 年

2004 年 12 月，西译图书馆党支部成立。西译图书馆党支部归属机关党总支，共有 4 名党员，分别是赵玉芬（支部书记）、张国建、文炜、万永利。

2005 年

2005 年，西译图书馆党支部共有党员 9 名，分别是赵玉芬、赵菊玲、文炜、万永利、刘炎、范萌、边冬玲、刘美麟、冯淑芳。

2006 年

2006 年，西译图书馆党支部共有党员 13 名，分别是赵玉芬、赵菊玲、文炜、万永利、张慧琳、南继东、孙桂梅、季新颖、刘炎、范萌、边冬玲、刘美麟、冯淑芳。2006 年，其被评为"先进党支部"。

2007 年

2007 年，西译图书馆党支部共有党员 13 名，分别是赵玉芬、赵菊玲、文炜、万永利、刘炎、张慧琳、南继东、孙桂梅、季新颖、范萌、边冬玲、刘美麟、冯淑芳。2007 年，其被评为"先进党支部"。

2008 年

2008 年 3 月，西译图书馆党支部归属机关第二党总支。2008 年，西译图书馆党支部共有党员 21 名，分别是赵玉芬、赵菊玲、文炜、万永利、刘炎、范萌、边冬玲、刘美麟、冯淑芳、杨琦、张慧琳、南继东、孙桂梅、季新颖、晁耿、张宝鸽、胡书靖、陈晓花、侯娟、杜保娟、赵继超。2008 年，其被评为"先进党支部"。

2009 年

2009 年，西译图书馆党支部共有党员 22 名，分别是赵玉芬、赵菊玲、文炜、万永利、刘炎、范萌、边冬玲、刘美麟、冯淑芳、杨琦、张慧琳、南继东、孙桂梅、季新颖、晁耿、张宝鸽、胡书靖、陈晓花、侯娟、杜保娟、赵继超、张昆。

2010 年

2010 年 5 月，文炜任图书馆党支部书记。2010 年西译图书馆党支部共有党员 20 名，分别是文炜、万永利、范萌、赵菊玲、边冬玲、刘美麟、冯淑芳、杨琦、张慧琳、南继东、孙桂梅、季新颖、晁耿、张宝鸽、胡书靖、陈晓花、侯娟、杜保娟、赵继超、张昆。

2011 年

2011 年，西译图书馆党支部共有党员 23 名，分别是文炜、万永利、范萌、赵菊玲、边冬玲、刘美麟、冯淑芳、杨琦、孙桂梅、晁耿、张宝鸽、胡书靖、陈晓花、侯娟、杜保娟、陈亮、梁娟、许娟丽、谢珍、李宁、李燕子、雷英、王晓凤。

2012 年

2012 年，西译图书馆党支部共有党员 24 名，分别是文炜、万永利、范萌、边冬玲、刘美麟、赵菊玲、邢娜、孙桂梅、晁耿、张宝鸽、陈晓花、侯娟、辛亚兰、李亚强、胡书靖、杜保娟、陈亮、梁娟、许娟丽、谢珍、李宁、李燕子、雷英、王晓凤。

2013 年

2013 年，西译图书馆党支部被评为"先进党支部"，共有党员 25 名，分别是文炜、万永利、范萌、边冬玲、刘美麟、赵菊玲、邢娜、孙桂梅、晁耿、张宝鸽、陈晓花、侯娟、辛亚兰、李亚强、胡书靖、杜保娟、陈亮、梁娟、许娟丽、谢珍、李宁、李燕子、雷英、王晓凤、张坤。

2014 年

2014 年，西译图书馆党支部共有党员 26 名，分别是文炜、万永利、范萌、边冬玲、刘美麟、赵菊玲、邢娜、孙桂梅、晁耿、张宝鸽、陈晓花、侯娟、辛亚兰、李亚强、胡书靖、杜保娟、陈亮、梁娟、许娟丽、谢珍、李宁、李燕子、魏晓妮、雷英、王晓凤、毛小娥。2014 年其积极开展"党的群众路线教育实践活动"。

2015 年

2015 年，西译图书馆党支部更名为"机关第八党支部"归属机关党总支，在"三严三实"主题教育活动中被评为"红旗党支部"以及被评为 2015 年度"先进基层党支部"。2015 年西译图书馆党支部共有党员 28 名，分别是文炜、万永利、范萌、边冬玲、刘美麟、赵菊玲、邢娜、孙桂梅、晁耿、张宝鸽、陈晓花、侯娟、辛亚兰、李亚强、胡书靖、杜保娟、陈亮、梁娟、许娟丽、谢珍、李宁、李燕子、魏晓妮、侯永兴、甘海英、罗伟、全小成、王晓凤。

2016 年

2016 年，西译图书馆党支部共有党员 30 名，分别是文炜、万永利、范萌、边冬玲、刘美麟、赵菊玲、邢娜、孙桂梅、晁耿、张宝鸽、陈晓花、侯娟、辛亚兰、李亚强、胡书靖、杜保娟、陈亮、梁娟、许娟丽、谢珍、李宁、李燕子、魏晓妮、侯永兴、甘海英、罗伟、全小成、杜桂平、姬伟、何立军。2016 年西译图书馆党支部开始启用电子档案进行管理。

2017 年

2017 年，西译图书馆党支部共有党员 32 名，分别是文炜、万永利、范萌、边冬玲、刘美麟、赵菊玲、邢娜、孙桂梅、晁耿、张宝鸽、陈晓花、侯娟、辛亚兰、李亚强、胡书靖、杜保娟、陈亮、梁娟、许娟丽、谢珍、李宁、李燕子、魏晓妮、侯永兴、甘海英、罗伟、全小成、杜桂平、姬伟、何立军、何珣利、凌欢。2017 年西译图书馆党支部积极开展"两学一做"学习教育学习，被评为"先进党支部"。

2018 年

2018 年，西译图书馆党支部共有党员 33 名，分别是文炜、万永利、范萌、边冬玲、赵菊玲、邢娜、孙桂梅、晁耿、张宝鸽、陈晓花、侯娟、辛亚兰、李亚强、胡书靖、杜保娟、陈亮、梁娟、许娟丽、谢珍、李燕子、魏晓妮、侯永兴、甘海英、罗伟、全小成、杜桂平、姬伟、何立军、王利宁、何珣利、凌欢、李宁、刘美麟。

工作职责：

党支部是学校党的全部工作和战斗力的基础，是党联系群众的桥梁和纽带，是党在学校基层组织的战斗堡垒。图书馆党支部在学校党委和机关分党委的领导下开展各项工作的，其主要职责是：

1. 宣传和执行党的路线、方针、政策和上级党组织决议，充分发挥党员的先锋模范作用，努力团结、组织党内外的干部和群众，保证学校教学和科研等各项任务的完成。

2. 加强对党员的教育。党支部应根据校党委和机关分党委的要求，制定本支部党员学习计划，组织本支部党员的集中理论学习和教职工政治学习。

3. 加强对党员的管理和监督，严格党的组织生活，做好民主评议党员工作。维护和执行党的纪律，监督党员切实履行义务，保障党员的权利不受侵犯。

4. 按照"坚持标准，保证质量，改善结构，慎重发展"的方针，做好发展党员工作。坚持"成熟一个，发展一个"的原则，严格履行入党手续，确保新党员的质量，同时及时做好预备党员的转正工作。

5. 做好思想政治工作。结合学校和本馆各个时期的中心工作，经常听取党员和群众的意见，有针对性地做好思想政治工作。

6. 建立党员联系群众的制度，教育党员密切联系群众，自觉接受群众的监督。

7. 支持本单位（图书馆）行政领导的工作，协助行政负责人完成本单位（图书馆）所担负的任务，对本单位（图书馆）的工作提出意见和建议。

8. 协助本单位（图书馆）行政负责人解决干部、职工在工作、生活中的实际困难。

9. 做好党费的收缴与管理工作。

10. 完成党图书馆党支部和上级党组织布置的其他任务。

图书馆党支部紧密围绕学校党委和机关分党委的部署要求，扎实工作，积极配合图书馆开展各项读者服务工作，取得了一定的成就，图书馆党支部获得的部分奖项如图8-1所示。图书馆党支部的队伍在不断的发展壮大，至2018年图书馆党支部全体党员花名册如表8-1所示。

图8-1 图书馆党支部的部分奖项

表 8-1　图书馆党支部全体党员花名册（2018 年）

序号	工号	姓名	性别	民族	籍贯	入党时间	学历	备注
1	34004	文炜	男	汉	陕西旬邑	2002 年 12 月 23 日	本科	支部书记
2	34008	万永丽	女	汉	河南漯河	2002 年 6 月 22 日	本科	支部组织委员
3	34016	范萌	女	汉	天津市河北区	2005 年 6 月 24 日	本科	支部宣传委员
4	34005	边冬玲	女	汉	甘肃武威	2004 年 12 月 7 日	本科	
5	34013	赵菊玲	女	汉	陕西武功	2005 年 6 月 24 日	本科	
6	22056	邢娜	女	汉	山东荣成	2005 年 12 月 8 日	本科	
7	34012	孙桂梅	女	汉	河北沧州	2006 年 5 月 30 日	本科	
8	34022	晁耿耿	男	汉	陕西兴平	2006 年 12 月 8 日	本科	
9	11024	张宝鸽	女	汉	陕西咸阳	2007 年 6 月 2 日	大专	
10	34025	陈晓花	女	汉	陕西临潼	2007 年 11 月 7 日	本科	
11	34088	侯娟	女	汉	陕西西安	2007 年 11 月 24 日	本科	
12	27013	辛亚兰	女	汉	陕西宝鸡	2005 年 6 月 25 日	本科	
13	31018	李亚强	女	汉	陕西临潼	2007 年 5 月 17 日	本科	
14	34015	胡书靖	女	回	河南漯河	2007 年 11 月 7 日	本科	
15	34014	杜保娟	女	汉	陕西西安	2008 年 4 月 15 日	本科	
16	01010	陈亮	男	汉	河南濮阳	2007 年 4 月 13 日	大专	
17	34074	梁娟	女	汉	河南开封	2010 年 11 月 8 日	本科	
18	45007	许娟丽	女	汉	陕西蒲城	2011 年 12 月 28 日	本科	
19	2011037	谢珍	女	汉	陕西凤县	2006 年 4 月 18 日	硕士	
20	19027	李宁	女	汉	陕西长安	2005 年 12 月 8 日	大专	
21	23013	李燕子	女	汉	陕西乾县	2007 年 6 月 7 日	大专	
22	11023	魏晓妮	女	汉	陕西三原	2006 年 12 月 15 日	本科	
23	11008	侯永兴	男	汉	湖南株洲	2011 年 10 月 28 日	本科	
24	03006	甘海英	女	汉	广西扶绥	2001 年 12 月 1 日	本科	
25	27012	全小成	男	汉	陕西长安	2012 年 5 月 22 日	本科	
26	38004	罗伟	女	汉	陕西长安	2014 年 12 月 22 日	高中	
27	34045	杜桂平	女	汉	陕西长安	2015 年 11 月 2 日	大专	
28	34007	何立军	男	汉	新疆石河子	2016 年 11 月 14 日	本科	
29	34018	姬伟	男	汉	陕西绥德	2016 年 11 月 14 日	大专	

表8-1（续）

序号	工号	姓名	性别	民族	籍贯	入党时间	学历	备注
30	22006	王利宁	女	汉	陕西临潼	2009 年 11 月 11 日	本科	
31	34044	何珣利	女	汉	陕西长安	2017 年 6 月 12 日	本科	
32	34003	凌欢	女	汉	河南省	2017 年 6 月 12 日	本科	
33		刘美麟	女	汉	陕西宝鸡	2002 年 11 月 2 日	大专	流动党员

第九章 大事记要（1987—2018 年）

图书馆大事记要是记录本馆建馆以来馆内或以本馆为基点的馆外纵横关系中具有全馆意义的、比较重大的事情。编写图书馆大事记的目的在于适应形势发展的需要，向广大读者，特别是研究、探讨者和有关工作者，提供一个查考局部图书馆事业发展的比较重大的事情的资料索引。

1987 年

8 月 26 日，设立西安翻译学院图书室。

1995 年

8 月 22 日，西安翻译学院图书馆成立（图书室更名为图书馆）。
8 月 16 日，贾西山任馆长负责图书馆工作。

1996 年

7 月 20 日，史长春任馆长。

1997 年

8 月 23 日，图书馆购置 6 万册图书。

1998 年

5 月 16 日，图书馆搬迁至新馆（现在的文渊楼）。
10 月 18 日，邓伟负责图书馆工作。

1999 年

2 月 20 日，王新民任馆长
5 月 17—21 日，任涛和文炜去陕西省图书馆培训班学习《中图法》（第四版）分类法。

6月12日，开始编排和使用卡片式目录。

9月15日，西安翻译学院魏凤男教授捐赠一批文学及文学理论方面的图书。

2000 年

3月6日，刘怡兰任副馆长。

4月22日，初次制定了西安翻译学院《图书馆规章制度》。

5月8日，开始使用机械打印机打印图书标签。

2001 年

8月28日，图书馆建成拥有60台计算机的电子阅览厅并对读者开放。

9月26日，高启秦任图书馆馆长。

2002 年

6月10日，李道仁任图书馆副馆长。

6月22日，图书馆开始使用北邮MELINETS集成管理系统进行文献编目和图书馆管理服务。

9月10日，用计算机机读目录格式编目，组建了西译馆藏40万册的第一个开架借阅书库且投入使用，并建成了第一个电子文献阅览区。

10月20日，修订了西安翻译学院《图书馆规章制度》。

2003 年

3月27日，以西安电子科技大学樊来耀教授为组长、西安建筑科技大学图书馆馆长、研究馆员裴世荷为副组长的陕西省教育厅高校图书馆评估专家组一行5人莅临西安翻译学院，对图书馆文献资源建设和现代化建设进行专项评估。

8月8日，学校新图书馆大楼举行封顶仪式，丁祖诒院长、李虹副院长参加封顶仪式并对后期工程提出了相关要求和希望。

8—10月，图书馆对9万册馆藏图书进行回溯建库。

10月12日，赵玉芬任图书馆副馆长。

11月16日，起草了《文献编目的各种业务细则和规定》。

2004 年

3月23日，学校新图书馆建成并投入使用，建筑面积近2万平方米；修订并印刷了西安翻译学院《图书馆规章汇编》（修订）。

10 月 12 日，图书馆学管会成立。

2005 年

3 月 11 日，美国驻华公使金大友先生、智利驻华大使薄明高先生、阿富汗驻华大使巴拉斯先生、罗马尼亚驻华文化参赞歌德丽娜女士等人参观西安翻译学院图书馆。

3 月 18 日，图书馆召开了关于"如何构建和谐图书馆"全体馆员会议。

3 月 20 日，图书馆增加两项新业务：光盘刻录和磁带复制。

4 月 27 日，图书馆与学管会联合举办"图书馆与读者面对面交流会与 4·23 世界读书日征文活动颁奖大会"。

6 月 9 日，西安思源学院图书馆馆长、研究馆员杨邦俊为图书馆做"图书馆工作人员业务知识"讲座。

8 月 17—20 日，图书馆在数据库整理基础上，对相应图书条码进行了规范统一。

9 月 2 日，图书馆推荐 11 篇论文，参加"全国民办高校图书馆建设与发展学术研讨会"。

9 月 15 日，图书馆主页开通，实现网上书刊检索和图书续借。

10 月 17 日，图书馆参加在西安召开的"全国民办高校图书馆建设与发展学术研讨会"，获组织奖。

10 月 20 日，参加"全国民办高校图书馆建设与发展学术研讨会"的全体代表来图书馆参观。

10 月 24 日，俄罗斯国防部红旗歌舞团、美国西敏学院参观西安翻译学院图书馆。

11 月 1 日，美国雅美丽卡娜音乐家访问团、日本滨山大学校长及随行人员参观图书馆。

11 月 16 日，图书馆与中国高校文献保障体系建立了馆际互借关系。

11 月 22 日，图书馆参考咨询部开通文献传递服务。

11 月 26 日，制定了图书馆馆训为"求实创新，文明兴馆"。

12 月 8 日，图书馆与中国国家图书馆建立了馆际互借关系。

2006 年

1 月 12 日，图书馆被省教育工委、教育厅授予 2005 年度"精神文明建设最佳单位"。

2 月 28 日，修订并印刷了西安翻译学院《图书馆规章制度汇编（修订）》。

3 月 15 日，图书馆在"第五次全省普通高校图书馆先进集体和先进个人评选活动"中，被省教育厅授予"先进集体"称号。图书馆高启秦馆长获"陕西省高校图书馆优秀管理干部"称号。

4 月 15 日，23 家中央主流媒体访问西安翻译学院并参观图书馆。

5 月 16 日，高等教育出版社向图书馆赠送 500 多册图书，价值 1.3 万元。

6 月 26 日，在图书馆二楼和七楼，增加了 126 个网络端口，读者可自带便携式电脑联机查询资料，同层还配备了无线上网设施。

8 月 16 日，图书馆召开全体馆员会议，通过了对图书馆各部门人员的优化组合改革方案。

8 月 28 日，图书馆完成了对还书台、咨询台、外语沙龙及消防栓等部分内部设施的改造，并在二楼大厅和七楼自习厅增设了文献自由视听区。

9 月 8 日，图书馆首届学术交流研讨会在图书馆外语沙龙召开。

9 月 10 日，图书馆党支部被评为先进党支部。

10 月 24 日，图书馆"以评促建，以评促改"全馆大会在外语沙龙召开。

10 月 26 日，加拿大蒙特雷大学校长参观学院图书馆。

10 月 28 日，美国西敏商学院 40 余名师生参观图书馆。

10 月 31 日，图书馆在网上开通腾讯 QQ 网上咨询服务。

12 月 1 日，陕西省教育工委、教育厅、教育工会领导参观西安翻译学院图书馆。

12 月 12 日，西安翻译学院"书天堂"杯辩论赛在报告厅举行。

12 月 16 日，西安翻译学院"图书馆工作委员会"在教师阅览室举行。

2007 年

2 月 28 日，西安翻译学院在图书馆七楼召开全院教职工大会。

3 月 3 日，图书馆在外语沙龙召开本学期第一次全馆大会。

3 月 13 日，陕西省教育厅领导参观图书馆。

4 月 24 日，李佩成院士来图书馆参观。

4 月 27 日，香港理工大学代表来图书馆参观。

5 月 8 日，团中央书记处贺军科书记及省团委领导来图书馆参观。

5 月 15 日，陕西省委杨永茂副书记来图书馆参观。

5 月 30 日，北京外国语大学领导来图书馆参观。

5 月 31 日，德国汉诺威大学梁家珍博士来图书馆参观。

5 月 31 日，图书馆举办大型电子资源数据库使用宣讲活动。

6 月 29 日，香港理工大学校长参观图书馆。

9 月 18 日，西安翻译学院二十年校庆征文活动中图书馆参选 26 篇论文。

9 月 27 日，香港浸会大学教授来图书馆参观。

9 月 28 日，图书馆"第二届学术研讨会"在图书馆外语沙龙举行。

10 月 26 日，陕西高职高专论文征文中图书馆 8 位同志分别获一、二、三等奖和优秀奖，图书馆获得集体组织优秀奖。

10 月 30 日，西安翻译学院二十周年校庆庆典活动中，省委副书记王侠等领导参观西安翻译学院图书馆。

11 月 21 日，陕西省教育厅领导来图书馆参观。

11 月 22 日，图书馆"图书馆与读者面对面交流会"在外语沙龙举行。

11 月 22 日，图书馆举办消防知识专题培训。

2008 年

3 月 6 日，图书馆读者管理系统升级，采用一卡通作为读者借阅证。

3 月 19 日，高职高专评估专家组视察图书馆。

3 月 27 日，图书馆"图书馆与读者交流会"在图书馆外语沙龙举行。

3 月 31 日，省人大常委会副主任黄玮、省教育厅厅长杨希文莅临图书馆。

4 月 23 日，图书馆在西安翻译学院"读书节"征文活动中，获优秀组织奖，并获多项个人奖。

5 月 6 日，香港理工大学代表参观图书馆。

9 月 8 日，图书馆西区分馆电子阅览厅 200 台计算机更新安装完成。

10 月 17 日，日本京都市政府代表团来图书馆参观。

12 月 10 日，卡西欧电子词典捐赠仪式在图书馆大厅举行。

12 月 15 日，图书馆利用业余时间，组织练习唱歌，为学院元旦会演准备节目（大合唱）。

12 月 22 日，图书馆组建信息素质教育室（免费电子阅览厅）并对读者开放。

2009 年

3 月 2 日，图书馆对阅览部和流通部进行整合，合并成立读者服务部。

3 月 23 日，西安翻译学院第二次图书馆工作委员会会议在教师阅览室召开。

3 月 24 日，澳大利亚巴拉瑞持大学代表团、马来西亚史丹福学院院长一行莅临学院图书馆参观。

3 月 26 日，图书馆与读者面对面交流会在 923T 召开。

3 月 27 日，陕西省高校图工委在我馆举行图书情报学专题培训报告会。

4 月 7 日，马来西亚英迪大学校长、澳大利亚埃迪斯科文大学副校长来图书馆参观。

4 月 27 日，西安翻译学院经济管理分院资料室成立。

4 月 28 日，陕西省教育厅学士学位评估专家莅临图书馆检查指导工作。

6 月 5 日，文炜整理的"西译图书馆资料"编入《中华人民共和国图书馆博物馆群艺馆文化馆大典》，在其中第 507~510 页。

6月12日，康万武研究馆员任图书馆馆长。

9月8日，图书馆印发"读者咨询表"，倡导全馆工作人员积极开展参考咨询工作，不断提高服务水平。

9月25日，作家贾平凹在图书馆报告厅讲学。

9月29日，小说《大秦帝国》作者孙皓辉在图书馆报告厅讲学。

10月12日，图书馆与图书馆学管会联合举办以"走进电子文献"为主题的电子文献宣传周活动。

10月13日，西北政法大学赵馥洁教授来图书馆报告厅讲学。

11月15日，图书馆加强"信息素质教育室"服务，实现了读者信息素质教育经常化、制度化。

12月22日，图书馆全面修订《西安翻译学院图书馆问责制实施细则（试行）》。

2010 年

3月1日，学校外国语学院、人文学院资料室建成投入使用。

4月18日，图书馆与图书馆学管会联合举办以"我与图书馆"为主题的世界读书日宣传周活动。

9月22日，陕西省社会科学信息学会第十次学术讨论会优秀论文评选中，西安翻译学院有六位同志的论文获奖。

10月13日，图书馆新主页上线投入使用。

11月8日，黑龙江东方学院、广东南华工商学院来图书馆考察。

11月17日，图书馆与读者面对面交流会在图书馆外语沙龙举行。

12月9日，图书馆与保卫处消防科在图书馆一楼消防办公室举办消防安全设施培训。

12月13日，郑州大学西亚斯国际学院党委书记费鹤祥、南昌理工学院叶新平副院长一行来西安翻译学院参观考察。

2011 年

3月12日，康万武馆长在图书馆为全体馆员做"中文工具书"专题培训讲座。

5月20日，文炜整理的"西安翻译学院图书馆资料"编入《中国高等学校图书馆大全》，在其中第1826-1828页。

5月4日，图书馆温敏乐等4人，参加了陕西省高校图工委在西安电子科技大学举办的《中图法》（第五版）培训班学习。

5月18日，图书馆召开第十次图书馆与读者面对面交流会。

5月20日，文炜撰写的《民办高校图书馆专题服务工作的实践》的论文，获陕西省图书馆学会第八次学术成果三等奖。

6 月 12 日，图书馆新组建的法语德语阅览厅向读者开放。

6 月 16 日，西安翻译学院康万武馆长参加 2011 年陕西省高校图书情报工作会议，并作《民办高校图书馆的特色服务——以西安翻译学院图书馆为例》的专题报告。

6 月 23 日，图书馆"双百"人物专题文献数据库建成与读者见面。

6 月 24 日，图书馆新版《读者手册》修订完成。

9 月 14 日，德国 DAAD 组织向图书馆捐赠德文图书 23 册。

10 月 11 日，日本文化语学院彼杵校长向图书馆赠书 50 册。

2012 年

3 月 12 日，图书馆全体人员沉痛悼念西安翻译学院院长丁祖诒教授逝世。

5 月 2 日，"e"读文献传递服务系统在图书馆开通。

5 月 14 日，图书馆与读者面对面交流会在外语沙龙举行。

5 月 25 日，图书馆外语沙龙活动被陕西省图书馆学会评为"图书馆优秀服务案例"并进行推广。

8 月 17 日，裴世荷研究馆员任图书馆副馆长。

9 月 6 日，图书馆开展"书海导航——图书馆之旅"活动。

9 月 25 日，图书馆召开本科教学合格评估迎评促建动员会。

9 月 26 日，图书馆学管会换届。

11 月 19 日，图书馆调整馆舍布局，新增馆舍面积 2 000 平方米，购置图书架 570 个，增设文学书库，扩大样本书库库区面积。

12 月 25 日，图书馆完成提存书库的搬迁整理工作。

2013 年

3 月 11 日，图书馆文学书库整理就绪，对读者开放。

3 月 18 日，图书馆随书光盘管理平台（博云非书资料管理系统）开通使用。

4 月 18 日，图书馆召开"图书馆与读者面对面交流座谈会"。

4 月 23 日，图书馆启动电子资源宣传周仪式，开展形式多样的电子资源宣传活动，同时举办"世界图书日知识竞赛"。

5 月 5 日，修订并印刷了西安翻译学院《图书馆管理制度与业务工作规范汇编（修订）》。

5 月 6 日，"2013 年图书采购招标会"在图书馆会议室举行。

8 月 23 日，图书馆对全体馆员进行"图书馆评建知识和应注意的问题"的评估前培训。

9月5日，图书馆新版主页正式开通使用，主页新增超星发现资源统一检索平台。

9月26日，图书馆学生管理委员会换届暨"我与图书馆征文活动"颁奖仪式在图书馆学术报告厅举行。

10月21日，韩国驻西安领事馆全哉垣总领事一行来西安翻译学院图书馆参观访问。

11月14日，图书馆参加"陕西省图书馆员参考咨询典型案例展示交流会"，三人参选案例获得优秀奖。

11月15日，陕西省图书馆学会在图书馆举办首届会员日活动，70多位图书馆界同行参观考察图书馆。

11月18日，图书馆组织学院学生，参加第二届"陕图杯MyET英语口语比赛"并取得优异成绩，14人获得个人奖励，图书馆获优秀组织奖。

12月12日，图书馆党支部被评为先进党支部。

12月16日，教育部本科教学合格评估工作专家组考察图书馆，图书馆获得好评。

2014 年

2月21日，图书馆召开全体工作人员会议，安排部署2014年工作。

3月4日，图书馆康万武馆长在图书馆信息素质教育室做"图书馆统一检索平台利用"的专题讲座。

3月11日，图书馆裴世荷馆长在图书馆信息素质教育室做"图书馆新主页利用"的专题讲座。

4月23日，图书馆在外语沙龙举行"4·23世界读书日"系列活动启动仪式。

4月24日，图书馆更换东西区双通道图书监测仪6台。

5月6日，图书馆获准省政府2012年"数字图书馆建设"专项资金共计393.3万元，全部执行完毕。利用专项资金改善了图书馆的硬件设施和网络环境，购置新增数字化资源，为进一步优化信息环境奠定了基础，为读者提供了良好的网络环境和优质的信息服务。

5月28日，图书馆在二楼大厅和外语沙龙分别举办"数据库咨询与培训日"的咨询培训活动。

6月12日，图书馆在外语沙龙召开图书馆"4·23世界读书日"系列活动总结及表彰大会。

6月16—19日，图书馆迎接陕西省教育厅高校巡视诊断工作专家组，顺利通过省教育厅对学院图书馆的巡视诊断检查。

6月26日，西安翻译学院聘任裴世荷为图书馆馆长。

8月22日，图书馆召开全体职工大会，安排部署新学期工作。

8月26日，陕西省委副书记孙云清来我院调研并参观图书馆。

8 月 27 日，图书馆召开全体馆员会议，传达学习学校文件精神，并分组研讨有关学校发展转型问题。

9 月 16 日，图书馆裴世荷馆长在信息素质教育室做"图书馆主页馆利用简介"专题讲座。

9 月 24 日，图书馆举办本学期第一次新生入馆教育活动。

9 月 30 日，西安翻译学院聘任侯永兴为图书馆副馆长。

10 月 15 日，图书馆裴世荷馆长通过电视转播为全校大一新生做新生入馆教育专题报告。

10 月 20 日，图书馆 2014 年职称评审初审工作结束并上报省文化厅，12 人申报省中级职称，2 人申报省初级职称。

10 月 24 日，图书馆开始机构和人员竞聘工作，二级管理部门由原来 6 个调整为 5 个，人员由原来的 63 人，减少为 56 人，学院教材管理岗位并入图书馆。

2015 年

1 月 16 日，图书馆裴世荷馆长和侯永兴副馆长带领全馆 50 余人到西北工业大学南校区图书馆、西安电子科技大学南校区图书馆参观。

2 月 26 日，图书馆在外语沙龙召开全体馆员大会。

3 月 20 日，图书馆举办 2015 年度"阅读之星"读书活动。

4 月 8 日，图书馆参与举办的"知识伴我行"——万方数据公益助学文献检索竞赛活动正式开始。

4 月 15 日，图书馆举办首届西译图书馆杯 MyET 英语口语大赛。

4 月 22 日，西安翻译学院 2015 上半年图书馆数据库采购招标顺利完成

4 月 23 日，图书馆启动"4·23 世界读书日"系列活动。

4 月 24 日，"高尚教育"主题诗歌朗诵会决赛在图书馆外语沙龙举办。

5 月 12 日，图书馆邀请超星发现专家及万方数据王老师前来讲解"指尖上的检索——万方数据知识服务平台使用指南讲座"。

5 月 21 日，校友贾尤佳向图书馆捐赠图书 800 余本。

6 月 8 日，第八届"挑战杯"大学生课外学术科技作品竞赛颁奖典礼在图书馆学术报告厅举行。

6 月 9 日，图书馆"4·23 世界读书日"活动月圆满结束。

6 月 15 日，图书馆在"中国高校图书馆优秀应用案例"竞赛中获奖。

9 月 17 日，图书馆全体馆员参加西安翻译学院中秋晚会。

11 月 1 日，图书馆参与举办"乐知乐享——2015·维普信息检索大赛"

11 月 4 日，图书馆主办德国文化专题讲座在外语沙龙举行。

11 月 12 日，图书馆举办与读者面对面交流大会。

11 月 13 日，图书馆 2015 年下半年移动图书馆项目招标会顺利完成。

11 月 19 日，图书馆在外语沙龙举办"读书与人生"专题讲座。

2016 年

2 月 24—25 日，以"建设一流学院、一流专业，推进转型发展"为主题的西安翻译学院转型发展研讨会在图书馆学术报告厅隆重召开。

2 月 26 日，图书馆召开新学期全馆会议，学习学校"双创"研讨会精神，安排新学期图书馆工作。

3 月 2 日，配合学校综合评价招生工作，图书馆接待学生和家长的参观来访。

4 月 14 日，图书馆与人事处在科技楼教师发展中心，联合举办了"专题数据库培训讲座"活动。

4 月—5 月，图书馆与学管会共同举办了"终南书香，相约西译"读书月及"4·23 世界读书日"系列活动。

4 月 18 日，图书馆开通了移动图书馆服务开通使用。

5 月 17 日，图书馆完成 2016 年中文图书采购项目招标。

5 月 23 日，图书馆微信服务平台开通使用。

6 月 1 日，图书馆联合图书馆学生管理委员会进行的"移动图书馆"推广活动圆满结束。

6 月 28 日，图书馆维修项目施工招标顺利完成。

8 月 20 日，图书馆召开全体会议部署本学期的工作。

9 月 5 日，图书馆裴世荷馆长在学校电视台为全校新生作"新生入馆教育电视讲座"报告。

9 月 6—9 日，图书馆举办"图书馆之旅活动"对新生进行入馆教育。

9 月 8 日，图书馆西区综合书库改扩建顺利完工并对读者开放。

10 月 17 日，图书馆考研自修厅在图书馆六层北厅组建完成。

11 月 24 日，图书馆举办读者面对面交流活动。

11 月 28 日，科研处王卓慈处长在图书馆外语沙龙做"西方文学的文化解读"讲座。

12 月 1 日，图书馆举办了"阅读之星"颁奖活动，共选出一等奖王溢静、二等奖王虹等 26 名同学。

12 月 15 日，图书馆参加陕西高校图书馆读者服务典型案例交流会议。

2017 年

2 月 24 日，图书馆召开全体馆员会议，部署新学期工作。

3月31日，西安翻译学院英文学院英语二系英语教育专业特邀陕西师范大学附属小学优秀教师张丹老师在图书馆报告厅为学院教育专业学生做报告。

4月11日，学校翻译研修学院在图书馆报告厅举行学风建设与安全教育大会。

4月18日，图书馆"终南书香，相约西译"读书月暨"4·23世界读书日"系列活动启动仪式在图书馆二楼大厅举行。

4月20日，亚欧语言文化学院在图书馆报告厅举办"迎校庆30周年语桥书院汉语演讲比赛决赛"。

4月25日，图书馆将全院师生借阅册数做出调整，放宽了借阅册数和时间限制。

4月26日，研修院青年志愿者协会与图书馆在2410教室举办了"那时爱情"主题读书座谈会。

4月27日，学校研修院联合学院图书馆在外语沙龙举办"那时爱情"读书座谈会。

4月27日，社团"TGS英语沙龙"在图书馆外语沙龙举办"We Are Young英语趣味比赛"活动。

5月17日，图书馆完成2017年度的纸质图书招标活动。

5月19日，首届朗读者系列活动暨中英朗读大赛在图书馆多功能报告厅举办

5月24日，迎校庆30周年"终南神韵笔墨菁华"名家作品邀请展在图书馆外语沙龙开幕。

6月19日，"英语与择业"主题讲座在图书馆多功能报告厅召开。

6月29日，由西安翻译学院党委主办的庆"七一"迎校庆30周年"学党史 知校史"知识竞赛决赛在图书馆多功能报告厅举行。

7月9日，图书馆西区语言库搬迁工作完成。

7月26日，2017全国高等院校翻译专业师资培训会在图书馆报告厅召开。

8月26日，图书馆内卫生间改造完成。

8月31日，图书馆举行全体馆员会议布置本学期图书馆工作。

9月12日，图书馆二楼大厅沙发等设施更换到位。

9月4—15日，图书馆新生入馆教育"图书馆之旅"参观活动如期进行。

9月28日，裴世荷馆长向全体新生做新生入馆教育讲座。

11月12日，终南学社执行社长李志慧在图书馆楼外语沙龙做题为"终南山与终南文化"的讲座。

11月15日，图书馆学管员会举办的"签约心灵"创意书签大赛在图书馆三楼外语沙龙成功举办。

11月29日，图书馆参加了在西北农林科技大学图书馆举办的陕西高校图书馆流通阅览工作研讨会。

12月6日，校社团远方听力俱乐部、新外语学社、TGS英语沙龙共同举办的"第二

届超级演说家"活动在外语沙龙顺利举办。

12月7日，图书馆获陕西高校图书馆员读者服务典型案例比赛优秀奖。

12月12日，图书馆2017年"阅读之星"总结表彰大会召开外语沙龙举行。

12月20日，图书馆发布西安翻译学院学生假期读书倡议书。

2018 年

3月9日，图书馆与西安交通大学图书馆（教育部科技查新站）建立论文查收查引和科技查新委托代办协议。

3月20日，图书馆举办"我与图书馆及经典文献阅读"征文活动

4月17日，"三秦读书月"暨"4·23世界读书日"系列活动启动仪式在图书馆二楼大厅举行。

4月20日，图书馆二楼"学术报告厅"纳入图书馆管理。

5月8日，图书馆荣获"陕西省图书馆学会2012-2017年度先进集体"称号。

5月11日，西安翻译学院2018年优秀大学生士兵宣讲报告会在图书馆报告厅举行。

5月26日，图书馆荣获"陕西省社会科学信息学会先进会员单位"称号。

5月31日，中华传统文化进校园"孙子兵法与成功智慧"系列报告讲座在图书馆报告厅举办。

6月6日，《教育科学研究资料的描述统计》学术讲座在图书馆报告厅举行。

6月20日，西安翻译学院2000级校友应邀回校在图书馆做专题报告。

6月21日，图书馆顺利完成西区综合书库搬迁工作。

6月25日，图书馆裴世荷馆长在学校教师发展中心为校新聘用教师做岗前文献利用专题讲座。

6月28日，图书馆党支部荣获学校2017年度"先进党支部"。

9月12日，西区图书馆综合书库完成搬迁后正式对读者开放。

11月10日，图书馆顺利参与完成创建"文明校园"的准备活动。

11月15日，图书馆在图书馆报告厅举办了2018年图书馆读书系列活动总结表彰大会。

11月22日，图书馆成功举办2018年陕西高校图书馆读者服务典型案例展示交流会。

12月6日，图书馆举办的图书馆与读者面对面交流座谈会在图书馆会议室进行。

参考文献

［1］孙民柱，李道仁. 西安交通大学图书馆馆史［M］. 西安：西安交通大学出版社，2016.

［2］电子科技大学图书馆. 电子科技大学图书馆馆史（1956—2015）［M］. 成都：电子科技大学出版社，2016.

［3］陈进. 思源籍府 书香致远 上海交通大学图书馆馆史 1896—2012［M］. 上海：上海交通大学出版社，2013.

［4］韦庆媛，邓景康. 清华大学图书馆百年图史［M］. 北京：清华大学出版社，2013.

［5］邱烈祥. 陇东学院图书馆史［M］. 兰州：甘肃民族出版社，2013.

［6］金沛霖. 北京文化史资料选集 首都图书馆馆史［M］. 北京：出版社不详，1995.

［7］李嘉琳. 山西大学图书馆史［M］. 太原：三晋出版社，2012.

［8］苏全有，王仁磊. 河南师范大学图书馆史稿［M］. 郑州：中州古籍出版社，2011.

［9］胥耀平，张波. 西北农林科技大学图书馆馆史［M］. 咸阳：西北农林科技大学出版社，2010.

［10］陈自仁. 西北民族大学图书馆史［M］. 兰州：甘肃民族出版社，2010.

［11］邬淑珍. 中国矿业大学图书馆史［M］. 徐州：中国矿业大学出版社，2009.

［12］赵春旻. 图书馆馆史 山西师范大学校史·图书馆卷［M］. 太原：山西人民出版社，2008.

［13］李景文. 河南大学图书馆史［M］. 开封：河南大学出版社，2008.

［14］谢林. 陕西省图书馆馆史［M］. 西安：三秦出版社，2009.

［15］东北师范大学图书馆. 东北师范大学图书馆馆史 1946—2006［M］. 长春：出版者不详，2006.

［16］李玉梅，王宇. 奋进的历程：沈阳师范大学图书馆馆史［M］. 沈阳：出版者不详，2006.

［17］苟文选. 西北工业大学图书馆馆史 1938—2002 年［M］. 西安：西北工业大学出版社，2003.

［18］朱建亮. 华南师范大学图书馆七十年史略［M］. 北京：中国友谊出版公司，2003.

［19］卢滨玲，袁慧. 世纪篇章：哈尔滨师范大学图书馆馆史 1951—2001［M］. 哈尔滨：哈尔滨出版社，2002.

［20］岳凤芝. 西藏民族院学院图书馆馆史［M］. 出版者不详，1998.

［21］吴晞. 北京大学图书馆九十年记略［M］. 北京：北京大学出版社，1992.

附录

附录1　图书馆工作人员发表的论文（2003—2018年）

以下是2003—2018年公开发表的部分论文，共113篇，包括期刊论文和会议论文。按年份降序排列如下。

2018年

1. 《对〈中国图书馆分类法〉（第五版）英语类文献新增类目的认识》

    作者：文炜（西安翻译学院图书馆）

    出处：《图书馆研究》2018年第48卷第4期第52~57页

2. 《探讨图书馆编目业务外包——以西安翻译学院图书馆为例》

    作者：孙桂梅（西安翻译学院图书馆）

    出处：《智库时代》2018年第29期第125、147页

3. 《浅谈图书编目工作的提高和完善——以西安翻译学院图书馆为例》

    作者：孙桂梅（西安翻译学院）

    出处：《劳动保障世界》2018年第23期第57页

4. 《高校图书馆员的继续教育浅析》

    作者：孙桂梅（西安翻译学院）

    出处：《东西南北》2018第20期第168、167页

5. 《大学生网络信息搜索行为实证研究——基于搜索引擎的利用》

    作者：陆溯（西安翻译学院图书馆）

    出处：《图书馆理论与实践》2018年第1期第79~82页

6. 《面向城市社会性弱势群体的公共图书馆服务研究》

    作者：陆溯，谢珍（西安翻译学院图书馆）

    出处：《图书馆研究》2018年第48卷第3期第87~90页

7.《基于数字人文服务的高校图书馆信息资源整合研究》

作者：陆溯，谢珍（西安翻译学院图书馆）

出处：《晋图学刊》2018 年第 2 期第 27～29、78 页

8.《基于"世界咖啡屋"模式的图书馆馆员培训与交流模式探析——以爱尔兰梅努斯大学图书馆为例》

作者：杜文龙，陆溯，谢珍（西安航空学院图书馆；西安翻译学院图书馆）

出处：《图书馆工作与研究》2018 年第 12 期第 28～31 页

9.《基于学术论文评价的航空类院校科研竞争力比较分析——以 6 所应用型航空类院校为例》

作者：杜文龙，樊秋妮，谢珍，柴源（西安航空学院图书馆；西安翻译学院图书馆）

出处：《河北科技图苑》2018 年第 31 卷第 3 期第 83～87 页

10.《浅谈数字阅读对未来图书馆的塑造》

作者：赵菊玲，梁娟（西安翻译学院图书馆）

出处：《办公室业务》2018 年第 5 期第 158～159 页

11.《面向学前教育学科的图书馆嵌入式服务实践与创新》

作者：杨晓燕，胡书靖（西安翻译学院图书馆）

出处：《甘肃科技纵横》2018 年第 47 卷第 7 期第 58～60 页

2017 年

1.《〈普通高等学校图书馆规程〉新旧比较研究》

作者：文炜（西安翻译学院图书馆）

出处：《图书馆研究与工作》2017 第 2 期第 13～16 页

2.《"双一流"建设目标下高校图书馆数据库资源动态辅导培训服务研究——以西安翻译学院图书馆为例》

作者：文炜（西安翻译学院图书馆）

出处：《民办高校转型发展与"双一流"建设的探索和实践》2017 年 8 月第 304～309 页

3.《我的图书馆情缘》

作者：文炜（西安翻译学院图书馆）

出处：《陕西终南文化研究》2017 年夏之号（总第 32 期）第 24～31 页

4.《终南山的大学文化》

作者：文炜（西安翻译学院图书馆）

出处：《陕西终南文化研究》2017 年冬之号（总第 30 期）第 54～59 页

5.《民办高校读者阅读现状及多元化策略》

　　　　作者：何珣利（西安翻译学院图书馆）

　　　　出处：《内蒙古科技与经济》2017 年第 3 期第 137~138、140 页

6.《民办高校图书馆服务礼仪建设的思考》

　　　　作者：达莹（西安翻译学院图书馆）

　　　　出处：《科技风》2017 年第 11 期第 274~275 页

7.《创新服务理念在图书馆阅览管理工作中的应用》

　　　　作者：达莹（西安翻译学院图书馆）

　　　　出处：《学周刊》2017 年第 22 期第 19~20 页

8.《"数字人文"背景下的图书馆读者服务工作探讨》

　　　　作者：凌欢（西安翻译学院）

　　　　出处：《办公室业务》2017 年第 17 期第 159~160 页

9.《大学图书资料室工作内涵解析》

　　　　作者：高玉梅（西安翻译学院）

　　　　出处：《新西部（下旬·理论）》2017 年第 6 期第 103 页

10.《网络背景下的图书资料信息管理工作探析》

　　　　作者：高玉梅（西安翻译学院）

　　　　出处：《大众投资指南》2017 年第 5 期第 244 页

11.《全民创新背景下社区图书馆创客空间建设研究——来自澳大利亚社区图书馆的启示》

　　　　作者：杜文龙，谢珍，柴源（西安航空学院图书馆；西安翻译学院图书馆）

　　　　出处：《图书馆工作与研究》2017 年第 9 期第 25~29 页

12.《基于信息觅食理论的大学生搜索引擎利用能力培养研究》

　　　　作者：谢珍，陆溯，杜文龙（西安翻译学院图书馆）

　　　　出处：《河北科技图苑》2017 年第 30 卷第 4 期第 68~71 页

2016 年

1.《重点高校图书馆文献传递服务的启示——以陕西省 7 所"211 工程"高校图书馆为例》

　　　　作者：文炜（西安翻译学院图书馆）

　　　　出处：《图书馆学刊》2016 年第 7 期第 93~96、103 页

2.《新常态下高校图书馆参考咨询服务模式研究——以西安翻译学院图书馆为例》

　　　　作者：文炜（西安翻译学院图书馆）

　　　　出处：《情报探索》2016 年第 3 期第 101~107 页

3.《再谈大学生的就业难问题》

　　作者：文炜（西安翻译学院图书馆）

　　出处：《西安翻译学院学报》2016年第23卷第2期第39~42页

4.《民办院校图书馆人力资源建设路径》

　　作者：侯永兴（西安翻译学院图书馆）

　　出处：《当代教育实践与教学研究》2016年第2期第89页

5.《高校图书馆新生入馆教育探索》

　　作者：许娟丽（西安翻译学院图书馆）

　　出处：《内蒙古科技与经济》2016年第8期第135~136页

6.《网络环境下高校图书馆流通服务创新研究》

　　作者：胡书靖（西安翻译学院图书馆）

　　出处：《内蒙古科技与经济》2016年第2期第146~147页

2015 年

1.《民办高校图书馆数据库资源建设思考》

　　作者：文炜（西安翻译学院图书馆）

　　出处：《数字图书馆论坛》2015年第7期第58~63页

2.《新建民办本科高校图书馆参考咨询服务转型研究——以西安翻译学院图书馆为例》

　　作者：文炜（西安翻译学院图书馆）

　　出处：《浙江树人大学学报（自然科学版）》2015年第4期第33~36页

3.《民办本科高校的转型与图书馆参考咨询服务》

　　作者：文炜（西安翻译学院图书馆）

　　出处：《西安翻译学院学报》2015年第2期第28~31页

4.《对高校图书馆人力资源管理的调查报告》

　　作者：何珣利，杨晓燕（西安翻译学院图书馆）

　　出处：《内蒙古科技与经济》2015年第19期第34~35页

5.《民办高校图书馆开架借阅的昨天和今天》

　　作者：晁耿耿（西安翻译学院图书馆）

　　出处：《科技视界》2015年第26期第204、222页

6.《浅谈图书馆流通与书库管理》

　　作者：朱少君（西安翻译学院）

　　出处：《新西部（下半月）》2015年第5期第98页

7.《再议高校图书馆员素质的重塑》

　　作者：朱少君（西安翻译学院图书馆）

出处：《科技视界》2015 年第 31 期第 202~203 页。

8. 《论高校图书馆教育职能的提升：以西安翻译学院图书馆外语沙龙为例》

    作者：陈晓花，范萌（西安翻译学院图书馆）

    出处：《科技创新导报》2015 年第 4 期第 199 页

9. 《高校图书馆外语原声影视服务对外语教学的辅助作用：以西安翻译学院图书馆外语沙龙为例》

    作者：陈晓花，凌欢（西安翻译学院图书馆）

    出处：《新西部（中旬刊）》2015 年第 1 期第 35、37 页

10. 《浅谈颜色管理在图书馆流通服务中的应用》

    作者：张宝鸽（西安翻译学院）

    出处：《新西部（下半月）》2015 年第 5 期第 99 页

11. 《图书馆开架借阅及提高馆员素质探析》

    作者：张宝鸽（西安翻译学院）

    出处：《新西部（理论版）》2015 年第 9 期第 99、90 页

12. 《图书馆工作中的细节服务与人文关怀探析》

    作者：侯娟（西安翻译学院）

    出处：《新西部（下旬刊）》2015 年第 4 期第 94 页

13. 《高校图书馆流通阅览部的管理创新探析》

    作者：杜桂平（西安翻译学院）

    出处：《新西部（理论版）》2015 年第 8 期第 97 页

14. 《浅谈高校图书馆综合服务平台建设》

    作者：侯娟，杜桂平（西安翻译学院）

    出处：《新西部（中旬刊）》2015 年第 5 期第 98 页

15. 《图书馆资源网络信息化管理探析》

    作者：任耀聪，曹雷（西安翻译学院图书馆）

    出处：《科技创新与应用》2015 年第 8 期第 55 页。

16. 《刍议图书馆业务计算器的维护》

    作者：任耀聪（西安翻译学院）

    出处：《新西部（下旬刊）》2015 年第 4 期第 96 页

17. 《关于高校图书馆网络化管理相关问题的思考》

    作者：张荣娟，李亚强（西安翻译学院）

    出处：《科技展望》2015 年第 30 期第 208 页

18. 《高校图书馆管理方式创新探讨》

    作者：张荣娟（西安翻译学院）

出处：《快乐阅读》2015 年第 16 期第 16 页

19.《浅议提高高校图书馆工作人员的技术及修养》

作者：李亚强（西安翻译学院）

出处：《科技展望》2015 年第 30 期第 290 页

20.《浅论学院全外语氛围下图书馆工作的展开》

作者：李亚强，张荣娟（西安翻译学院）

出处：《快乐阅读》2015 年第 16 期第 104 页

21.《高校图书馆的信息化建设探析》

作者：陈亮（西安翻译学院）

出处：《经贸实践》2015 年第 9 期第 172、174 页

22.《论高校电子阅览室存在的必要性》

作者：姬伟（西安翻译学院图书馆）

出处：《学周刊》2015 年第 14 卷第 3 期第 31 页

23.《浅谈实现图书资源信息化整合和共享》

作者：邢娜（西安翻译学院）

出处：《新西部（理论版）》2015 年第 8 期第 95 页

2014 年

1.《高校图书馆电子资源建设的思考：以陕西省 7 所民办本科高校图书馆为例》

作者：文炜（西安翻译学院图书馆）

出处：《经营管理者》2014 年第 18 期第 1003 页

2.《浅析民办本科高校图书馆电子资源利用》

作者：文炜（西安翻译学院图书馆）

出处：《科技创新与应用》2014 年第 23 期第 69 页

3.《图书馆电子资源建设与利用的读者问卷调查：以西安翻译学院图书馆为例》

作者：文炜（西安翻译学院图书馆）

出处：《科技视界》2014 年第 20 期第 29~31 页

4.《浅谈高校图书馆电子资源建设－以陕西 8 所民办本科高校图书馆为例》

作者：文炜（西安翻译学院图书馆）

出处：《西安翻译学院学报》2014 年第 3 期第 46~49 页

5.《如何提高民办高校图书馆的服务质量》

作者：温敏乐（西安翻译学院图书馆）

出处：《科技视界》2014 年第 20 期第 198~199 页

6.《浅谈如何提高图书馆员素养》

作者：朱山华（西安翻译学院图书馆）

出处：《科技视界》2014年第14期第193、210页

7.《浅议高校图书馆随书光盘的管理》

作者：朱山华（西安翻译学院图书馆）

出处：《管理学家（学术版）》2014年第8期

8.《浅议图书馆编目外包的质量控制》

作者：孙桂梅（西安翻译学院图书馆）

出处：《网友世界（云教育）》2014年第5期第39页

9.《浅谈高校图书馆员的继续教育》

作者：孙桂梅（西安翻译学院图书馆）

出处：《网友世界（云教育）》2014年第3期第26页

10.《谈高校图书馆服务如何体现"以人为本"》

作者：胡玲（西安翻译学院图书馆）

出处：《商业文化》2014年第17期第104、106页

11.《初探图书馆员学习意识》

作者：胡玲（西安翻译学院图书馆）

出处：《科技信息》2014年第13期第243、244页

12.《日文图书编目工作之我见：以西安翻译学院图书馆为例》

作者：晁耿耿（西安翻译学院图书馆）

出处：《科技视界》2014年第36期第269、360页

13.《高校图书馆图书资源的宣传讲解与服务》

作者：张小鸽（西安翻译学院图书馆）

出处：《科技视界》2014年第29期第200、318页

14.《高校图书馆如何更贴切地服务于读者》

作者：张小鸽（西安翻译学院图书馆）

出处：《科技视界》2014年第28期第185、186页

15.《高校图书馆服务模式探索》

作者：姬伟（西安翻译学院图书馆）

出处：《科技视界》2014年第28期第191页

16.《浅谈高校图书馆读者服务工作》

作者：卫蕊红（西安翻译学院图书馆）

出处：《科技视界》2014年第20期第214~215页

17.《浅议电子期刊的类型与发展趋势》

作者：辛亚兰（西安翻译学院图书馆）

出处：《科技视界》2014 年第 12 期第 179、230 页

18.《谈高校图书馆期刊服务中馆员素质》

作者：辛亚兰（西安翻译学院图书馆）

出处：《科技视界》2014 年第 15 期第 200、240 页

19.《高校图书馆优质流通服务的构建》

作者：邢娜（西安翻译学院图书馆）

出处：《科技视界》2014 年第 14 期第 203、205 页

20.《外语沙龙活动与大学生人文素质培养》

作者：梁娟（西安翻译学院图书馆）

出处：《科技信息》2014 年第 13 期第 44、37 页

21.《基于 SNS 的图书馆 My Library 个性化信息服务研究》

作者：谢珍，杨九龙（西安翻译学院图书馆）

出处：《图书馆论坛》2014 年第 34 卷第 4 期第 57、70~74 页

22.《基于智能手机上图书馆参考咨询工作的探讨》

作者：陆溯（西安翻译学院图书馆）

出处：《西安翻译学院学报》2014 年第 4 期第 50~54 页

23.《民办高校图书馆发展遇到的问题与对策》

作者：何立军，杜保娟（西安翻译学院）

出处：《学周刊》2014 年第 33 期第 46~47 页

24.《网络环境下图书馆员面临的挑战与角色变化》

作者：范萌（西安翻译学院）

出处：《科技视界》2014 年第 15 期第 207、231 页

2013 年

1.《试探民办本科高校图书馆电子资源利用》

作者：文炜（西安翻译学院图书馆）

出处：《西安翻译学院学报》2013 年第 3 期第 71~76 页

2.《浅析在网络环境下高校图书馆图书编目现状及对策》

作者：赵菊玲（西安翻译学院图书馆）

出处：《中小企业管理与科技》2013 年第 21 期第 52 页

3.《图书馆人性化管理之浅谈》

作者：赵菊玲（西安翻译学院）

出处：《价值工程》2013 年第 25 期第 130~131 页

4.《网络环境下高校图书馆文献信息资源建设探》

作者：张丽芳（西安翻译学院图书馆）

出处：《办公室业务》2013年第15期第128页

5.《浅议图书馆与供应商的相应关系》

作者：张丽芳（西安翻译学院图书馆）

出处：《管理学家》2013年第17期第385页

6.《外语沙龙工作研究：以西安翻译学院图书馆为例》

作者：梁娟（西安翻译学院图书馆）

出处：《科技视界》2013年第26期第215、245页

7.《试论图书馆人才建设在知识管理中的地位》

作者：何珣利（西安翻译学院图书馆）

出处：《管理学家》2013年第6期

8.《小议网络环境下编目工作的新特点》

作者：温敏乐（西安翻译学院图书馆）

出处：《管理学家》2013年第15期第408页

9.《高校图书馆新生入馆教育中教学单位的作用》

作者：陆溯（西安翻译学院图书馆）

出处：《科技情报开发与经济》2013年第14期第47~49页

10.《高校图书馆试用电子资源的宣传策略》

作者：陆溯（西安翻译学院图书馆）

出处：《科技情报开发与经济》2013年第13期第74~75页

11.《高校图书馆馆藏图书借阅量统计分析：以西安翻译学院图书馆为例》

作者：杨晓燕，胡书靖（西安翻译学院图书馆）

出处：《办公室业务》2013年第15期第111~112页

12.《高校图书馆服务创新研究》

作者：杨晓燕（西安翻译学院图书馆）

出处：《科技情报开发与经济》2013年第12期第43~44、50页

13.《基于社会网络理论的图书馆知识社区研究》

作者：谢珍，杨九龙（西安翻译学院图书馆；西北大学公共管理学院）

出处：《图书馆》2013年第6期第64~66页

14.《基于量化考核的高校图书馆先进集体评选》

作者：张惠君，康万武，裴世荷（西安交通大学图书馆；陕西师范大学图书馆；西安翻译学院图书馆）

出处：《当代图书馆》2013年第2期第36~40页

15.《论网络环境下的图书馆信息服务》

作者：杜保娟（西安翻译学院图书馆）

出处：《科技资讯》2013 年第 10 卷第 24 期第 252、254 页

16.《环境对国际贸易的积极作用和消极作用》

作者：杜保娟（西安翻译学院图书馆）

出处：《西安翻译学院学报》2013 年第 1 期第 19~22 页

17.《小议参考咨询》

作者：陈晓花（西安翻译学院）

出处：《科技信息》2013 年第 23 期第 255 页

18.《如何更好发挥高校图书馆教育职能：以西安翻译学院图书馆外语沙龙工作为例》

作者：陈晓花，边冬玲（西安翻译学院）

出处：《科技创新导报》2013 年第 10 卷第 22 期第 217~218 页

19.《高校图书馆外语沙龙对外语教学的辅助作用：以西安翻译学院图书馆为例》

作者：范萌，胡书靖（西安翻译学院）

出处：《科技信息》2013 年第 19 期第 231、273 页

20.《浅析数字化的图书管理》

作者：凌欢（西安翻译学院）

出处：《数字化用户》2013 年第 21 期第 127 页

2012 年

1.《如何提高图书馆开架借阅服务质量》

作者：何珣利（西安翻译学院图书馆）

出处：《科技视界》2012 年第 29 期第 361~362 页

2.《构建和谐的图书馆服务：谈图书馆员与读者的沟通》

作者：边冬玲（西安翻译学院图书馆）

出处：《科技信息》2012 年第 33 期第 723 页

3.《图书馆科学化管理探析》

作者：凌欢（西安翻译学院）

出处：《科技风》2012 年第 23 期第 239 页

2010 年

1.《民办高校图书馆专题服务工作的实践》

作者：文炜（西安翻译学院图书馆）

出处：《科技信息》2010 年第 29 期第 210~211 页

2.《民办高校图书馆参考咨询服务模式研究》

作者：文炜（西安翻译学院图书馆）

出处：《西部大开发（中旬刊）》2010年第2期第196~197页

3.《民办高校图书馆文献建设"数量"和"质量"关系的处理》

作者：何立军（西安翻译学院图书馆）

出处：《中国新技术新产品》2010年第23期第256页

4.《图书馆电子资源管理与利用新探》

作者：何立军（西安翻译学院图书馆）

出处：《黑河学刊》2010年第8期第135、137页

2008 年

《浅析民办高校图书馆党组织在构建和谐校园文化中的作用》

作者：文炜（西安翻译学院图书馆）

出处：《和谐·发展·图书馆》，机械工业出版社，2008年

2007 年

《浅析民办高校图书馆的创新管理》

作者：文炜（西安翻译学院图书馆）

出处：《图书馆与人文精神》，人民日报出版社，2007，第410~417页

2006 年

《民办高校图书馆特色馆藏建设初探》

作者：文炜（西安翻译学院图书馆）

出处：《图书馆与和谐社会》，中国社会科学出版社，2006，第429~432页

2005 年

1.《民办高校图书馆读者服务层次定位的思考》

作者：文炜（西安翻译学院图书馆）

出处：全国民办高校图书馆与图书馆地方文献工作研讨会，西安，2005

2.《民办高校图书馆应重视馆史的采集、整理和编撰》

作者：文炜（西安翻译学院图书馆）

出处：《译苑风采》2005年第23期第37~38页

3.《民办高校图书馆的管理和服务》

作者：范萌（西安翻译学院图书馆）

出处：全国民办高校图书馆与图书馆地方文献工作研讨会，西安，2005

4.《民办高校图书馆经费保障与馆藏建设》

作者：何立军，边冬玲（西安翻译学院图书馆）

出处：全国民办高校图书馆与图书馆地方文献工作研讨会，西安，2005

5.《现代图书馆信息服务功能探讨》

作者：孔思萌（西安翻译学院图书馆）

出处：全国民办高校图书馆与图书馆地方文献工作研讨会，西安，2005

6.《用人本理念实现民办高校图书馆的管理创新》

作者：边冬玲，何立军（西安翻译学院图书馆）

出处：全国民办高校图书馆与图书馆地方文献工作研讨会，西安，2005

2003 年

《与时俱进加速西译图书馆的建设进程》

作者：文炜（西安翻译学院图书馆）

出处：《译苑风采》2003 年第 18 期第 50 页

附录 2 图书馆获奖信息汇编（2002—2018 年）

西译图书馆与学校同步发展，获得了各级各类部门的表彰奖励，工作人员同时也获得了一些表彰，这里收集了部分表彰并用表格的形式展示（个人获奖仅收录了省级以上的奖项），如附表 2-1、附表 2-2 所示。

附表 2-1　图书馆集体获奖信息一览

序号	奖项名称	授奖单位	获奖时间	级别
1	2002 年度院级先进集体	西安翻译学院	2003 年 4 月	校级
2	2003 年度院级先进集体	西安翻译学院	2004 年 4 月	校级
3	文明单位	西安翻译学院	2004 年 12 月	校级
4	陕西省 CNKI 数据库最佳应用单位	《中国知识资源总库》编委会，清华同方技术有限公司	2005 年	
5	2004 年度院级先进集体	西安翻译学院	2005 年 11 月	校级
6	全省教育系统 2005 年精神文明建设最佳单位	中共陕西省委教育工委，陕西省教育厅	2006 年 1 月	省级
7	陕西省高校图书馆先进集体	陕西省教育厅	2006 年 2 月	省级
8	2005 年度学院甲级先进集体	西安翻译学院	2006 年 5 月	校级
9	先进党支部	中共西安翻译学院委员会	2006 年 6 月	校级

序号	奖项名称	授奖单位	获奖时间	级别
10	先进党支部	中共西安翻译学院委员会	2007年6月	校级
11	文明图书馆	陕西省高等学校图书情报工作委员会，陕西省高校图工委高职高专工作组	2007年12月	省级
12	优秀论文组织奖	陕西省高校图工委高职高专工作组	2007年12月	省级
13	"读书，做人"征文比赛优秀组织奖	西安翻译学院	2008年4月	校级
14	先进党支部	中共西安翻译学院委员会	2008年6月	校级
15	陕西省高职高专院校图书馆优秀网站三等奖	陕西省高等学校图书情报工作委员会，陕西省高校图工委高职高专工作组	2009年4月	省级
16	巾帼先进岗位	西安翻译学院工会	2009年5月	校级
17	2009—2010年度先进集体	西安翻译学院	2010年9月	校级
18	陕西省高校图书馆先进集体	陕西省高等学校图书情报工作委员会	2012年1月	省级
19	2011—2012年度先进集体	西安翻译学院	2012年9月	校级
20	陕西省高校图书馆"同方杯"羽毛球比赛优秀组织奖	陕西省高等学校图书情报工作委员会	2013年6月	学会级
21	第二届"陕西省图书馆杯MyET英语口语大赛"最佳组织奖	"陕西省图书馆杯MyET英语口语大赛"组委会	2013年12月	省级
22	先进党支部	中共西安翻译学院委员会	2014年3月	校级
23	"三服务"活动先进集体	西安翻译学院	2014年12月	校级
24	优秀馆藏图书馆·育人奖	人民邮电出版社	2015年3月	
25	万方数据文献检索大赛优秀单位	北京万方数据有限公司	2015年5月	
26	践行"三严三实"主题教育实践　红旗党支部	中共西安翻译学院委员会	2015年11月	校级
27	先进基层党支部	中共西安翻译学院委员会	2015年	校级
28	先进党支部	中共西安翻译学院委员会	2017年	校级
29	陕西省图书馆学会2012—2017年度先进集体	陕西省图书馆学会	2018年	省级
30	2018年精神文明建设先进集体	西安翻译学院	2018年	校级

附表 2-2　图书馆个人获奖信息一览（省级及以上）

序号	姓名	奖项名称	授奖单位	获奖时间	级别
1	文炜	全国民办高校图书馆建设与发展学术研讨会征文二等奖（《民办高校图书馆读者服务层次定位的思考》《民办高校图书馆应重视馆史的采集、整理和编撰》）	陕西省图书馆学会、陕西省社科信息学会	2005 年 1 月	省级
2	文炜	陕西省社会科学信息学会第八次学术研讨会优秀论文二等奖（民办高校图书馆特色馆藏建设初探）	陕西省社会科学信息学会	2006 年 9 月	省级
3	文炜	陕西省社会科学信息学会第九次学术研讨会优秀论文三等奖（浅析民办高校图书馆的创新管理）	陕西省社会科学信息学会	2007 年 9 月	省级
4	文炜	"第十届北京高校图书馆图书情报学术年会"优秀论文三等奖（浅析民办高校图书馆党组织在构建和谐校园文化中的作用）	北京高教学会图书馆工作研究会	2007 年 10 月	省级
5	文炜	陕西高校图工委高职高专工作组征文优秀论文二等奖（高校图书馆读者服务工作新探）	陕西省高校图工委	2007 年 12 月	省级
6	高启秦	陕西省高等学校图书馆 2003—2007 年度优秀管理干部	陕西省高校图工委，陕西省教育厅	2007 年 12 月	省级
7	文炜	陕西省社会科学信息学会"读书做人"征文活动优秀论文奖（读书是成就做人的捷径）	陕西省社会科学信息学会	2008 年 4 月	省级
8	文炜	陕西省社会科学信息学会第十次学术讨论会优秀论文二等奖（《民办高校图书馆参考咨询服务模式研究》）	陕西省社会科学信息学会	2010 年 9 月	省级
9	文炜	陕西省图书馆学会第八次学术成果奖三等奖（《民办高校图书馆专题服务工作的实践》）	陕西省图书馆学会	2011 年 5 月	省级
10	康万武	陕西省高等学校图书馆 2006—2011 年度优秀管理干部	陕西省高校图工委	2012 年 1 月	省级
11	边冬玲	陕西省高等学校图书馆 2006—2011 年度先进个人	陕西省高校图工委	2012 年 1 月	省级
12	文炜	陕西省高等学校图书馆 2006—2012 年度先进个人	陕西省高校图工委	2012 年 1 月	省级
13	陈晓花	陕西省图书馆学会优秀服务案例（生动活泼的外语沙龙活动）	陕西省图书馆学会	2012 年 5 月	省级

序号	姓名	奖项名称	授奖单位	获奖时间	级别
14	陆溯	陕西省高校团工委参考咨询典型案例优秀案例（查找报纸原文）	陕西省高校图工委	2013 年 11 月	省级
15	谢珍	陕西省高校图工委参考咨询典型案例优秀案例（科研项目全程跟踪）	陕西省高校图工委	2013 年 11 月	省级
16	陆溯	陕西省高校图工委参考咨询典型案例优秀案例（如何处理古籍咨询中因不同版本而产生的内容差异问题?）	陕西省高校图工委	2014 年 11 月	省级
17	谢珍	陕西省高校图工委参考咨询典型案例优秀案例（陕西省首家外资企业是哪家?）	陕西省高校图工委	2014 年 11 月	省级
18	谢珍、裴世荷、陆溯	全国高校图书馆发展论坛案例三等奖（面向任务过程的图书馆微信定制服务）	中国图书馆学会	2015 年 5 月	全国
19	文炜	"知识伴我行"文献检索大赛"优秀指导老师奖"	北京万方数据公司	2015 年 5 月	省级
20	文炜	全国高校信息素养教育研讨会征文优秀论文奖（《新常态下三位一体的参考咨询服务模式探析》）	教育部高校图工委	2015 年 6 月	全国
21	谢珍	陕西省社会科学信息学会 2013—2014 年度优秀成果二等奖（《基于 SNS 的图书馆 My library 个性化信息服务研究》）	陕西省社会科学信息学会	2015 年 11 月	省级
22	文炜	陕西省高等教育学会第七次高等教育科学研究优秀成果三等奖（民办高校图书馆数据库资源建设思考）	陕西省高等教育学会	2016 年 6 月	省级
23	文炜	"2018 中国高校图书馆发展论坛"学术论文三等奖（陕西"985"工程高校与民办本科高校图书馆论文写作辅导培训比较研究）	中国图书馆学会	2018 年 6 月	全国
24	文炜	陕西省社会科学信息学会"2018 图书情报学术年会"论文三等奖（陕西省立第一中山图书馆考证研究）	陕西省社会科学信息学会	2018 年 11 月	省级
25	谢珍	陕西省社会科学信息学会"2015—2017"年优秀论文三等奖（基于信息觅食理论的大学生信息搜寻行为实证研究）	陕西省社会科学信息学会	2018 年 11 月	省级

附录3 图书馆馆藏印章（1995—2018 年）

图书馆馆藏印章是标明图书馆图书所有权的一种印记，静静守在图书馆图书上的旧日印章，凝聚着历史的风云，见证着图书馆的发展，令人抚今追昔。附图3-1 至附图3-4 是西译图书馆 1995—2018 年使用过的馆藏印章。

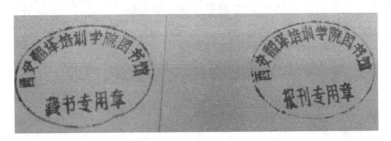

附图 3-1　1995 年 1 月—2002 年 6 月的图书馆馆藏印章

附图 3-2　2002 年 7 月—2010 年 12 月的图书馆馆藏印章

附图 3-3　2011 年—2018 年的图书馆馆藏印章

附图 3-4　2017 年学校 30 年校庆时西译浙江校友会赠书图书馆馆藏印章

附录4　西安翻译学院"图书馆人"

每一个西安翻译学院"图书馆人"，都以学校和图书馆的发展为己任，执着地在自己神圣的工作岗位上，忠于职守，努力工作，因此无论他们从事图书馆事业的时间长或短，都值得被历史铭记。西译图书馆工作人员花名册如表 4-1 和附表 4-2 所示。

附表 4-1　西译图书馆工作人员一览（2018 年）

序号	工号	姓名	性别	籍贯	出生日期	手机号码	入职时间
1	2012057	裴世荷	男	新疆维吾尔自治区乌鲁木齐市	1953-11-8	13096966821	2012-8-17
2	11008	侯永兴	男	陕西省宝鸡市金台区	1970-2-18	13720400685	1991-4-10
3	34004	文炜	男	陕西省咸阳市旬邑县	1966-7-18	13772036686	1999-2-10
4	34005	边冬玲	女	甘肃省武威市武南镇	1979-12-23	13772531909	2002-8-10
5	34088	侯娟	女	陕西省西安市碑林区	1985-9-22	18729555608	2008-5-13
6	11032	刘洪波	男	辽宁省大连市瓦房店	1983-10-10	13991809693	2006-8-31
7	11019	汪秀梅	女	陕西省榆林市绥德县	1976-5-9	13991116591	1998-2-10
8	34044	何珣利	女	陕西省西安市长安区	1975-5-29	15829093308	1995-10-10
9	19027	李宁	女	陕西省西安市长安区	1969-3-2	13891903150	1998-8-10
10	38004	罗伟	女	陕西省西安市长安区	1969-4-20	13087580408	1999-8-10
11	34047	朱山华	女	陕西省西安市长安区	1975-9-23	13468710425	1994-10-10
12	34021	朱少君	男	陕西省咸阳市旬邑县	1974-1-19	18710727868	1998-5-10
13	34022	晁耿耿	男	陕西省咸阳市礼泉县	1976-7-22	13072988793	2002-8-10
14	34074	梁娟	女	河南省开封市尉氏县	1984-1-16	15002996521	2006-6-3
15	34014	杜保娟	女	陕西省西安市鄠邑区	1978-4-20	13772161800	1996-10-10
16	45007	许娟丽	女	陕西省渭南市蒲城县	1979-7-13	18700988151	2005-10-10
17	34067	杨晓燕	女	陕西省西安市临潼区	1979-10-30	13630218971	2002-8-10

序号	工号	姓名	性别	籍贯	出生日期	手机号码	入职时间
18	2017072	刘业娴	女	广西贺州	1962-7-5	13572535912	2017-8-31
19	27013	辛亚兰	女	陕西省宝鸡市凤翔县	1983-2-15	13720409828	2008-9-9
20	22084	张小鸽	女	陕西省咸阳市	1982-11-23	18092708248	2005-5-10
21	34016	范萌	女	天津市河北区	1980-7-7	13379025177	2003-6-10
22	34013	赵菊玲	女	陕西省咸阳市武功县	1978-10-20	15091326590	2002-8-10
23	34015	胡书靖	女	河南省漯河市源汇区	1980-8-26	15829543116	2002-8-10
24	11023	魏晓妮	女	陕西省咸阳市三原县	1973-10-15	13759988866	1997-7-10
25	34056	杨岁红	女	陕西省兴平市西吴乡	1966-3-12	15129053963	2002-11-10
26	13023	刘彩香	女	陕西省榆林市横山区	1966-5-5	13468618656	2001-8-10
27	27010	李小叶	女	陕西省西安市长安区	1966-12-10	13109593902	2006-2-24
28	34030	张荣娟	女	陕西省西安市长安区	1976-3-5	15291194176	1999-7-10
29	03006	甘海英	女	广西南宁扶绥东罗矿务局	1976-12-2	13720617391	1995-7-10
30	31018	李亚强	女	陕西省西安市临潼区	1980-5-10	15091156707	2003-9-10
31	34065	胡亚梅	女	陕西省咸阳市旬邑县	1983-1-5	13571954792	2005-9-10
32	34003	凌欢	女	陕西省咸阳市秦都区	1982-6-18	13572933961	2002-6-10
33	34042	武利花	女	陕西省西安市未央区	1976-12-19	13991320734	1993-3-10
34	33010	张欣	女	陕西省西安市长安区	1978-3-28	17782591141	1999-3-10
35	27011	樊文娟	女	甘肃省兰州市七里河区	1986-2-2	13572999813	2008-5-13
36	23013	李燕子	女	陕西省咸阳市乾县	1977-12-10	13389266670	2001-8-10
37	22056	邢娜	女	山东省荣成市	1983-7-18	13700245755	2004-9-10
38	22006	王利宁	女	陕西省西安市	1976-11-30	15129236566	1998-9-10
39	38077	高玉梅	女	陕西省榆林市	1983-12-24	13119163878	2004-9-10
40	34018	姬伟	男	陕西省榆林市绥德县	1974-8-10	13002901872	1996-8-10
41	34045	杜桂平	女	陕西省西安市长安区	1977-6-11	13289290281	2002-11-10
42	11024	张宝鸽	女	陕西省咸阳市礼泉	1977-6-22	18402997893	1998-2-10
43	27002	胡玲	女	湖南省衡阳市	1977-11-9	15809255326	2001-8-10
44	23052	达莹	女	陕西省泾阳县	1979-8-25	18192526251	2003-2-26
45	34008	万永丽	女	河南省漯河市召陵区	1979-11-5	18161907590	1998-6-10
46	27012	全小成	男	陕西西安	1982-7-12	18092123733	2008-8-20
47	34049	曹琴芳	女	陕西省西安市长安区	1971-3-23	18291984568	1998-8-10
48	34010	卫蕊红	女	陕西省西安市长安区	1974-9-6	13659143929	1997-8-10
49	34007	何立军	男	新疆石河子市石河子乡	1980-5-17	13891891147	2005-3-10
50	34032	温敏乐	女	陕西省西安市长安区	1980-10-5	15934852902	2001-8-10
51	34011	张丽芳	女	陕西省渭南市澄城县	1978-9-4	13572857402	2001-9-10
52	34012	孙桂梅	女	陕西省西安市长安区	1978-11-15	13109595219	2002-8-10

序号	工号	姓名	性别	籍贯	出生日期	手机号码	入职时间
53	01010	陈亮	男	河南省濮阳市中原油田	1981-9-2	13488191621	2004-5-26
54	34081	曹雷	男	陕西省宝鸡市扶风县	1984-10-25	18602996527	2008-5-13
55	34080	任耀聪	男	河南省漯河市舞阳县	1985-5-20	13649251057	2008-5-13
56	34036	陆溯	男	陕西省汉中市城固县	1982-7-18	13572957571	2005-5-10
57	34025	陈晓花	女	陕西省临潼区	1982-6-8	13468626162	2003-9-10
58	2011037	谢珍	女	陕西省宝鸡市凤县	1985-10-16	13909204364	2011-6-13

附表4-2 昔日的西译"图书馆人"花名册一览（130人）

姓名	性别	姓名	性别	姓名	性别	姓名	性别
贾西山	男	童思琪	女	常晓琴	女	郭静	女
曹孝侠	女	姬文宁	女	陈娜	女	刘美麟	女
任涛	男	任峰	男	孔思萌	女	雷英	女
苏晔华	女	郭棉	女	史延玲	女	孙玉珍	女
史长春	男	毛英	女	李晓鹏	女	薛乃华	女
邓伟	男	代薇	女	季新颖	女	白军芳	女
王新民	男	高启秦	女	杨丽	女	蔡芳军	男
徐寿康	男	李道仁	男	魏丹丹	女	贺文华	女
王仁贵	男	赵玉芬	女	刘慧	女	刘正兰	女
李慧民	男	王菊红	女	刘炎	女	张乐	女
陈胜莲	女	杨艳艳	女	张玉兰	女	王小莉	女
韩冰	女	武丽艳	女	董帆	女	赵九莲	女
蒙亮	女	路章锋	男	王玉琴	女	陆美玲	女
赵荣	男	朱延平	男	王宪荣	女	慕亚宁	女
刘怀真	男	王旗	男	邱月	女	毛晓娥	女
赵卫娟	女	陈以鸿	男	白海荣	女	李莎	女
冯淑芳	女	郭宁	男	刘娟	女	曹玲霞	女
范淑娟	女	王小斌	男	张坤	男	吉永霞	女
王彩玲	女	丁凌	男	张昆	女	南月娥	女
张姝	女	刘林林	男	杨琦	女	连丽	女
郝绒	女	南继东	男	郝秀珍	女	尹媛	女
张溪	女	赵继超	男	王晓凤	女	王世杰	男
胡小芳	女	高春燕	女	康万武	男	郭强	男
张丽	女	乔兴	男	马楠	女	徐良雄	男
冯保护	男	张红雷	男	沙志鹏	男	任丹雄	男
庞涛	女	樊宝林	男	李艳	女	朱亚琴	女

姓名	性别	姓名	性别	姓名	性别	姓名	性别
王亚红	男	哈迎春	男	赵颖	女	陈晓光	男
马雪荣	女	许阳荣	女	张晓静	女	习阿伟	男
刘怡兰	女	贾艳丽	女	田秀芬	女	李树文	男
李俊英	女	张娟美	女	王冬花	女	张阿丽	女
张国建	男	王红丽	女	李剑波	女	陈丹	女
刘彩霞	女	孙淑云	女	米鹏	男		
艾华荣	女	金桂楠	女	高春玲	女		

注：此表中的人员均为1995—2017年曾在图书馆工作过的同志，粗体字表示曾经任图书馆馆长或副馆长职务。

图书馆的发展离不开人的活动，西安翻译学院图书馆人，在这个神圣职业留下的一些轨迹如附图4-1至附图4-12所示。

附图4-1　在西安电子科技大学图书馆参观学习（2001年10月）

（从左往右，前排为文炜、卫蕊红、马雪荣、曹孝侠、庞涛、毛瑛、万永利、任峰；
后排为任涛、徐寿康、王亚红、郭绵、高启秦、刘彦斌、武丽华、丁祖勤、李慧民）

附图 4-2　在西安欧亚学院图书馆参加学术交流会（2007 年 5 月）

附图 4-3　在陕西省图书馆参加陕西省社会科信息学会第九次学术研讨会（2007 年 11 月）

附图 4-4　在西北农林科技大学参加 CALIS 陕西中心会议暨 CASHL 陕西宣传与培训会议
（2010 年 9 月）

附图 4-5　在西安交通大学参加 CALIS 陕西中心会议（2011 年 9 月）

附图 4-6　"图书馆日"活动在学校图书馆举办（2012 年 10 月）

附图 4-7　在陕西师范大学图书馆参加学术研讨会（2017 年 6 月）

附图 4-8　图书馆裴世荷馆长在终南大讲堂做学校新入职教师图书馆利用知识讲座（2017 年 6 月）

附图 4-9　学校 30 年校庆时的图书馆工作人员（2017 年 10 月）

附图 4-10　在图书馆外语沙龙召开读书系列活动总结表彰大会（2018 年 10 月）

附图 4-11　图书馆党支部参观学校党风廉政教育宣传活动展（2018 年 11 月）

附录5　普通高等学校图书馆规程（2015 年 12 月修订）

第一章　总则

第一条　为促进高等学校图书馆的建设和发展，指导和规范高等学校图书馆工作，依据《中华人民共和国教育法》《中华人民共和国高等教育法》及相关规定，制定本规程。

第二条　高等学校图书馆（以下简称"图书馆"）是学校的文献信息资源中心，是为人才培养和科学研究服务的学术性机构，是学校信息化建设的重要组成部分，是校园文化和社会文化建设的重要基地。图书馆的建设和发展应与学校的建设和发展相适应，其水平是学校总体水平的重要标志。

第三条　图书馆的主要职能是教育职能和信息服务职能。图书馆应充分发挥在学校人才培养、科学研究、社会服务和文化传承创新中的作用。

第四条　图书馆的主要任务是：

（一）建设全校的文献信息资源体系，为教学、科研和学科建设提供文献信息保障；

（二）建立健全全校的文献信息服务体系，方便全校师生获取各类信息；

（三）不断拓展和深化服务，积极参与学校人才培养、信息化建设和校园文化建设；

（四）积极参与各种资源共建共享，发挥信息资源优势和专业服务优势，为社会服务。

第二章　体制和机构

第五条　高等学校应由一名校级领导分管图书馆工作。图书馆在学校授权范围内实行馆长负责制。学校在重大建设和发展事项的决策过程中，对于涉及文献信息保障方面的工作，应吸收图书馆馆长参与或听取其意见。

第六条　高等学校应根据图书馆实际工作需要设置图书馆内部组织机构和岗位，明确各组织机构和岗位的职责。

第七条　高等学校可根据学校校区分布或学科分布设立相应的总图书馆、校区分馆、学科分馆和院（系、所）分馆（资料室），分馆（资料室）受总图书馆领导或业务指导，面向全校开放。

第八条　高等学校可根据需要设立图书馆工作委员会，作为全校图书馆工作的咨询和协调机构。

图书馆工作委员会由学校相关职能部门负责人、教师和学生代表组成。学校主管图书馆工作的校领导担任主任委员，图书馆馆长担任副主任委员。

图书馆工作委员会应定期召开会议，听取图书馆工作报告，讨论全校文献信息工作中的重大事项，反映师生的意见和要求，向学校和图书馆提出改进工作的建议。

第三章　工作人员

第九条　图书馆工作人员应恪守职业道德，遵守行业规范，认真履行岗位职责。

第十条　图书馆设馆长一名、副馆长若干名。

图书馆馆长应设置为专业技术岗位，原则上应由具有高级专业技术职务者担任，并应保持适当的稳定性。

馆长主持全馆工作，组织制定和贯彻实施图书馆发展规划、规章制度、工作计划、队伍建设方案及经费预算。副馆长协助馆长负责或分管相应工作。

第十一条　高等学校应根据发展目标、师生规模和图书馆的工作任务，确定图书馆工作人员编制。

图书馆馆员包括专业馆员和辅助馆员，专业馆员的数量应不低于馆员总数的50%。专业馆员一般应具有硕士研究生及以上层次学历或高级专业技术职务，并经过图书馆学专业教育或系统培训。辅助馆员一般应具有高等教育专科及以上层次学历，具体聘用条件根据工作岗位的要求和学校的人事管理制度确定。

第十二条　高等学校新聘用图书馆工作人员，按照规定应当面向社会公开招聘的，按照规定执行。

图书馆工作人员按照国家有关规定，实行专业技术职务聘任制和岗位聘任制，享受相应待遇。

第十三条　高等学校应将图书馆专业馆员培养纳入学校的人才培养计划，重视培养高层次的专家和学术带头人。鼓励图书馆工作人员通过在职学习和进修，提高知识水平和业务技能。

第十四条　高等学校对于在图书馆从事特种工作的人员，按国家规定给予相应的劳保待遇。

第十五条　高等学校应根据图书馆工作特点，制定考核办法，定期对工作人员进行考核，考核结果作为调整工作人员岗位、工资以及续订聘用合同等依据。

第四章　经费、馆舍、设备

第十六条　高等学校应保证图书馆正常运行和持续发展所必需的经费和物质条件。

图书馆应注重办馆效益，科学合理地使用经费。

高等学校应鼓励社会组织和个人依法积极向图书馆进行捐赠和资助。

第十七条　高等学校要把图书馆的经费列入学校预算，并根据发展需要逐年增加。

图书馆的经费包括文献信息资源购置费、运行费和专项建设费。运行费主要包括设备设施维护费、办公费等。

第十八条　图书馆的文献信息资源购置费应与学校教学和科学研究的需要相适应，馆藏文献信息资源总量和纸质文献信息资源的年购置量应不低于国家有关规定。全校文献信息资源购置费应由图书馆统筹协调、合理使用。

第十九条　高等学校应按照国家有关法规和标准，建造独立专用的图书馆馆舍。馆舍应充分考虑学校发展规模，适应现代化管理的需要，满足图书馆的功能需求，节能环保，并具有空间调整的灵活性。

馆舍建筑面积和馆内各类用房面积须达到国家规定的校舍规划面积定额标准。

第二十条　高等学校应有计划地为图书馆配备服务和办公所需的各种家具、设备和用品，重视自动化、网络化、数字化等现代信息基础设施建设。

第二十一条　高等学校应做好图书馆馆舍、设备的维护维修，根据需要持续改善图书馆的服务设施，重视图书馆内外环境的美化绿化，落实防火、防水、防潮、防虫等防护措施。

第五章 文献信息资源建设

第二十二条 图书馆应根据学校人才培养、科学研究和学科建设的需要，以及馆藏基础和资源共建共享的要求，制定文献信息资源发展规划和实施方案。

第二十三条 图书馆在文献信息资源建设中应统筹纸质资源、数字资源和其他载体资源；保持重要文献、特色资源的完整性与连续性；注重收藏本校以及与本校有关的各类型载体的教学、科研资料与成果；寻访和接受社会捐赠；形成具有本校特色的文献信息资源体系。

第二十四条 图书馆应积极参与国内外文献信息资源建设的馆际协作，实现资源共建共享。

第二十五条 图书馆应根据国家和行业的相关标准规范，对采集的信息资源进行科学的加工整序，建立完善的信息检索系统。

第二十六条 图书馆应合理组织馆藏纸质资源，便于用户获取和利用；应加强文献保护与修复，保证文献资源的长期使用。

第二十七条 图书馆应注重建设数字信息资源管理和服务系统，参与校园信息化建设和学校学术资源的数字化工作，建立数字信息资源的长期保存机制，保障信息安全。

第六章 服务

第二十八条 图书馆应坚持以人为本的服务理念，保护用户合法、平等地利用图书馆的权利，健全服务体系，创新服务模式，提高服务效益和用户满意度。

第二十九条 图书馆在学校教学时间内开馆每周应不低于90小时，假期也应有必要的开放时间，有条件的学校可以根据实际需要全天开放；网上资源的服务应做到全天24小时开放。

第三十条 图书馆应不断提高文献服务水平，采用现代化技术改进服务方式，优化服务空间，注重用户体验，提高馆藏利用率和服务效率。

图书馆应积极拓展信息服务领域，提供数字信息服务，嵌入教学和科研过程，开展学科化服务，根据需求积极探索开展新服务。

第三十一条 图书馆应全面参与学校人才培养工作，充分发挥第二课堂的作用，采取多种形式提高学生综合素质。

图书馆应重视开展信息素质教育，采用现代教育技术，加强信息素质课程体系建设，完善和创新新生培训、专题讲座的形式和内容。

第三十二条 图书馆应积极参与校园文化建设，积极采用新媒体，开展阅读推广等文化活动。

第三十三条　图书馆应制定相关规章制度，引导用户遵守法律法规和公共道德，尊重和保护知识产权，爱护馆藏文献及设施设备，维护网络信息安全。

第三十四条　图书馆应为学生提供社会实践的条件，设置学生参与图书馆管理与服务的岗位，支持与图书馆有关的学生社团和志愿者的活动。

第三十五条　图书馆应通过加强无障碍环境建设等，为残障人士等特殊用户利用图书馆提供便利。

第三十六条　图书馆应加强各馆之间以及与其他类型图书馆之间的协作，开展馆际互借和文献传递、联合参考咨询等共享服务。

第三十七条　图书馆应在保证校内服务和正常工作秩序的前提下，发挥资源和专业服务的优势，开展面向社会用户的服务。

第七章　管理

第三十八条　高等学校应秉持改革与创新的理念，确定图书馆办馆宗旨。

图书馆应根据学校发展目标制订图书馆发展规划，建立健全各项规章制度。

第三十九条　高等学校应推动图书馆严格遵循相关的专业标准，不断完善业务规范和考核办法，改进和优化业务管理。

第四十条　高等学校应支持图书馆有计划地开展学术研究，组织和参与国内外学术交流活动，发表研究成果。支持图书馆积极参加专业学术团体，按国家有关规定申请加入国际学术组织。

图书馆应鼓励馆员申报各级各类科研项目，有条件的可根据需要自行设立科研课题。

第四十一条　图书馆应注重统计工作，如实填报各类统计数据，做好统计数据的保存和分析。

第四十二条　图书馆应建立文书和档案管理制度，制订管理规范，妥善收集、整理和保存文书档案资料。

第四十三条　图书馆应重视馆藏文献等资产的管理，建立完整的资产账目和管理制度。

第四十四条　高等学校应重视图书馆公共安全管理，采取多种防护措施，制订突发事件应急预案，保护人身安全。

第四十五条　高等学校应鼓励图书馆积极开展业务评估评价活动，不断提高办馆效益和水平。

第八章　附则

第四十六条　本规程适用于全日制普通高等学校。各高等学校可依据本规程并结合学校的办学层次、学校性质、学科特点、学校规模、所在地区等具体因素，制定本校图书馆的工作规定和实施细则。

第四十七条　教育部高等学校图书情报工作指导性专家组织可根据本规程制订各类型高等学校图书馆的建设与服务方面具体规定，指导各类型高等学校图书馆的发展和评估评价工作。

第四十八条　本规程自发布之日起施行。原《普通高等学校图书馆规程（修订）》（教高〔2002〕3号）同时废止。

后记

　　盛世修志，自古而然。以铜为镜，可正衣冠；以人为镜，可知得失；以史为镜，可知兴替：把握历史方能展望未来。一部好的史书可以总结发展中的经验教训，昭示过去与现在的内在联系，指明未来前行的正确方向，从而激励人们不断奋进。

　　笔者在西译图书馆工作20余年，主要从事图书馆业务工作亲历了其发展的风风雨雨。2005年6月，受时任馆长高启秦女士之倡导，坚持注重图书馆馆史资料的搜集、整理和积累，开始撰写图书馆馆史，逐年整理新增内容，并修改完善整体内容，历时十余年，终于在学校建校30周年前一年的2016年完成初稿。在现任裴世荷馆长和侯永兴副馆长的关心和支持下，笔者初心未改，本着对事业的执着，奋灯挑战，夜以继日，书稿历经数十次的修改完善，于2019年3月完成终稿。书稿经过馆长裴世荷研究馆员审核指正和多次修改最终定稿，在此表示真诚的谢意。同时，本馆馆史由西安翻译学院资助出版，在此，对图书馆、科技处和相关领导及学校的鼎力支持，本人表示衷心的感谢。

　　本馆史参照了多个高校图书馆馆史编撰体例，并结合具体实际，总体精神如下：编纂宗旨——鉴往知来；编纂意义——提供借鉴；编纂体例——史志结合；编纂原则——据事直书；编纂方法——承旧创新；编纂形式——图文并茂；编纂依据——翔实资料。坚持遵循"横排竖写，先横后纵"的写作原则，以史实为基础，突出特色人物及事件，力求在论述清晰历史脉络的同时，体现点缀其中的闪光点，使馆史中的行文，既具有史书的真实性与严谨性，亦具有较强的故事性和可读性。

　　本书名为《终南书香——西安翻译学院图书馆馆史（1987—2018）》，叙述了西安翻译学院图书馆建馆以来的发展历程（1987—2018年），内容包括历史沿革、馆藏建设、读者工作概述、参考咨询工作、业务研究、队伍建设、历任馆长、党的组织和大事记要共九章，并包括相关的附录内容，共计30余万字。

　　修史非易事，难免存在史料遗漏，也难免存在记述和评价的不当之处，敬请读者批评指正。

文炜

于西安翻译学院图书馆

2021年6月